Editora responsable: Ana Doblado
Estructura: Juan Carlos Sánchez
Integración de textos: María Forero
Ilustraciones: Marifé González
Modulación de imágenes: José de Haro


C/ Campezo, 13 - 28022 Madrid
Tel.: 91 3009100 - Fax: 91 3009118
Impreso y encuadernado en España
www.susaeta.com

# 365 Cuentos

susaeta

# EL FLAUTISTA DE HAMELIN

ÉRASE UNA BONITA ciudad llamada Hamelin. Tenía calles bien trazadas y alegres casitas de tejados puntiagudos y flores en las ventanas. Pero las gentes de la ciudad no eran felices, pues las ratas la habían invadido y tomaban por asalto despensas y graneros.

—¡Las ratas serán nuestra ruina! ¡Señor alcalde, tenéis obligación de librarnos de esos animalejos! —exigieron hombres y mujeres de su primera autoridad.

Un día llegó a la ciudad un caballero alto y flaco, con una pluma en el sombrero y una flauta bajo el brazo, y se presentó al alcalde diciendo:

—Puedo libraros de las ratas a cambio de una bolsa de oro.

—¡Acepto! —repuso el alcalde.

El flautista empezó a tocar con su flauta una extraña melodía. De todos los agujeros salían ratas y ratones que, como dominados, seguían al caballero. Este se metió en el río y con él todas las ratas que, como es natural, se ahogaron.

Hamelin entero gritó alborozado:

—¡Nos hemos librado de las ratas y de la ruina!

# ... La venganza del flautista

EL FLAUTISTA se presentó en el Ayuntamiento.

—Vengo a cobrar lo convenido, señor alcalde.

—¿Una bolsa de oro por tocar la flauta? ¡Quitaos de mi vista!

El caballero alto y flaco, mascullando amenazas, se fue a la calle y empezó a tocar la extraña melodía. Todos los niños de la ciudad, atraídos por la música, le siguieron. Y así salieron de Hamelin y, al llegar a una montaña, esta se abrió y los niños desaparecieron en su interior.

Es decir, todos menos uno. Era un chicuelo cojito que se apoyaba en sus muletas y avanzaba muy lentamente. Precisamente debido a su cojera, pudo salvarse.

Hamelin ya no tenía niños y se hundió en el desconsuelo. También el pequeño impedido estaba triste sin sus amiguitos. Pero un día en la colina encontró una flauta. Era la misma que tocaba el caballero alto y flaco, y el niño se la llevó a los labios. Con los primeros compases, la colina se abrió y todos los niños de Hamelin fueron saliendo de ella, entre gritos de contento.

Las madres abrazaron a sus pequeños y los hombres trataron de contener las lágrimas. Después todos, uno por uno, fueron abrazando al pequeño cojito que había salvado a los niños de Hamelin. Y como habían recobrado a sus hijos y ni una rata les quedaba, celebraron con gran algarabía el acontecimiento.

Para colmo de dichas, nunca más se supo del flautista.

# LA GALLINA DE LOS HUEVOS DE ORO

ÉRASE UN LABRADOR tan pobre, el más pobre de la aldea, que ni siquiera poseía una vaca. Estaba un día trabajando en el campo y lamentándose de su suerte, cuando apareció un enanito que le dijo:

—Buen hombre, he oído tus lamentaciones y voy a hacer que tu fortuna cambie. Toma esta gallina; es tan maravillosa que todos los días pone un huevo de oro.

El enanito desapareció sin más y el labrador llevó la gallina a su corral. Al día siguiente, ¡oh, prodigio!, encontró un huevo de oro. Lo puso en una cestita y se fue con ella a la ciudad, donde vendió el huevo por un alto precio.

Al día siguiente, loco de alegría, encontró otro huevo de oro. ¡La fortuna había entrado en su casa! Todos los días tenía un nuevo huevo. Poco a poco, con el producto de la venta de los huevos, fue convirtiéndose en el hombre más rico de la comarca.

Una insensata avaricia hizo presa en su corazón y pensó: «¿Por qué esperar a que cada día la gallina ponga un huevo? La mataré y descubriré la mina que lleva dentro».

Lo hizo así, pero en el interior de la gallina no encontró ninguna mina. A causa de su avaricia tan desmedida, malogró su fortuna aquel aldeano.

# LA BELLA DURMIENTE

HACE MUCHÍSIMOS AÑOS, en un lejano reino, nació una bella princesita. Los soberanos, sus padres, prepararon una gran fiesta para celebrarlo, a la que invitaron a todas las hadas. Es decir, a todas menos al hada del Tiempo, a la que olvidaron.

Una a una las hadas iban llegando hasta la cuna de la niña para ofrecerle sus presentes. La primera le hizo el obsequio de la bondad; la segunda, de la belleza; otra, de la inteligencia; una cuarta, de la simpatía...

Colérica y fuera de sí, apareció el hada del Tiempo.

—Por haberme olvidado —dijo con voz terrible—, cuando la princesa tenga quince años se pinchará con un huso y morirá.

La reina se desmayó y el rey no pudo ocultar sus lágrimas. Entonces el hada de la Primavera, que todavía no había ofrecido su regalo, anunció:

—Mi poder no es suficiente para anular la maldición, pero puedo aminorarla. La princesita no morirá; quedará dormida hasta que un príncipe llegue a desencantarla.

Pasaron los años. Los reyes habían ordenado que no quedara en el reino ni un solo huso. Pero el día en que la princesa cumplía quince años, revolviendo en el desván, encontró un huso y con él se pinchó.

Un paje la encontró desvanecida junto al huso y la rueca y todos recordaron entonces la maldición del hada del Tiempo. Entonces, apareció esta con su aire más terrible y dijo:

—¡Dormid todos, hasta los perros!

Y así fue. Empezaron a pasar los años y las hierbas y árboles ocultaron el palacio por completo.

Un príncipe que, cien años después, recorría la región en su caballo blanco, se dijo:

—¡Qué bosque más espeso! Me adentraré en él...

Con su cuchillo de monte tuvo que abrirse paso entre las zarzas y así descubrió el magnífico palacio y, sobre un lecho de raso, a la bellísima princesa dormida. Era tan hermosa que, sin poder contenerse, la besó.

En el mismo momento la joven, incorporándose, preguntó:

—¿Quién eres? ¿Dónde estoy?

—Soy el príncipe que os ama desde el momento de veros.

En aquel mismo instante, los reyes, los palaciegos, criados y hasta los perros despertaron también.

Y se celebraron grandes fiestas, no solo para celebrar el desencantamiento de la corte, sino también las bodas de la apuesta pareja de enamorados.

## Día 5

# LA CIGARRA Y LA HORMIGA

LA HORMIGUITA había trabajado mucho aquel verano juntando afanosamente granos de trigo y de cebada y llevándolos a su despensa con más trabajo todavía, para alimentarse en invierno.

La cigarra, que se pasaba el día cantando, le dijo:

—¡Ay, hija, no paras de trabajar! ¿Por qué no cantas conmigo? Lo tuyo no es vida.

—Mi trabajo es mi vida —replicó la hormiga.

Naturalmente, la cigarra no la comprendió. Pero al llegar el invierno, con hambre y a punto de morir, fue a visitar a la hormiga para suplicarle comida. La hormiga sentenció:

—Si hubieras trabajado en verano, grandísima holgazana, no tendrías ahora que mendigar. ¿Por qué no cantas mientras yo como?

## Día 6

# EL GATO CON BOTAS

ALLÁ POR LOS TIEMPOS de maricastaña, murió un molinero que tenía tres hijos. El mayor dijo a sus hermanos:

—Nos repartiremos los bienes que ha dejado nuestro padre. Como soy el mayor, elijo el molino.

—Como hermano segundo, elijo el burro con el carro —hizo saber el que le seguía en edad.

—¿Y qué me dejáis a mí? —preguntó el menor, un guapo y bondadoso muchacho llamado Hiram.

—¡Quédate con el gato! —replicaron desdeñosamente sus hermanos.

Estaba Hiram pensando en el mejor medio de ganarse la vida cuando el gato, después de un maullido, le dijo:

—Amo mío, no te preocupes. Todo lo que tienes que hacer es ir al desván del molino y sacar del arca apolillada una chaqueta de raso y unas botas, además del sombrero de gran pluma que en él se guardan, y traérmelos. Lo que sigue, queda de mi cuenta.

Un tanto asombrado, obedeció Hiram. El fabuloso gato se vistió la chaqueta de raso, se caló el sombrero y calzó las botas. En adelante iba a conocérsele por el Gato con Botas.

## Día 7

# ... El gato y el rey ...

MUY DE MAÑANITA, provisto de un saco y una cuerda, el Gato con Botas se fue al monte. Preparó el saco con la cuerda formando un nudo corredizo y, sujetando el extremo de la misma, se subió a un árbol. En esto llegó un hermoso conejo e introdujo la cabeza en el saco. Inmediatamente el gato tiró de la cuerda, gritando alegre:

—¡Ya eres mío!

Con el saco al hombro se dirigió al palacio real para presentarse ante el buen soberano. En su presencia, el gato hizo una reverencia a la vez que le saludaba cortésmente.

—¡Un gato que sabe hablar! —exclamó el rey—. ¡Qué raro!

—Es uno de los prodigios de mi amo, el marqués de Carabás, señor. Él os envía este conejo para vuestro almuerzo y cualquier día vendrá a visitaros.

—¡Oh, será un placer! —exclamó el rey gordinflón.

El Gato con Botas, satisfecho, regresó junto a su amo.

# ... El marqués de Carabás ...

ERA UNA HERMOSA tarde de verano y el rey decidió salir en su carroza a dar un paseo por los campos, llevando con él a su hija, una bondadosa princesa.

Y sucedió que estando Hiram con su gato a orillas del lago, el astuto animal vio llegar la carroza real.

—¡Pronto, amo mío, entrad en el agua y fingid que os estáis ahogando!

Obedeció el muchacho y el Gato con Botas empezó a pedir socorro. Intrigado, el rey ordenó detener el carruaje.

—¿Qué sucede, gato? ¿Por qué gritas tanto?

—¡Oh, Majestad! Mientras mi amo se estaba bañando en el lago, unos ladrones le han robado la ropa y no puede salir del agua. ¡Con lo que deseaba saludaros!

—¡Ejem! —masculló el rey—. Eso no tiene importancia. En la carroza llevo siempre de todo.

Los lacayos entregaron al gato un hermoso traje de raso, con calzado y sombrero. Poco después Hiram, elegantemente vestido y con porte principesco, saludaba al rey y, con la admiración en los ojos, a la princesa.

El soberano le invitó a subir a la carroza y el joven aceptó al instante, pues se había enamorado de la princesa.

# ... Los trucos del Gato con Botas

EL GATO echó a correr por delante de la carroza y a cuantos labriegos encontraba en los campos, les decía:

—El rey va a pasar por aquí. Cuando os pregunte de quién son estas tierras, contestaréis que del marqués de Carabás. Si no lo hacéis así, el ogro del castillo os castigará.

En efecto, a la vista de aquellos hermosos campos, que en realidad pertenecían al ogro mencionado por el gato, el rey preguntaba a los labriegos:

—Decidme, ¿de quién son estas prósperas tierras?

—De nuestro amo, el marqués de Carabás —contestaban todos.

El rey, que era avaricioso, empezó a mirar al joven con muy buenos ojos. Era apuesto, se expresaba con gracia e inteligencia y, además, debía de ser muy rico. Y la princesa, tan desdeñosa con todos los jóvenes palaciegos, parecía muy complacida.

Mientras tanto el gato, corre que te correrás, había llegado al castillo del ogro y tenía la audacia de llamar en su puerta. El propio ogro le abrió.

—¡Vil animal! ¿Cómo te atreves a venir aquí?

—Vengo a avisarte de que mi amo, el marqués de Carabás, viene a pelear contigo. Debes saber que te vencerá.

El ogro reía a carcajadas. Luego, dijo:

—¿Ignora ese osado que soy capaz de todo y puedo transformarme en lo que desee? ¡Ahora verás!

En el mismo instante, el gato tuvo ante sí a un feroz león rugiendo atrozmente y de un salto, se subió a la lámpara. Desde allí, le dijo:

—Convertirte en león no tiene mérito, siendo tan grandón, pero ¿a que no puedes convertirte en un ratón?

—¡Ahora verás!

El ogro se transformó en un ratoncillo. No esperaba otra cosa el gato, que se lo zampó de una sentada.

Y como la mesa del ogro siempre estaba a punto con los manjares más exquisitos y abundantes, cuando llegaron los regios personajes, acompañados de Hiram, el gato les recibió, diciendo:

—Bienvenidos al castillo de mi amo, el marqués de Carabás. La mesa os aguarda.

El castillo sobrepasaba en esplendor al propio palacio real y el rey no tuvo inconveniente en conceder a Hiram la mano de su hija, cuando este la solicitó. Años más tarde, fue un buen rey, ayudado por los consejos del astuto Gato con Botas.

# PULGARCITO Y LA ARDILLA

DURANTE EL INVIERNO, a causa de la nieve, los niños que vivían en las chozas diseminadas por el bosque no podían llegar hasta la aldea próxima, donde estaba la escuela. Así, se pasaban la estación fría perdiendo el tiempo y olvidando lo que sabían.

Pulgarcito preguntó a su padre:

—¿Por qué los niños del bosque no tenemos una escuela para nosotros?

—Haría falta dinero, no solo para el edificio, sino para el sueldo del maestro.

El minúsculo muchacho se sintió muy triste y fue a contárselo a una ardilla de la que era íntimo amigo; tenían un lenguaje especial para entenderse entre ellos. La ardilla dijo al niño:

—He oído contar que, hace cosa de cien años, al cruzar el puente sobre el río, a un rico caballero se le cayó al agua una bolsa llena de monedas de oro, que nunca fue recuperada, porque allí el río es muy profundo.

—¡Qué lástima! —suspiró Pulgarcito.

La ardilla, queriendo acabar con su tristeza, habló con la carpa, la trucha y el barbo. ¿No podrían ellos recuperar el oro?

—Lo intentaríamos, si se nos promete que nadie echará sus redes en este lugar —dijeron los peces del río.

Pulgarcito lo prometió a la ardilla, que pasó la respuesta a los peces. Y estos, poco a poco y con esfuerzo, sacaron aquella fortuna a la superficie.

Los niños del bosque tuvieron escuela y Pulgarcito aprendió el valor de contar con verdaderos amigos.

# EL PRÍNCIPE Y EL MENDIGO

ÉRASE UN PRINCIPITO curioso que quiso un día salir a pasear sin escolta. Caminando por un barrio miserable de su ciudad, descubrió a un muchacho de su estatura que era en todo exacto a él.

—¡Sí que es casualidad! —dijo el príncipe—. Nos parecemos como dos gotas de agua.

—Es cierto —reconoció el mendigo—. Pero yo voy vestido de andrajos y tú te cubres de sedas y terciopelo. Sería feliz si pudiera vestir durante un instante la ropa que llevas tú.

Entonces el príncipe, avergonzado de su riqueza, se despojó de su traje, calzado y el collar de la Orden de la Serpiente, cuajado de piedras preciosas.

—Eres exacto a mí —repitió el príncipe, que se había vestido, en tanto, las ropas del mendigo.

Contó en la ciudad quién era y le tomaron por loco. Cansado de proclamar inútilmente su identidad, recorrió la ciudad en busca de trabajo. Realizó las faenas más duras, por un miserable jornal.

Era ya mayor, cuando estalló la guerra con el país vecino. El príncipe, llevado del amor a su patria, se alistó en el ejército, mientras el mendigo que ocupaba el trono continuaba entregado a los placeres.

Un día, en lo más arduo de la batalla, el soldadito fue en busca del general. Con increíble audacia le hizo saber que había dispuesto mal sus tropas y que el difunto rey, con su gran estrategia, hubiera planeado de otro modo la batalla.

—¿Cómo sabes tú que nuestro llorado monarca lo hubiera hecho así?

—Porque se ocupó de enseñarme cuanto sabía. Era mi padre.

Aquella noche moría el anciano rey y el mendigo ocupó el trono. Lleno su corazón de rencor por la miseria en que su vida había transcurrido, empezó a oprimir al pueblo, ansioso de riquezas. Y mientras tanto, el verdadero príncipe, tras las verjas del palacio, esperaba que le arrojasen un pedazo de pan.

El general, desorientado, siguió no obstante los consejos del soldadito y pudo poner en fuga al enemigo. Luego fue en busca del muchacho, que se curaba junto al arroyo una herida que había recibido en el hombro. Junto al cuello se destacaban tres rayitas rojas.

—¡Es la señal que vi en el príncipe recién nacido! —exclamó el general.

Comprendió entonces que la persona que ocupaba el trono no era el verdadero rey y, con su autoridad, ciñó la corona en las sienes de su auténtico dueño.

El príncipe había sufrido demasiado y sabía perdonar. El usurpador no recibió más castigo que el de trabajar a diario. Cuando el pueblo alababa el arte de su rey para gobernar y su gran generosidad, él respondía:

—Es gracias a haber vivido y sufrido con el pueblo por lo que hoy puedo ser un buen rey.

# LA PEQUEÑA HEROÍNA

EN UNA ALDEA del norte de Europa, los días anunciaban ya el fin del invierno, pero el frío se hacía sentir todavía con gran intensidad.

Una mañana, el maestro de la única escuela de la aldea dijo a sus alumnos:

—Va a haber tormenta, muchachos. Será mejor que regreséis a vuestras casas, porque algunas quedan lejos.

Helda, que acudía a clase conduciendo su trineo, acomodó en él a sus hermanos Fred y Lisa, y partió a la carrera. Pero muy pronto los torbellinos de nieve cegaron sus ojos; la noche cayó en pleno día y se encontró totalmente desorientada. En medio de las tinieblas, el trineo y sus ocupantes cayeron por un barranco.

Era imposible salir de allí sin ayuda. Fred y Lisa lloraban asustados. El frío era tan intenso, el viento tan fuerte, la nieve tan copiosa que Helda, para que sus hermanitos no perecieran helados los cubrió con las pieles, volcó sobre ellos el trineo y tapando este con la lona que el viento se empeñaba en arrancar, se tumbó encima. Su peso impediría que el viento glacial se colara en el interior. Sentía la helada mordedura de la tempestad, pero se aferró bien.

Al día siguiente, los vecinos del pueblo, que buscaban a los niños, hallaron el trineo. Fred y Lisa, asustados pero vivos, continuaban en el refugio de pieles. Helda, con sus valientes diez años, estaba muerta. Había dado la vida por salvar la de sus hermanos.

—Merece un monumento por su generosidad —dijeron las gentes de la aldea.

Hoy, al borde de aquel barranco, se alza una estatua blanca, con la siguiente inscripción:

*«Helda Magnussen, muerta heroicamente en este lugar».*

# PULGARCILLA

ÉRASE UN ANCIANO MATRIMONIO de aldeanos que se lamentaba de continuo porque no tenían hijos. Oyó sus quejas el hada Compasiva y entregó a la mujer un granito de trigo para que lo sembrara en un tiesto.

Así lo hizo la mujer, y en la primavera, cuando el sol empezaba a calentar, apareció un capullo del que salió una niñita preciosa y rubia, pero tan chiquitina que su tamaño era el de un dedo pulgar. Por ello le pusieron de nombre Pulgarcilla.

Un día que la pequeña jugaba en el campo, le preguntó una amapola:

—¿Quieres venir conmigo al sembrado de trigo donde viven mis hermanas? Están deseando conocerte.

La niña fue encantada, pero uno de los granos de trigo sintió tanta envidia de ella que le quitó los zuecos y la capita y huyó velozmente.

Pulgarcilla, con un frío espantoso, rompió a llorar. Entonces una espiga, doblando hacia ella su talle, le dijo amorosamente:

—No llores y entra dentro de mí, que te daré calor.

Pulgarcilla se sintió muy cómoda dentro de la espiga.

## Día 14

# ... Pulgarcilla en el molino ...

SUCEDIÓ ENTONCES que un segador estaba segando el trigo, y cortó el tallo con su hoz, amontonándolo con otros para llevarlo al molino. Pulgarcilla estaba tan asustada que no osaba moverse.

A lomos de un borriquillo, entre el montón de trigo, llegó al molino.

—¡Ay, mucho me temo que acabaré convertida en harina! —se dijo.

En efecto, el molinero fue vaciando los sacos para disponerse a moler el grano y Pulgarcilla rodó con los sacos de trigo. Entonces dijo a sus compañeros:

—Por favor: ayudadme a escapar de aquí.

Los granos de trigo consiguieron apartarla hasta un rincón y así se salvó de ser triturada.

## Día 15

# ... Pulgarcilla y la princesa

A PULGARCILLA le daba miedo quedarse en el molino y, cuando el trigo estuvo molido, se introdujo en un saco de harina. El borriquillo trasladó los sacos al horno, donde la harina se convertiría en panes dorados. Ya aquí, de un saltito, fue a parar al suelo y luego se escondió en un rincón del horno. Allí se notaba un espantoso calor y sudaba mucho. Así que se acercó a los panes y en el más dorado y hermoso hizo un agujerito apartando la miga y se metió dentro.

Aquel pan dorado y hermoso estaba destinado a la princesa del reino que, al ver a Pulgarcilla, quedó prendada de la gracia y tamaño de la pequeña.

A instancias de la niña, la princesa se presentó un día en casa del anciano matrimonio, para devolverles a su hijita. Los viejecitos, que ya la daban por perdida, lloraban de alegría. Y la princesa, que se había encariñado con la chiquitina, colmó de regalos al matrimonio y suplicó que permitieran a su hijita que fuera a visitarla a palacio.

Y todos fueron felices.

# BLANCA FLOR

**ÉRASE UN JOVEN PRÍNCIPE** que salió de su reino en busca de esposa. Era muy amante de las flores blancas y se dijo:

—Cuando encuentre una joven que se llame Blanca Flor, me casaré con ella.

Pasaba el tiempo sin hallar lo que buscaba. Después de recorrer medio mundo, encontró por el camino unos titiriteros. Hacían juegos malabares y llevaban animales muy habilidosos. Las dos hijas del payaso eran las bailarinas. Ambas eran lindas y una especialmente parecía una flor. ¡Cuál no sería la sorpresa del príncipe al saber que se llamaba Blanca Flor!

El príncipe, muy emocionado, fue en busca del payaso para hacerle saber que se había enamorado de su hija.

—En realidad no es mi hija —repuso el titiritero—. Mi esposa y yo la encontramos de pequeñita en un campo de margaritas blancas. Le pusimos de nombre Blanca Flor y la adoptamos como hija.

—Pues bien: deseo casarme con ella, pero no pretendo que os separéis —dijo el príncipe—. Podéis venir todos a vivir a palacio.

Muy dichosos, se pusieron en camino hacia el reino de aquel príncipe encantador.

Día 17

# ... La ocurrencia del payaso

Y SUCEDIÓ QUE, DURANTE EL VIAJE, el payaso sintió envidia de que la elegida no hubiera sido su propia hija. Entonces, abandonó a Blanca Flor en un bosque y presentó a su hija en su lugar.

—Parece muy diferente a cuando la vi bailar —dijo el joven, un tanto decepcionado.

—Es el cansancio del viaje, señor —explicó el payaso—, pronto se repondrá y estará bella como antes.

Al día siguiente, estando el príncipe en su habitación de palacio un poco triste, entró por la ventana una palomita blanca que llevaba una margarita en el pico. El joven tuvo la impresión de que deseaba comunicarle algo.

Durante tres días seguidos, la palomita llegaba con la margarita y daba vueltas a su alrededor. Cuando se fue decidió seguirla. Así llegó a un bosque y oyó rumor de sollozos. Al acercarse descubrió a su querida Blanca Flor al pie de un árbol y muy asustada. Lleno de alegría, la tomó en sus brazos y, sobre su alazán blanco, llegaron a palacio.

Se celebraron las bodas de los alegres jóvenes y Blanca Flor perdonó al payaso, al que amaba como a un padre, lo mismo que a su hermana. Esta se casó con un gentilhombre de la corte y todos fueron tan dichosos como en los cuentos.

Día 18

# EL ASNO Y EL PERRITO

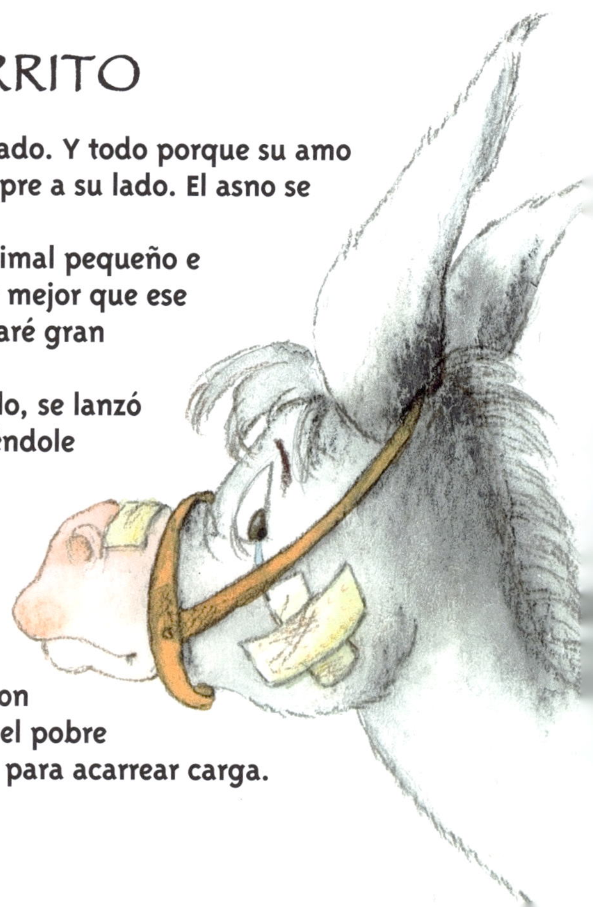

HABÍA UNA VEZ un asno que andaba malhumorado. Y todo porque su amo mimaba y halagaba a un perrito que iba siempre a su lado. El asno se dijo:

—Si mi amo siente tanto aprecio por ese animal pequeño e inmundo, más me amará a mí si le demuestro afecto. Soy mejor que ese perrito y sirvo para más cosas; con mis zalamerías alcanzaré gran renombre.

Cuando su amo se dirigía hacia la casa, salió del establo, se lanzó sobre él rebuznando y lanzando coces, para acabar poniéndole las patas sobre los hombros y lamiéndole la cara con una lengua de a palmo, tal como hacía el perrito.

No solo aplastaba al hombre con su enorme peso, sino que estaba destrozando sus ropas y el pobre granjero se lanzó a pedir auxilio. Acudieron la familia y los criados, y tantos palos y azotes propinaron al pobre animal que todos los huesos le dolieron. Después lo llevaron al establo y lo ataron bien con correas. Demasiado tarde, el pobre asno comprendió que no había nacido para zalamero y sí para acarrear carga.

Día 19

# LA ARAÑA IMPRUDENTE

**ÉRASE UNA ARAÑA** que después de haber explorado toda la casa pensó meterse en el ojo de la cerradura.

—Este es un refugio ideal —se dijo—. Aquí nadie podrá encontrarme. Desde la cerradura podré mirar a todas partes, sin riesgo alguno.

Desde el refugio empezó a formar sus planes.

—Allí, en el muro de piedra, tenderé una red para las moscas y en aquel escalón, otra para los gusanos; y aquí cerca, en el marco de la puerta, una trampa pequeña para los mosquitos.

La araña ya no podía estar más regocijada, pues el ojo de la cerradura le daba una seguridad extraordinaria. Cuando más deleitada estaba con sus pensamientos, le llegó al oído un rumor de pasos. Prudentemente, se retiró al fondo de su refugio.

Alguien estaba a punto de entrar en casa. Tintineó una llave, enfiló el ojo de la cerradura y la aplastó. Si hubiera reflexionado más profundamente, escogiendo otro lugar, podría haber conservado la vida.

Día 20

# EL TORRENTE

**UN TORRENTE**, olvidando que debía su agua a la lluvia y a los arroyos, pensó hincharse para hacerse grande como un río. Entonces comenzó a lanzar sus olas impetuosas contra la orilla, arrancando con avidez tierra y piedras para ensanchar su lecho.

Y sucedió que el sol calentó mucho y el pobre torrente se encontró prisionero de todas las piedras que había quitado de la orilla. Con mucha fatiga, tuvo que hacerse un nuevo camino para descender al valle.

La ambición descontrolada no trae nada bueno.

# CAPERUCITA, EL ROBLE Y LA ENCINA

CAPERUCITA ROJA llevaba mucho tiempo cruzando el bosque a diario, pues su abuelita era tan anciana que necesitaba cariño y compañía. Al ir y al volver, la niña solía sentarse al pie de un viejo roble para reponerse de las fatigas de la caminata. Le pareció que el roble tenía un lenguaje especial, hecho de chasquidos y susurros de ramas y algún tiempo después comprendió que hablaba con su compañera, la encina.

Caperucita aguzaba el oído y, de tanto escuchar, un día, distinguió perfectamente lo que decían.

—¡Ay, ay! —se lamentaba el roble—. Estoy dolorido desde las raíces hasta la copa, pobre de mí...

—¡Cuidado que eres quejicoso! —contestó la encina.

—Es que soy muy viejo y presiento los cambios de tiempo en todas mis fibras. Y te digo que va a haber una tormenta como no se ha conocido en la región. El viento derribará los árboles, y si tú y yo seguimos en pie será porque nuestros troncos son robustos y nuestras raíces poderosas. Pero a nuestras ramas no les auguro nada bueno. En fin, los hombres van a pasarlo peor que nosotros... El viento se llevará los tejados que no estén seguros, volcará los carros en los caminos y dispersará al ganado. En dos días no podrán salir de casa.

Caperucita Roja, segura de que el roble no podía engañarse, corrió a la aldea y alertó a los vecinos. Se corrió la voz de lo que iba a suceder y todos se apresuraron a llevar sus ovejas, vacas y asnos a los corrales y sujetaron con fuertes piedras las tejas inseguras. Con el tiempo justo de encerrarse en sus casas, se desató una tormenta de viento como no se había conocido.

A partir de ese día, cuando la niña cruzaba el bosque, enviaba un beso al roble y otro a la encina.

# LA GOLONDRINA Y EL JUNCO

AQUEL DÍA entraba la primavera y los campos reverdecidos eran una promesa de días radiantes. Aquel día llegó también una golondrina con el corazón lleno de fantasía y, seducida por la belleza de un junco que balanceaba su esbelto talle junto al río, le dijo:

—Voy a quedarme contigo, junco.

Y empezó a volar a su alrededor un día y otro, tantos que pronto pasaron la primavera y el estío.

El otoño estaba allí y las demás golondrinas alzaron el vuelo para dirigirse a Egipto.

—Marchad vosotras, porque voy a quedarme un poco más con el junco —les dijo—. Os seguiré cuando llegue el frío.

Pero la brisa se convirtió en viento inclemente y la avecilla le preguntó al junco:

—¿Quieres venirte conmigo a Egipto?

El junco, desdeñoso, se negó, pues se encontraba muy cómodo en su lecho del río.

Indignada, la golondrina chilló:

—¿Es que no tienes voz? ¡Ya estoy aburrida de ti y me voy a las Pirámides! ¡Adiós!

Y emprendió el vuelo sobre las magníficas torres de la ciudad, contenta de su decisión.

Día 23

# ... La golondrina y el príncipe ...

LA ESTATUA DEL PRÍNCIPE FELIZ se alzaba en la plaza de la ciudad, sobre un altísimo pedestal. Tenía dos zafiros por ojos y un gran rubí en el puño de la espada.

La golondrina, que sentía frío y no sabía dónde pasar la noche, fue a acurrucarse a sus pies, cobijándose bajo los pliegues de su capa. De pronto, le cayó una gota en el pico. ¿Se habría puesto a llover?

Al mirar hacia arriba descubrió que el Príncipe Feliz estaba llorando y sus lágrimas caían sobre ella.

—¿Por qué lloras si eres el Príncipe Feliz? —le preguntó.

—Cuando yo vivía y palpitaba en mí un corazón de hombre, ignoré lo que era el llanto. Jamás me preocupé por lo que había más allá de los muros de mi jardín. Pero ahora que estoy muerto me han elevado tanto que puedo ver todas las fealdades y miserias de mi ciudad. Y aunque tengo el corazón de plomo, lloro amargamente.

—Podemos ser amigos —le propuso tímidamente.

—Acepto —dijo el príncipe—. No sabes cuánto bien me hace tu compañía, mi buena golondrina. Al menos ahora ya no estoy solo.

### Día 24

## ... El encargo del príncipe ...

TAN BUENOS AMIGOS se habían hecho la golondrina y el Príncipe Feliz, que este preguntó:

—Golondrina, golondrinita, ¿querrías hacerme un favor?

—Si puedo... pero tengo mucha prisa, pues mis compañeras han partido ya para Egipto y debo alcanzarlas.

—Mañana podrás partir. Toma el rubí de mi espada y llévalo a la costurera que veo a través de su ventana. Su hijito tiene mucha fiebre y sed y ella no puede comprarle leche. Llévaselo, por favor.

—No me agradan mucho los niños —protestó la golondrina—, el pasado invierno los hijos del molinero se pasaron el tiempo tirándome piedras... En fin, te complaceré.

La golondrina arrancó con el pico el rubí de la espada del príncipe y, levantando el vuelo, entró en casa de la costurera y lo dejó caer en su dedal. Después abanicó con sus alas la carita del niño, que dijo:

—¡Qué fresco más agradable! Creo que estoy mejor.

Y cayó en un sueño reparador.

Regresó el pajarillo junto al príncipe y le anunció:

—Ya he cumplido tu encargo. ¿Sabes? Casi siento calor, a pesar del frío que hace.

—Es porque has hecho una buena acción —replicó la estatua, compartiendo la dicha de su amiga.

## Día 25

# ... El príncipe y el escritor ...

**NADA MÁS SALIR LA LUNA,** la golondrina fue a despedirse del Príncipe Feliz.

—Me esperan en Egipto. Mis amigas volarán mañana hacia la segunda catarata, donde el hipopótamo reposa entre los cañaverales y los leones bajan a beber agua del río.

—Golondrina, golondrinita, quédate una noche más —suplicó el príncipe—. Desde aquí veo a un joven en su buhardilla inclinado sobre una mesa llena de papeles. A su lado hay un vaso con violetas marchitas. Debe terminar una obra para el director del teatro, pero siente tal frío que no puede escribir más. El fuego no arde en su chimenea y está extenuado. Llévale uno de mis ojos; lo venderá al joyero y tendrá comida y calor.

—Mi querido Príncipe, no tengo valor para hacerlo...

Tanto suplicó la estatua que al fin la golondrina, con su pico, tomó el zafiro. Después voló con él hasta la buhardilla y lo dejó caer sobre las mustias violetas.

El joven no oyó el aleteo del pájaro, pero al levantar la cabeza le sorprendió el brillo de la piedra.

—¡Ah! —exclamó—. Debe ser el presente de algún rico admirador.

Y tan feliz se sintió que pudo terminar la obra.

## Día 26

# ... La vendedora de fósforos ...

**AL SALIR LA LUNA,** la golondrina voló de nuevo hacia el Príncipe Feliz.

—Vengo a despedirme, querido príncipe, es ya invierno y pronto la tierra se cubrirá de nieve, mientras que en Egipto, el sol calienta sobre las verdes palmeras. Mis compañeras hacen sus nidos en el Templo de Baal.

—Golondrina, golondrinita —suplicó el príncipe—, ¿no podrías quedarte otra noche más? Allá, en la plaza, ha instalado su puesto una niña que vende cerillas, pero se han mojado al caer al arroyo y no puede venderlas. Cuando regrese a casa, su padre le pegará. Llévale el ojo que me queda, por favor...

—Mi querido príncipe, si te arranco ese ojo serás un pobre ciego. No puedo hacerlo, de verdad.

Pero, ante las súplicas de la estatua, acabó cediendo.

La niña miró asombrada a la golondrina que se posaba en su hombro y tomó la piedra que ella dejó caer.

—¡Qué bonito trozo de vidrio! —exclamó—. Se lo llevaré a mi padre para que no se enoje conmigo.

Y empezó a caminar sobre las losas con sus desnudos pies, ignorante de que al siguiente día podría comprarse unas botas.

La golondrina aleteó de contento.

## Día 27

# ... Historias del Nilo ...

AL TENERLA A SU LADO, el Príncipe Feliz le dijo:

—Gracias, golondrinita, gracias por todo el bien que me has hecho. Ahora ya puedes marcharte a Egipto.

—¿Marcharme a Egipto? ¡No sabes lo que dices!

—¡Pero si lo estabas deseando! Y el frío va en aumento.

—Me quedaré contigo para siempre. Estás ciego y me necesitas. Te contaré todo lo que he visto y así no te aburrirás.

Al día siguiente despertó con mucho frío, pero nada dijo. Posada en el hombro de su amigo, le habló de Egipto.

—Tendrías que ver los ibis rojos alineados a orillas del Nilo. Pescan a picotazos peces de oro... ¿Y la gran Esfinge? Es tan vieja como el mundo...

—¡Qué bellas cosas has visto, golondrinita!

—¿Y el rey que habita en las Montañas de la Luna? Es más negro que el ébano y adora un enorme bloque de cristal. Una gran serpiente verde dormita entre las ramas de una palmera y extraños siervos la alimentan con pastelillos de miel.

Tantas y tantas cosas estaba viendo el príncipe a través de las palabras de su amiga, que olvidó sus ojos vacíos.

# ... Generosidad del príncipe ...

GOLONDRINA, GOLONDRINITA —dijo el príncipe—. ¿Querrías darte una vuelta por la ciudad y contarme lo que veas?

Obedeció el pajarillo y descubrió a los ricos celebrando fiestas y banquetes en sus palacios, mientras los menesterosos se agrupaban sentados a sus puertas. Los niños que habitaban los barrios sórdidos tenían caritas tristes y bajo el arco de un puente dos muchachos se abrazaban para darse calor.

El príncipe supo todo aquello.

—Habrás observado —dijo entonces la estatua— que me cubre una capa de oro fino. Ve levantándola hoja por hoja y repártela entre mis pobres, ya que los hombres creen que el oro proporciona la felicidad.

Lo hizo así la golondrina y el Príncipe Feliz se quedó sin brillo ni belleza. La golondrina repartió entre los necesitados las hojas de oro y las caritas infantiles recobraron el calor. Los niños reían y jugaban por las calles, gritando alegremente:

—¡Ya tenemos pan! ¡Ya tenemos pan!

La dicha invadía a la golondrina por tanto contento.

# ... Despedida de la golondrina ...

HABÍA LLEGADO LA NIEVE y también el hielo. Carámbanos como agujas de cristal colgaban de los aleros y la gente se envolvía en pieles. La pobre golondrinita sentía la mordedura del frío y comprendió que iba a morir. Con sus últimas fuerzas fue a posarse en el hombro del Príncipe Feliz.

—Adiós, mi querido príncipe; permíteme que te bese la mano...

—¿Así que te vas por fin a Egipto? Eso me alegra porque es lo que siempre has deseado. No me beses en la mano sino en los labios, pues te amo.

La golondrina, comprendiendo que no debía engañar a su amigo, dijo tristemente:

—No te abandonaría para irme a Egipto, sino que me dirijo a la Morada de la Muerte.

Y besando al Príncipe Feliz en la boca, cayó muerta a sus pies. En el mismo instante se oyó un extraño crujido en el interior de la estatua, igual que si algo se hubiera roto. El bronce de la estatua acababa de partirse.

Día 30

# ... Las dos cosas más preciadas

TRÁEME LAS DOS COSAS más preciosas de la ciudad —ordenó Dios a uno de sus ángeles.

Y el ángel le llevó el corazón de plomo y el pajarillo muerto.

—Has elegido bien —dijo el Señor al ángel—, pues en mis jardines del Paraíso este pajarillo gorjeará eternamente y en mi Ciudad de Luz el Príncipe Feliz podrá entonar cánticos de gloria.

Pasó al día siguiente el alcalde por la plaza y, viendo la estatua, dijo desdeñosamente.

—¡Qué harapiento está el Príncipe Feliz!

—Le faltan los ojos y el traje de oro —añadieron los concejales que, como siempre, iban detrás de él—. Y también el rubí de la espada.

—La estatua afea la ciudad —añadió el alcalde—. Que la fundan y hagan la mía.

—¡Mirad, una golondrina muerta! —exclamaron los chiquillos.

El fundidor de la ciudad empezó a rezongar:

—¡Qué cosa más rara! No hay modo de fundir este corazón de plomo. Habrá que tirarlo con la chatarra.

Y lo arrojaron a un montón de desperdicios, donde también estaba la golondrina muerta.

# LA MONA VANIDOSA

ÉRASE UN ORGANILLERO que recorría las aldeas con su organillo y una mona vestida con faldita roja. Al rey le hizo gracia el animalito y se lo compró a su dueño.

Viéndose ella en palacio vestida de seda, se volvió tan orgullosa que perdió todo su encanto.

—No me sirves para nada, no me diviertes —le reprochó el monarca—. Y puesto que el organillero ha vuelto, puedes irte con él por los caminos.

El organillero se alegró mucho de recuperar a su mona, pero ya no era la misma. Sabía mucho de urbanidad y hasta dos idiomas y, como se había acostumbrado a vivir en medio del lujo, robaba a su dueño el dinero para ir a comprarse perfumes.

—¿De modo que te has convertido en una ladronzuela? —se quejó su dueño—. ¡Márchate de mi lado!

La mona le sacó la lengua con todo el descaro y se fue a la selva.

Las otras monas la recibieron con gran curiosidad y todo era tocarle las vestiduras y hacerle mil preguntas. En medio de tanta admiración, la orgullosa mona era feliz. Pronto comprobó, sin embargo, que a pesar de todo cuanto le habían enseñado, en aquella selva resultaba de lo más ignorante. Un día corrió en busca de sus compañeras gritando:

—¡Me persigue un horrible cocodrilo! ¡Socorro...!

Una mona vieja replicó muerta de risa:

—¡Qué tonta eres, hija! Esto no es un cocodrilo, sino el lagarto encargado del reparto de la correspondencia.

Comprendió entonces la mona que su necio orgullo estaba allí fuera de lugar y que no iba a ganar nada con hacerse la interesante. Así que dejándose de vanidades pudo ser muy feliz, sin querer sobresalir de sus compañeras.

# LA LLUVIA Y LAS PLANTAS

**CAÍA LA LLUVIA.** Zarandeaba el viento las ramas de los árboles. La niña, cansada de su encierro, habló a la lluvia desde la ventana de su habitación:

—Lluvia, mala amiga, ¿por qué caes? Me tienes presa en casa. ¡Para ya de una vez! ¡Quiero ir a jugar!

La voz cantarina de la lluvia replicó:

—Las plantas, amiguita, tienen sed. Si agua no les doy, ni flores ni frutos darán después.

Día 2

# EL OSITO Y LAS ABEJAS

**ESTABA UN OSITO** curioseando por el bosque, cuando vio un agujero en el tronco de un árbol. Mirando bien, se dio cuenta de que en aquel agujero había un continuo ir y venir de abejas; algunas, moviendo las alas, giraban en torno al agujero como si estuviesen de centinelas; otras, llegadas de lejos, entraban; algunas salían presurosas.

El osito, siempre curioso, se enderezó e introdujo el hocico en el agujero; husmeó y después puso una pata dentro. Cuando la retiró, chorreaba de miel.

Pero apenas había empezado a lamerla, cuando del agujero salió una nube de abejas enfurecidas que se arrojaron sobre él picándole en la nariz, el hocico, las orejas...

El osito trató de defenderse, pero las abejas volvían siempre a la carga. Furioso, trató de vengarse corriendo tras una o tras otra, pero por querer vengarse de todas no consiguió hacerlo de ninguna; al fin se revolcó en tierra, vencido por el terror y la quemazón de las picaduras, y corrió llorando a refugiarse en su mamá.

**Febrero** **Día 3**

# ALADINO ENCUENTRA A SU TÍO

HACE CIENTOS DE AÑOS vivía en un lugar de Oriente un pobre sastre con su mujer y un hijo llamado Aladino. El muchacho se pasaba el tiempo jugando en la plaza con sus amigos o pescando en el río.

Un día el sastre murió y en la casa del difunto se instaló la pobreza. Aladino se dijo:

—Tendré que ver de ganar algún dinero...

Aquel mismo día, al atravesar la plaza, se le acercó un forastero y le dijo:

—Muchacho, ¿eres tú, por ventura, hijo de Mustafá, el sastre?

—Sí —contestó Aladino—, pero mi padre ha muerto hace unas semanas.

El forastero le abrazó con lágrimas de dolor y dijo:

—¡Qué suerte y a la vez qué desgracia la mía! Soy hermano de tu padre y después de muchos años de no saber de él, he venido con ánimo de abrazarle.

Entregando al muchacho unas monedas de oro, añadió:

—Toma y di a tu madre que mañana iré a visitarla.

Aladino, muy contento, regresó a su casa.

**Día 4**

# ... La lámpara maravillosa ...

LA VIUDA DEL SASTRE se mostró muy extrañada del encuentro de su hijo, porque sabía que su difunto esposo no tenía hermanos. No obstante, recibió muy bien al forastero que llegó cargado de regalos, entre ellos ricos trajes para el muchacho.

—Vamos a dar un paseo por los alrededores de la ciudad, sobrino —invitó.

Andando, andando, llegaron al campo, a un lugar desierto. El forastero, que en realidad era un mago, dijo:

—Aguarda; hace frío y vamos a hacer una hoguera.

Aladino buscó unas ramas secas y cuando empezaron a arder, el mago vertió sobre ellas el líquido de un frasquito que llevaba. Inmediatamente apareció una losa con una argolla y el forastero ordenó al aterrado muchacho:

—Tira de esa argolla y baja por las escaleras que hay. Llegarás a tres salas, llenas de arcas de oro. Guárdate de tocar nada, porque morirías. Detrás de la última puerta encontrarás un jardín. Atraviésalo y toma la lámpara que en él se encuentra. Tráemela.

Luego le puso en el dedo un anillo, advirtiéndole que le preservaría de todo mal.

Aunque receloso, el muchacho obedeció. Todo era como su falso tío había dicho y, por fin, encontró la lámpara.

Día 5

# ... El servidor de la lámpara ...

EL MAGO, que esperaba al muchacho con impaciencia, le dijo:

—Dame la lámpara y sube después.

—Os la daré cuando esté arriba —replicó Aladino.

Furioso el mago por la desobediencia del muchacho, arrojó unas gotas del líquido mágico de su frasco y la pesada losa cayó, dejando prisionero a Aladino.

Dos días permaneció encerrado y presa de la desesperación, pensando que iba a morir. Recordando de pronto el anillo del mago, lo frotó y al instante apareció un genio, que se inclinó ante él.

—¿Puedes sacarme de aquí? —preguntó Aladino.

No había acabado de decirlo, cuando se encontró en el campo. Luego, corriendo con todas sus fuerzas, llegó a casa de su madre, que estaba muy inquieta. Como se hallara hambriento y no tuvieran nada que llevarse a la boca, al muchacho se le ocurrió vender la lámpara.

—La limpiaré un poco; está muy sucia —dijo su madre.

Al frotarla, apareció el genio que Aladino conoció en la cueva. Inclinándose, dijo:

—Soy tu esclavo. ¿Qué debo hacer?

—¡Sírvenos algo de comer!

El genio trajo montones de platos con los más exquisitos manjares y bebidas. En cuanto desapareció, Aladino y su madre comieron hasta hartarse. Naturalmente, ya no quisieron vender la lámpara.

Día 6

## ... Aladino y la hija del sultán ...

UN DÍA QUE ALADINO paseaba por la ciudad, vio llegar una regia comitiva. Era la hija del sultán, cuya resplandeciente belleza hechizó al muchacho. Aquel día, dijo a su madre:

—Estoy enamorado de la princesa y quiero casarme con ella. Ve a pedir para mí su mano al sultán.

—¿Estás loco? Puede que nos encarcelen a los dos. ¿Quién eres tú para pedir la mano de la hija del rey?

—No pienses en ello y ve. Llamaré al genio para que traiga regalos dignos de la princesa.

Frotó la lámpara, expuso su petición al genio y poco después la viuda de Mustafá, con un cofre repleto de alhajas, se inclinó reverente a los pies del sultán. La admiración del sultán ante alhajas tan ricas no tuvo límites y repuso:

—Envíame a tu hijo porque quiero conocerlo.

Ante esta noticia, Aladino, loco de alegría, hizo aparecer al genio para que le proporcionase ricos trajes, una carroza de plata y diez cofres de piedras preciosas.

Cuando compareció ante el sultán y la princesa, estaba resplandeciente. Tanto que el soberano, tras consultarlo con la princesa, le ofreció la mano de su hija.

Día 7

## ... Las bodas de Aladino ...

EL MUCHACHO, galantemente, besó la mano de la princesa. Entonces el sultán añadió:

—Te casarás con mi hija si en el plazo de diez días le construyes un palacio de mármol con columnas de oro que no tenga rival en el mundo.

—Así será, señor —respondió el joven, viendo sonreír a su amada princesa.

Ya en su casa, encargó al genio la construcción del fantástico palacio, más allá de los bosques reales.

El palacio fue pronto una realidad. Ni siquiera el del sultán podía compararse con él.

Aquella noche, Aladino subió a la carroza con su madre y con la princesa, y regresó a su palacio donde vivieron felices, ejerciendo Aladino la justicia y la caridad entre sus súbditos.

# ... El regreso del mago

SEGUÍA ALADINO disfrutando de su felicidad, cuando el mago que un día se hiciera pasar por su tío regresó a la ciudad y oyó hablar del marido de la hija del sultán, llamado Aladino, y sus fantásticas riquezas.

—Tiene que ser el mismo que dejé encerrado en la cueva —se dijo—. ¡Me vengaré!

Encargó a un hojalatero varias lámparas y, disfrazado de vendedor, empezó a vocear su mercancía ante el palacio de los recién casados:

—¡Cambio lámparas nuevas por viejas!

Aladino había ido de caza y la princesa se asomó al balcón. Recordando que su marido tenía una vieja lámpara, pensó darle una sorpresa y se la cambió al vendedor por una nueva. Inmediatamente el mago frotó la lámpara y ordenó al servidor que trasladase aquel palacio, con cuanto contenía, a un lugar alejado de África.

El sultán, al ver que no solo el palacio de mármol había desaparecido, sino también su hija, mandó a su guardia en busca de Aladino, para prenderle.

El muchacho ni siquiera sabía de qué se le acusaba. Cuando el anciano se lo explicó, su dolor no tuvo límites, pues amaba a la princesa más que a nada en el mundo. Lleno de desesperación, empezó a frotarse las manos, en las que llevaba el anillo del mago, sin recordarlo siquiera. Inmediatamente apareció el genio del anillo.

—Llévame al lugar donde esté la lámpara —le ordenó.

Al instante estaba en medio de un oasis en el centro de África. Desde el aire vio su palacio y a la princesa llorando en la ventana. Rápidamente descendió a su lado y ella, emocionada y alegre, le contó lo ocurrido sobre el cambio de la lámpara. También le dijo que todas las noches el hechicero iba a visitarla, pues quería casarse con ella. Aladino le recomendó que no hablase de su llegada y, aquella noche, aguardó oculto tras unas cortinas. Al aparecer el mago, frotó el anillo y ordenó al genio que terminase con el mago para siempre.

Así sucedió. Entre las ropas del hechicero muerto apareció la lámpara y Aladino la frotó, ordenando que el palacio y cuanto contenía fueran devueltos a su lugar.

Las fiestas para celebrarlo duraron un año y todavía hablan de ellas los ancianos del lugar.

Día 9

# EL NUEVO AMIGO

ÉRASE UN CRUDO DÍA de invierno. Caía la nieve, soplaba el viento y Blancanieves jugaba a los acertijos con los siete enanitos. De pronto se escuchó un largo aullido.

—¿Qué es eso? —preguntó la niña.

—Es el lobo hambriento. No debes salir porque te devoraría —le explicó el enano Sabio.

Al día siguiente volvió a escucharse el aullido del lobo y Blancanieves, apenada, pensó que todos eran injustos con la fiera. En un descuido de los enanitos, salió de la casita y dejó sobre la nieve un cesto de comida.

Al día siguiente cesó de nevar y se calmó el viento. Salió la muchacha a dar un paseo y vio acercarse a un cordero blanco, precioso.

—¡Hola, hola! —dijo la niña—. ¿Quieres venir conmigo?

Entonces el cordero saltó sobre Blancanieves y el lobo, oculto, se lanzó sobre él, alcanzándolo con una dentellada. La astuta y maligna madrastra perdió la piel del animal con que se había revestido y escapó lanzando espantosos gritos de dolor y miedo.

Solo entonces el lobo se volvió al monte y Blancanieves sintió su corazón estremecido de alegría, más que por haberse salvado, por haber ganado un amigo.

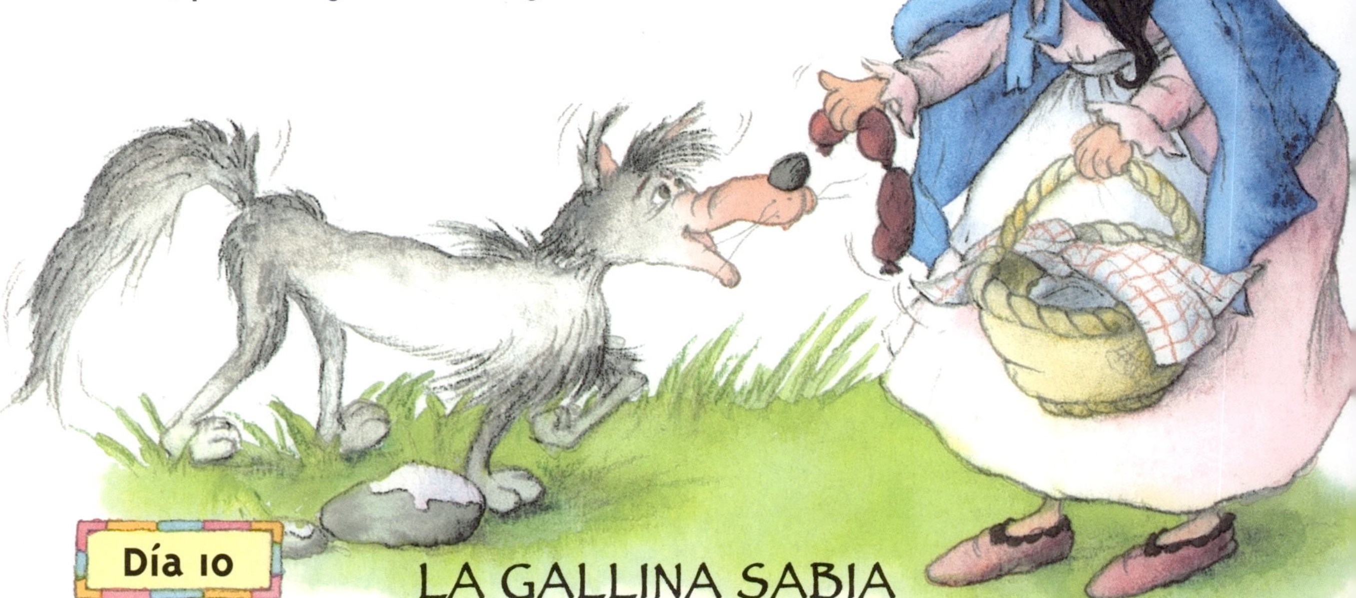

Día 10

# LA GALLINA SABIA

HABÍA EN UN CORRAL una gallina tan vanidosa que hasta cantaba ópera para lucirse. Contaba a sus compañeras que una estrella bajaba de noche y le enseñaba todos aquellos gorgoritos. Un astuto zorro que merodeaba en torno al corral se asomó por el borde de la tapia y le dijo:

—Hermosa Gallina Sabia, el rey ha oído hablar de tu fama y me envía a buscarte para que cantes en la corte.

La gallina, ayudada por sus compañeras, saltó la valla y se fue con el zorro. Poco después estaba encerrada en la cueva de este que, para hacerse con el corral entero, regresó diciendo:

—Vengo de parte de la Gallina Sabia para deciros que ha obtenido un éxito fabuloso y quiere invitaros a cenar esta noche.

Todas las aves del corral siguieron al zorro. Como había muchos polluelos y patitos que se cansaban, se tumbaron a descansar un rato. Una estrella se acercó a ellos y les dijo bajito:

—Tened cuidado. La Gallina Sabia no está en la corte, sino en la cueva del zorro, que os lleva a una trampa.

Armándose de valor, todos los animalitos se lanzaron a picotear al zorro y después de atarlo a un árbol, se dirigieron en busca de su compañera, a la que hallaron muerta de miedo.

La aventura volvió a la vanidosa Gallina Sabia más sensata, y la paz se instaló en el corral para siempre.

Día 11

# EL RICO AVARIENTO

UN HOMBRE MUY RICO y más avaro que rico guardaba en su casa un arca repleta de monedas de oro y maravillosas joyas. Su mayor deleite era ir diariamente a hundir las manos en sus riquezas.

Pero un día el avaro, que tenía invitados, no tuvo tiempo de ir a acariciar sus riquezas. Mientras comía, pensó que bien podía ir un momento a echarles un vistazo.

—Seguid comiendo, que volveré en seguida —dijo.

Y fue a la habitación donde guardaba el arca. Alzó la tapa y nada más poner la mano en ella, la tapa cayó, aprisionándole la cabeza contra el borde del arca, que era de hierro.

Pasado algún tiempo, los invitados, extrañados por la ausencia del dueño, se levantaron de la mesa y, al llegar a la sala donde se guardaba el tesoro, hallaron muerto al rico avariento.

Uno de los reunidos dijo a los otros:

—La tapadera de la muerte ha terminado con la codicia de nuestro amigo.

# LOS VAGABUNDOS DE BREMEN

EN UNA GRANJA próxima a la ciudad de Bremen, habitaba un burrito trabajador y honrado que, durante toda su vida, trabajó duramente para su amo. Un día en que iba muy cargado se vino estrepitosamente al suelo. Aquella tarde el granjero abrió la puerta del establo y puso al burrito en la calle, diciendo que estaba viejo y no le servía.

Muy triste andaba el animal pensando en el desagradecimiento de los hombres, cuando un perro de poblados bigotes apareció ante él.

—¡Hola, compadre! ¿Es que te has extraviado?

El asnito le hizo partícipe de su desventura y el perro contó su historia: en un descuido, un zorro se había llevado un par de gallinas y su amo también le arrojó de casa llamándole perrazo viejo e inútil.

La mutua compañía les hizo mucho bien a los dos. Aquella misma tarde, un gatazo viejo maulló tristemente al lado de los vagabundos. Había perdido vista y los ratones corrían ante sus narices, de modo que su amo le puso de patitas en la calle.

El gato se quedó con ellos. Al rato un alegre quiquiriquí anunció la presencia de un gallo.

—¡Ay, amigos, qué susto he pasado! Escuché a mi ama diciendo que iba a guisarme con salsa de tomate y me he escapado de casa.

—¡Quédate con nosotros, amigo! —le suplicaron los otros vagabundos.

# ... Los Músicos de Bremen

AY, LAS NOCHES son ahora terriblemente frías —dijo el perro con un castañeteo de dientes—. Deberíamos buscar un refugio.

—¡Mirad! Una luz... Debe ser una casa —anunció el gallo.

Caminaron en aquella dirección, y, atisbando a través del cristal de la ventana, vieron a unos hombres de mala catadura contando el dinero que extraían de un saquillo.

—Esos individuos son unos ladrones —aseguró el perro.

Contando con que los ladrones fueran supersticiosos, organizaron un espectáculo digno de un circo. El perro se subió sobre el asno, el gato encima del perro y en la cabeza del gato, el gallo. A una señal del can, el asnito rebuznó; ladró el perro con todas sus fuerzas; maulló el gato y cacareó estrepitosamente el gallo. Con la fuerza del rebuzno, se abrió la ventana de par en par. La visión de aquella torre de animales aulladores infundió todo el terror a los ladrones que huyeron despavoridos.

Nuestros amigos se instalaron confortablemente en la casa, sin preocupación alguna por la obtención de comida, puesto que tenían el dinero abandonado por los ladrones.

En aquella choza vivieron muy contentos el resto de sus días. Se llamaban a sí mismos, orgullosamente, «los Músicos de Bremen».

# PIEL DE OSO

UN JOVEN SOLDADO que atravesaba un bosque, fue a encontrarse con un mago. Este le dijo:

—Si eres valiente, dispara contra el oso que está a tu espalda.

El joven disparó el arma y la piel del oso cayó al suelo. El animal desapareció entre los árboles.

—Si llevas esa piel durante tres años seguidos —le dijo el mago— te daré una bolsa de monedas de oro que nunca quedará vacía. ¿Qué decides?

El joven se mostró de acuerdo. Disfrazado de oso y con dinero abundante, empezó a recorrer el mundo. De todas partes le echaban a pedradas. Solo Ilse, la hermosa hija de un posadero, se apiadó de él y le dio de comer.

—Eres bella y buena, ¿quieres ser mi prometida? —dijo él.

—Sí, porque me necesitas, ya que no puedes valerte por ti mismo —repuso Ilse.

El soldado, enamorado de la joven, deseaba que el tiempo pasase pronto para librarse de su disfraz. Transcurridos los tres años, fue en busca del mago.

—Veo que has cumplido tu promesa —dijo este—. Yo también cumpliré la mía. Quédate con la bolsa de oro, que nunca se vaciará, y sé feliz.

En todo aquel tiempo, Ilse lloraba con desconsuelo.

—Mi novio se ha ido y no sé dónde está.

—Eres tonta —le decía la gente—; siendo tan hermosa, encontrarás otro novio mejor.

—Solo me casaré con «Piel de Oso» —respondía ella.

Entonces apareció un apuesto soldado y pidió al posadero la mano de su hija. Como la muchacha se negó a aceptarle, él dijo sonriente:

—¿No te dice el corazón que «Piel de Oso» soy yo?

Se casaron y no solo ellos fueron felices sino que, con su generosidad, hicieron también dichosos a los pobres de la ciudad.

Día 15

# EL LAUREL, EL MIRTO Y EL PERAL

LOS CAMPESINOS, con el hacha en la mano, se detuvieron junto al peral.

—¡Peral! —gritó el laurel—. ¡Vienen por ti!

Los campesinos, en efecto, empuñando el hacha, comenzaron a descargar golpes en la base del árbol, para abatirlo. El mirto gritó entonces:

—¡Peral! ¿Adónde vas? ¿Dónde está la soberbia que tenías cuando tus ramas estaban cargadas de frutos?

El peral, herido de muerte, murmuró:

—Yo me voy con estos campesinos que ahora me cortan para llevarme al estudio de un escultor. Tú, laurel, y tú, mirto, estáis destinados a acabar con vuestras ramas rotas y tronchadas, porque los hombres vendrán a arrancar vuestras hojas para coronarme y rendirme los honores que merecen los héroes.

Día 16

# LA LEONA

LOS CAZADORES, armados de lanzas, se acercaban silenciosamente. La leona, que estaba amamantando a sus hijitos, sintió el olor y advirtió en seguida el peligro.

Pero ya era demasiado tarde: los cazadores estaban ante ella, dispuestos a herirla.

A la vista de aquellas armas, la leona, aterrada, quiso escapar. Y de repente pensó que sus hijitos quedarían entonces a merced de los cazadores. Decidida a todo por defenderlos, bajó la mirada para no ver las amenazadoras puntas de aquellos hierros y, dando un salto desesperado, se lanzó sobre ellos, poniéndolos en fuga.

Su extraordinario coraje la salvó a ella y salvó a sus pequeñuelos, porque nada hay imposible cuando el amor guía las acciones.

# LA GULA DEL LOBO

CIERTO DÍA, EN EL BOSQUE, un lobo atrapó a un zorro descuidado. El zorro suplicó:

—Sé bondadoso y no me mates.

—En tal caso, tendrás que traerme algo de comer.

—Conozco una granja donde tienen dos corderitos tiernos que te sabrán a gloria. Anda, vamos.

Al llegar a la granja, el zorro saltó la tapia del corral y atrapó a uno de los corderos, que el lobo despachó de una sentada.

—¡Me ha sabido a poco! —exclamó—. Tendré que comerme el otro, pero esta vez lo cazaré yo mismo.

Al saltar la cerca armó tal alboroto que el corderito, avisado, empezó a balar lastimosamente. Se despertó el granjero y, armado de una estaca, propinó al lobo una monumental paliza.

El zorro le dijo:

—A ver si aprendes. Si no hubieras sido tan glotón, ahora no estarías lleno de chichones.

Día 18

# ... El lobo y los pasteles ...

APENAS REPUESTO DE LOS PALOS, nuestro lobo dijo al zorro, al que había convertido poco menos que en su prisionero:

—Tendrás que procurarme comida, a menos que me desayune con tus costillas.

—¡Ni se te ocurra! Me he enterado de que el cocinero de palacio está preparando pasteles para el banquete de mañana. Anda, vamos allá.

El zorro, astutamente, se introdujo en palacio y descubrió la ventana donde estaban enfriándose los pasteles, y tomando unos cuantos se los arrojó al lobo.

—¡Pues sí que están ricos, pero me saben a poco!

Llevado de su gula, sin ninguna precaución, saltó a la ventana. Pero tiró uno de los platos y le oyó el cocinero, que corrió hacia él con una sartén de aceite hirviendo y se la arrojó sobre el lomo.

—¡Ay de mí! —gimió el lobo, una vez a salvo—. ¿Es que no van a dejarme comer tranquilamente?

—Amigo, tu gula te ha perdido. A ver si escarmientas.

## Día 19

# ... A la tercera va la vencida

AL DÍA SIGUIENTE, el lobo se quejaba de estar desfallecido. Una vez más, dijo al zorro:

—O me traes algo bueno para reponerme o acabo contigo.

—¿Es que no vas a escarmentar nunca? En fin, vamos al desván del carnicero, pues sé que acaba de matar un cerdo.

Para llegar al desván tuvieron que hacerlo a través de un estrecho agujero. Una vez dentro, el lobo se relamía de gusto, viendo aquellas sartas de chorizos, jamones y lomos. Los dos empezaron a comer, pero el zorro no hacía más que ir hasta el agujero, para ver si su cuerpo podía atravesarlo.

—¿Por qué pierdes el tiempo yendo de un lado para otro? Come todo lo que puedas antes de que nos descubran —dijo el lobo apresuradamente.

—Es para vigilar —explicó el zorro—. Y tú mejor harías en no comer tanto, que luego no podrás escapar. Es un consejo.

—¡Ja, ja! Guárdate tus consejos, zorro tonto.

Y sucedió que el carnicero, habiendo oído ruidos en el desván, se acercó armado de su escopeta para sorprender a los ladrones. El zorro, vigilante, se apercibió de ello y, pasando ágilmente por el agujero, escapó. Pero el lobo, hinchada la panza con tanta comida, no pudo hacerlo. El zorro, libre de su tirano, pudo volver tan campante a su madriguera.

# MERIENDA CON SORPRESA

**ÉRASE UNA HERMOSA TARDE** de finales de verano y tres alegres cerditos decidieron ir de merienda. Y con sus cestas bien llenas iban, cuando acertó a verlos el lobo Haragán, que inmediatamente pensó aprovechar la circunstancia. Mientras uno de los cerditos marchaba en busca de agua, Haragán cogió las cestas de la merienda de los otros dos, que huyeron.

Cuando el tercer cerdito supo lo ocurrido, pensó que el ladrón debía ser el lobo Haragán.

—Le daremos un buen escarmiento —decidió.

Sin pérdida de tiempo, los tres cerditos se subieron uno sobre otro, formando una torre, y se cubrieron con una sábana, de modo que daban la impresión de ser un fantasma muy alto. Cuando el lobo estaba despachando las cestas de la merienda, el mayor dijo con voz terrible:

—¡Soy el protector de los buenos! ¡Entrégame esas cestas o te convertiré en viento!

Haragán, a la carrera, abandonó tan peligrosos lugares dejando la merienda casi intacta en poder de sus dueños, que reían divertidos.



# UN MAGNÍFICO TRAJE DE NOCHE

**LA MARIPOSA Y LA ORUGA** se burlaban a todas horas de un pobre gusanillo deslucido y torpe.

—¿De dónde has sacado ese vestido tan feo? —preguntó la oruga, retorciéndose de risa.

—No hace falta que me des la dirección de tu sastre —se burlaba asimismo la mariposa, balanceando con satisfacción sus hermosas alas de muselina escarlata.

Lejos de enfadarse, el gusanillo repuso:

—Venid a verme esta tarde y podréis ver mi otro traje.

Después de la puesta del sol, la oruga y la mariposa se encaminaron al lugar de la entrevista.

—Ese pobre gusano está lleno de fantasías. Me pregunto qué traje nos va a enseñar...

Charlando sin cesar, llegaron hasta las cercanías de un matorral de madreselvas. ¡El gusano no estaba allí!

—¡Vaya, no ha venido! Nos hemos molestado para nada —exclamó la descontenta mariposa.

—Para nada no —repuso la oruga—. Mira esa rama; parece como si en ella centellease una estrella. ¡Qué maravilla!

—¿Es que no sabéis quién soy? —preguntó una vocecilla conocida de las murmuradoras—. Mirad al Gusano Luciente que está en la madreselva. ¿Qué os parece el brillo de mi traje? ¿Queréis ahora conocer la dirección de mi sastre?

Por fortuna, como era de noche, las sombras ocultaron la vergüenza de la mariposa y la oruga, que se habían burlado de quien era superior a ellas.

## Día 22

# EL PRESTAMISTA CASTIGADO

ÉRASE UN VIEJO PRESTAMISTA que con su usura estaba arruinando a todo el pueblo. Un pobre muchacho llamado Hans, sabedor de lo ocurrido, se presentó en casa del prestamista, ofreciéndose como criado. El avaro, dispuesto a no pagarle nada, lo tomó a su servicio.

Un día llegó una linda campesina suplicando un préstamo para comprar las medicinas a su madre enferma. El prestamista le negó el dinero.

Tanto había impresionado a Hans la linda joven, que decidió hacerle una visita. En el camino tropezó con una anciana que apenas podía caminar y le ofreció su brazo. Y ella, que era el Hada del Bosque, le dijo:

—Te estoy agradecida. Toma esta ramita de encina. Todo lo que toques con ella se convertirá en lo que desees.

Regresó el muchacho a casa de su amo y, al tocarle con la ramita, se convirtió en un sapo. Luego Hans corrió a casa de la campesina y le pidió su mano.

Gracias al poder de la ramita, el joven consiguió que la madre de su amada recobrase la salud. Después, repartió el dinero de su antiguo amo entre las gentes del pueblo.

# LA PRINCESA Y EL ROCÍO

**LAS HIJAS DEL REY ADALBERTO** no podían ser más distintas; mientras las dos mayores cumplían a la perfección su papel de princesas, presentándose engalanadas y enjoyadas en todos los actos de la corte, la menor, Edelia, pasaba el tiempo cuidando las flores del jardín. A veces se desgarraba los vestidos entre las zarzas y, como además todo el dinero destinado a ropas y joyas lo entregaba a los necesitados, la pobrecilla no tenía muy buen aspecto. Sin embargo era feliz, pues estaba enamorada del rocío desde que una mañana lo descubriera sobre una rosa roja.

—No existe joya que pueda compararse te en belleza —le dijo—. ¡Lástima que no pueda conservarte todo el día!

Y sucedió que el príncipe Hugo anunció su visita a la corte de Adalberto para elegir esposa entre sus hijas. Edelia, que había escuchado infinidad de alabanzas sobre el valor, la generosidad, la apostura y bondad de Hugo, suspiró ante el rocío:

—No tengas celos, rocío, si además de ti me enamoro de ese príncipe. Pero él no me querrá, pues no puedo competir con mis hermanas. Ni siquiera tengo un vestido decoroso que ponerme.

—Las rosas, tus amigas, podrían solucionar el problema —repuso el rocío—, si quisieran prestarte sus pétalos.

Estas accedieron de la mejor gana; y aquel día, las rosas color de té se fundieron en un magnífico vestido de corte; las rosas rojas formaron un manto y las rosas blancas lo adornaron. El rocío habló entonces:

—Aguarda: por el amor que me has manifestado quiero hacerte un don. Formaré para ti una deslumbrante corona que durará tanto como dure la fiesta.

Una exclamación admirativa corrió por el salón cuando Edelia, bellísima, coronada por mil gotas de rocío resplandecientes, hizo su aparición.

El príncipe se sintió deslumbrado ante tanta belleza. Y como le hablaran de la modestia y bondad de la joven, decidió tomarla por esposa. La feliz y enamorada pareja supo asimismo hacer felices a sus súbditos.

# LOS DOS RATONES

CIERTO RATÓN DE CIUDAD fue a visitar a un pariente que vivía en el campo. Este le alojó en su casa y le ofreció de su comida que consistía en bellotas y habas. El ratón de ciudad, desdeñoso, dijo al campesino:

—Primo, vente conmigo a la ciudad, que se vive mejor.

El ratón de campo aceptó la invitación y juntos llegaron a la bien provista despensa de un palacio.

—Come todo lo que quieras, pues ya ves que no falta nada. Aquí vivo como un príncipe.

Estaban ambos en lo mejor del banquete, cuando la puerta se abrió bruscamente y los ratoncillos tuvieron que huir para salvar la vida.

Cuando se marchó la cocinera, dijo el ratón ciudadano.

—Tendrás que acostumbrarte al peligro, primo, puesto que puedes vivir muy bien.

—¿Sí, eh? Quédate con todas tus maravillas, que yo vivo muy tranquilo en el campo, sin ningún peligro. Y tú, con la panza bien llena, caerás un día en una ratonera o en el estómago de un gato. No cambio mi pobreza por toda tu opulencia.

Día 25

# EL CAMELLO TESTARUDO

ÉRASE UNA VEZ un camello que esperaba impaciente a que su amo terminase de cargarlo. Ponía en sus lomos un saco, dos, tres, cuatro...

—¿Cuándo terminará? —se decía el camello.

Al fin el hombre chasqueó la lengua y el camello se alzó, pero no dio ni un paso por más que su dueño tirase de él.

—Ya comprendo —dijo el hombre; y dando un suspiro, le quitó dos sacos de encima.

—Ahora el peso me parece justo —se dijo el camello, poniéndose en marcha.

Caminaron todo el día y el camellero pensó que aquella noche podrían llegar al pueblo. Pero al oscurecer, el animal se tumbó.

—Vamos, haz un esfuerzo; unas leguas más...

El camello estaba pensando que, por aquel día, sus patas ya habían caminado bastante. Y su dueño se vio obligado a quitarle la carga y acampar toda la noche en el desierto. Pero aprendió la lección de no exigir de los animales más de lo que pueden dar de sí.

# GULLIVER Y LOS GIGANTES

UN DÍA, en medio de una espantosa tempestad, el barco en que Gulliver realizaba un nuevo viaje naufragó. Gracias a sus cualidades de excepcional nadador, pudo alcanzar una isla donde las matas de cebada eran tan altas que parecían árboles.

Inesperadamente, el viajero fue a encontrarse en la palma de la mano de un hombrón gigantesco que le miraba con curiosidad. Creyendo haber encontrado un gracioso muñeco, se lo llevó a su hijita que, a pesar de sus pocos años, abultaba mucho más que Gulliver. En escasos días, este aprendió el idioma de los gigantes.

Pasado algún tiempo, el hombrón que se había apoderado de él lo metió en una caja y se lo llevó de feria en feria para exhibirlo. El gigante estaba encantado, pues ganaba más dinero que nunca.

Al despertar Gulliver una noche, se encontró ante dos gigantescos ratones que le miraban con curiosidad. Inmediatamente, desenvainando la espada, les dio muerte.

—Es un valiente —dijo el rey.

La reina afirmó. Entonces se lo llevaron a vivir a palacio y le demostraron tanto afecto que Gulliver se encontraba realmente bien allí.

## Día 27

# ... La casita volante de Gullíver

TODO HUBIERA RESULTADO perfecto en palacio si el bufón, envidioso de Gulliver, no hubiera intervenido para causarle molestias. Un día, estando el viajero en el jardín, fue por detrás y le arrojó a un estanque muy profundo, del que solo pudo salir con ayuda de una de las damas de la reina.

Otro día el bufón abrió la jaula de un mono perverso y este, tomando a Gulliver, escapó por los tejados llevando de una mano al aturdido viajero.

—¡No me sueltes o me estrellaré! —tuvo que rogarle.

Por suerte, los servidores del rey lograron apresar al mono. Pero el viajero enfermó y el soberano hizo que le construyeran una casita a orillas del mar.

Gulliver se repuso muy pronto. Además, se encontraba bien allí, pues su casita era muy cómoda y podía pasear por la playa. Una mañana, estando asomado a la ventana observó que su vivienda se remontaba en el espacio. Era que un águila gigantesca la había apresado entre sus garras y la llevaba a través del mar.

Inesperadamente, otro enorme pájaro se arrojó sobre el águila y esta aflojó las garras que sostenían la casa.

Gulliver creyó llegada su última hora, pero la casa se mantuvo a flote, pues era de madera. El ingenioso viajero le colocó una vela en el tejado y pudo llegar sano y salvo a un país civilizado, donde se le recibió en medio de grandes aclamaciones.

**Día 28**

# EL CRIADO BURLÓN

ÉRASE UN CABALLERO muy encopetado que tomó por criado a un mozo de aspecto simplón, llamado Pedro. Para burlarse del joven, le entregó dos dineros, diciendo:

—Anda, ve a la plaza y traeme un dinero de huevos y otro de ays.

El bueno de Pedro compró los huevos y observó que todos se mofaban de él cuando solicitaba un dinero de ays.

Comprendiendo las intenciones de su amo, puso los huevos en el interior de su capa y encima un manojo de ortigas. Al llegar a casa, le preguntó el caballero:

—¿Qué? ¿Ya traes lo que te he encargado?

—Sí, señor; no tiene usted más que sacarlo de mi capa.

Nada más introducir la mano, el caballero gritó:

—¡Ay! ¡Ay!

—Ya tiene usted los ays que me había pedido —se burló el muchacho.

Día 1

# LA NUEZ Y EL CAMPANARIO

**UNA CORNEJA** que había atrapado una nuez se la llevó a lo alto de un campanario. Cuando se disponía a abrirla, la nuez rodó, yendo a desaparecer en una hendidura de la pared.

—¡Pared, buena pared —suplicó entonces la nuez al verse libre del pico mortífero de la corneja—, ten compasión de mí! Yo estaba destinada a caer bajo las ramas de mi viejo padre, para descansar sobre la tierra fértil cubierta de hojas amarillas. No me abandones, te lo suplico.

Las campanas de la torre, con un leve murmullo, advirtieron a la pared que fuera con cuidado, porque la nuez podía resultar peligrosa; pero la pared decidió hospedarla, permitiendo que se quedase donde había caído.

Algún tiempo después, la nuez comenzó a abrirse y a echar raíces entre las grietas de las piedras; más tarde las raíces crecieron, alargándose, mientras las ramas asomaban fuera del agujero; crecieron las ramas, se robustecieron y alzaron hasta el campanario; la raíces, gruesas y retorcidas, comenzaron a abatir la pared, derribando las viejas piedras.

La pared comprendió demasiado tarde que la humildad de la nuez no era sincera y se arrepintió de no haber escuchado el sabio consejo de las campanas.

El nogal continuaba creciendo, fuerte e indiferente, y la pared, la pobre pared, seguía desplomándose.

Día 2

# EL VILLANO Y LA VID

**EL CAMPESINO** cuidaba muy bien de la vid y esta creyó que la quería mucho, pues la apuntalaba con ramas.

—Tendré que recompensarle con buenos racimos —pensó ella.

Y la vid trabajó con tesón y produjo mucha uva. Pero después de la vendimia el campesino le quitó de golpe todos los palos y puntales y la pobre vid se desplomó. Luego, con su hacha, el campesino hizo pedazos la planta, la llevó a su casa y la arrojó al fuego.

Así premian los ingratos los servicios recibidos.

# EL REY DE LOS BÚFALOS

HACE MUCHO TIEMPO, Dah Gauda, el dakota, se construyó una cabaña de troncos para poder guardar mejor a su bellísima hija. Un día que iba de pesca, le advirtió:

—Cuando me vaya cierra bien la puerta, pues el Rey de los Búfalos está enamorado de ti e intentará raptarte.

El día era espléndido y la muchacha, para tomar el sol y el aire, se subió al tejado de la casa, considerándose segura. Se había llevado un peine y empezó a alisar sus largos cabellos negros, que llegaban hasta el suelo.

El Rey de los Búfalos, que había aparecido junto a la niña seguido de numerosos cortesanos, la cogió de los cabellos y aprisionando a la joven entre sus cuernos, se la llevó a su reino. Una vez allí, hizo a la muchacha objeto de delicadas atenciones.

Al regresar Dah Gauda a su cabaña y descubrir la falta de la muchacha, empezó a buscar huellas. Era el mejor rastreador de toda la tribu y, por señales que para otro hubieran pasado desapercibidas, pudo ir hasta el país de los Búfalos. Cerca de la casa del raptor silbó débilmente. Su hija, al percibir el silbido, dijo al rey:

—Señor, voy en busca de agua para ti.

Y con un cántaro se alejó hasta el río, dejando muy complacido al Rey de los Búfalos. Pero conforme pasaba el tiempo sin que ella regresara, su impaciencia fue creciendo. Al fin, seguido de los suyos, salió a buscarla.

En un recodo del camino, los guerreros dakotas capitaneados por Dah Gauda les aguardaban y una andanada de flechas cayó sobre el rey y sus huestes. Muchos murieron y los demás huyeron hacia el oeste.

El más valeroso de los guerreros dakotas obtuvo la mano de la hermosa doncella y fueron felices en su amada tierra, libres de la amenaza del pueblo Búfalo.

# LA CASITA DE TURRÓN

HANSEL Y GRETEL, dos hermanitos hijos de un pobre leñador, se perdieron un día en el bosque. Anda que te andarás, descubrieron una casita muy linda.

—¡Mira, Hansel! —exclamó la niña—. Las ventanas son de chocolate y las paredes de turrón.

—Y las tejas de caramelo —dijo alegremente el niño.

La puerta de la casita se abrió y una anciana invitó a los niños a entrar, puesto que la noche estaba encima. Entonces, con expresión espantosa, anunció:

—Sabed que soy una hechicera comedora de niños y que la casa de dulce me sirve de engaño para atraerlos. ¡Qué flacos estáis! Engordaré primero al chiquillo y, cuando esté a punto, lo comeré. Y tú, chiquilla, me ayudarás en las faenas de la casa.

La hechicera puso a Hansel en una jaula y todos los días le hacía sacar un dedo por los barrotes, para ver si había engordado. A Gretel se le ocurrió llevar a la jaula un huesito de pollo y cuando la hechicera le pedía que sacara el dedo, enseñaba el hueso.

—¡Ya me he cansado! Flaco y todo me lo comeré —decidió la horrenda mujer—. Y tú, Gretel, enciende el horno y pon a calentar el caldero lleno de aceite.

La niña obedeció. Y cuando la bruja se inclinó sobre el caldero hirviendo para ver si estaba a punto, la empujó por detrás, arrojándola en el aceite. La malvada vieja se abrasó. Entonces corrió a libertar a su hermanito. Luego registraron la casa, en la que hallaron gran cantidad de oro. Con él en un cesto, tomaron el camino del bosque y un hombre que iba con su burro les indicó la dirección que debían seguir para llegar a la cabaña de sus padres.

La terrible aventura les había servido para salir de la pobreza, y en adelante los niños y sus padres fueron muy felices.

# EL PAÍS DE LOS ENANOS COLORADOS

HACE MUCHOS AÑOS, hubo un bosque habitado por multitud de enanillos colorados. Eran tan generosos que, compadecidos de los aldeanos pobres, les ayudaban en sus labores.

Los hombres de la comarca estaban encantados con sus vecinos, y los enanillos, a cambio, no pedían más que un platito de leche dulce.

—¡Habrase visto frescura! —protestó Franz, un mocetón ordinario—. ¡Fuera de aquí! No quiero daros nada.

La casa de Franz era una de las mejores de la comarca. Siempre se habían necesitado cuatro sirvientes, pues era muy grande y con muchos animales domésticos. Pero ya no había más que una, llamada María.

—Esto de que María tenga todo tan limpio y reluciente me da que pensar —decía Franz, rascándose el cogote.

Una noche, descalzo y sin ruido, pudo observar que mientras los enanillos limpiaban la cocina, María les preparaba unas natillas. Con la peor intención, al día siguiente, echó ajos en la leche.

María hizo las natillas como de costumbre, pero apenas los enanillos probaron de sus platitos, empezaron a gritar:

—¿Conque así nos tratan? ¡Vámonos para no volver!

Cumplieron la amenaza y María tampoco quiso quedarse. A partir de entonces, el desgraciado labrador no tuvo suerte en nada y acabó hundido en la miseria.

Día 6

# EL AHORRO EXAGERADO

ÉRASE CIERTO SAPITO que, de cuando en cuando, alargaba el hocico y mascaba un poco de tierra.

—¿Por qué estás siempre tan flaco? —le preguntó un día la curiosa liebre.

—Porque siempre tengo hambre —contestó el sapo.

—¡No has de tener hambre! —contestó la liebre—. ¿Por qué no comes hasta hartarte?

—Porque un día —se lamentó con lúgubre tono aquel campeón de los avaros—, también la tierra podría acabarse.

# EL NAUFRAGIO DE GULLIVER

**N**AVEGANDO EN RUTA hacia las Indias Orientales, el velero en el que viajaba Samuel Gulliver naufragó. El buque había ido a estrellarse contra unos arrecifes en medio de la más espesa niebla.

Seis supervivientes, entre los cuales se encontraba Gulliver, lograron botar al agua una chalupa y todos se pusieron a remar hasta el agotamiento. Media hora más tarde se desató un fortísimo vendaval que hizo zozobrar la débil embarcación. Gulliver, a nado, alcanzó la costa.

El enorme cansancio, unido al calor del sol, indujó a Gulliver a tumbarse sobre un extraño césped de hierbas cortísimas. Al instante, con una sensación de bienestar, se quedó dormido.

Día 8

# ... Gulliver y los liliputienses ...

**U**N RUMOR DE CHILLIDOS semejantes a los de las ratas despertó al náufrago. Inmediatamente intentó levantarse pero no le fue posible, porque unas finas pero fuertes ligaduras le sujetaban todo el cuerpo al suelo. Ni siquiera pudo mover la cabeza, pues le habían atado también por los cabellos.

Con gran asombro pudo ver a una estrafalaria figurita de aspecto humano que trepaba por su brazo, llevando arco y carcaj con flechas. Otros seres diminutos le seguían.

Al rato descubrió a un hombrecillo de aquellos, subido en una impresionante plataforma, que le habló así:

—¿Quién eres tú?

—Me llamo Gulliver y desearía comer y beber.

Los diminutos seres desarrollaron una actividad asombrosa. Lo menos cien de ellos llegaron con cestos como dedales llenos de diminutos panes, pollos asados y algunos terneros descuartizados, condimentados. Todo ello fueron introduciéndolo en la boca del viajero. También le dieron a beber varios toneles de cerveza.

Le contaron que se hallaba en el país de Liliput y que no le harían daño si sus intenciones eran buenas.

Como Gulliver les diera toda clase de seguridades, acabaron por cortar sus ligaduras.

Las gentes todas de Liliput acudieron para ver al Hombre Montaña, como dieron en llamarle. Y el ejército en pleno desfiló bajo las piernas abiertas de Gulliver.

Aquel mismo día fue proclamado el «Mejor Amigo de los liliputienses».

Día 9

# ... La batalla contra el enemigo

**LLEVABA YA GULLIVER** algún tiempo en Liliput, cuando el emperador decidió pedirle un favor.

—¡Escúchame con atención, Hombre Montaña! Nos has enseñado cómo funcionan esos tubos huecos que disparan balas. Quisiera que desde la costa dispararas esas balas a los barcos de nuestros enemigos de Blefescu, pues sé que van a invadirnos con su flota.

—Acepto, Majestad, pero permitid que atraviese el lago nadando y vaya a observar los preparativos de los de Blefescu.

Obtenido el permiso, lo hizo así, pero fue nadando bajo el agua para no ser descubierto. Una vez en el puertecito, fue atando con rollo de cordel liliputiense todas las proas de los bajeles. Inmediatamente empezaron a dispararle flechas que apenas notó y después volvió a Liliput. Los liliputienses, al ver acercarse la flota enemiga, creyeron que Gulliver había perecido. Pero este, sacando de pronto la cabeza del agua, gritó:

—¡Viva el poderoso emperador de Liliput!

Después, con un tirón del cordel, volcó todos los barcos al agua.

Gulliver fue colmado de honores y condecoraciones. Pero como deseara regresar a su país, los carpinteros navales le fabricaron un bote de remos, con el que se hizo a la mar, llevando un cofrecillo de joyas y diminutas monedas. Sin más contratiempos, pudo pisar su tierra natal.

# EL SASTRE Y LOS DUENDECILLOS

**HACE MUCHÍSIMOS AÑOS** había en la ciudad de Hiderabah un sastre tan pobre que casi no ganaba para comer. Una noche cortó un traje y lo dejó sobre la mesa. Al día siguiente, lo encontró confeccionado y tan perfecto que un rico cliente le pagó por él un buen precio.

Sucedió que todas las noches el sastre dejaba un traje cortado sobre la mesa y por la mañana estaba listo.

La fama del sastre creció en Hiderabah y llegó clientela de toda la Persia, con lo que el sastre se hizo rico. Pero tanto su mujer como él estaban muy intrigados.

—Esta noche nos esconderemos en el arca —propuso la mujer— y así sabremos quién hace los trajes.

Lo hicieron así y por la rendija vieron a tres duendecillos bajar por la chimenea y ponerse a coser. De madrugada, se iban por el mismo lugar.

A la noche siguiente, cuando los tres duendecillos llegaron para ponerse a la tarea, encontraron una opípara cena, con toda clase de delicados manjares y golosinas.

—¡Qué comida tan rica! —gritaron alegremente los tres.

—¡Es un placer trabajar para gentes agradecidas! ¡Vamos a cenar! —dijo el que era pelirrojo.

—¡Nada de eso! —exclamó el que parecía jefe—. Primero es la obligación y después, la diversión. Comeremos cuando hayamos acabado el traje.

Así pasaron muchos años y el sastre y su mujer llegaron a viejecitos. Como tenían dinero suficiente para vivir descansados, decidieron retirarse. Una noche dejaron sobre la mesa tres dedales de oro, uno para cada duendecillo, con una cartita en la que se despedían cariñosamente de los enanitos trabajadores.

# EL HUEVO ROBADO

HABÍA UNA VEZ en un huerto dos nidos de perdices; el uno, sobre un ciprés y el otro, sobre un olivo.

Un día, la perdiz que vivía sobre el ciprés robó un huevo a la del olivo, para añadirlo a los que estaba incubando. Pasado algún tiempo, los huevos se abrieron y las dos perdices fueron madres. Los pequeñuelos crecieron, se vistieron de plumas y llegó el día de su primer vuelo.

Uno tras otro, los pajaritos que vivían en el olivo saltaron, dieron unas vueltas y después regresaron felices a su nido.

Uno tras otro, también los que vivían en el ciprés se lanzaron a revolotear por el huerto. Pero uno de ellos, en lugar de regresar al ciprés, voló hasta el nido que estaba en el olivo.

Era el pájaro que había nacido del huevo robado y que, por instinto, regresaba con su verdadera mamá.

## Día 12

# LA FALSA APARIENCIA

UN DÍA, por encargo de su abuelita, Adela fue al bosque en busca de setas para la comida. Encontró unas muy bellas, grandes y de hermosos colores y llenó con ellas su cestillo.

—Mira, abuelita —dijo al llegar a casa—, he traído las más hermosas... ¡mira qué bonito es su color escarlata! Había otras más arrugadas, pero las he dejado.

—Hija mía —repuso la anciana—, esas arrugadas son las que yo siempre he recogido. Te has dejado guiar por las apariencias y has traído a casa hongos venenosos. Si los comiéramos, enfermaríamos; quizás algo peor...

Adela comprendió entonces que no debía dejarse guiar por el bello aspecto de las cosas, que a veces ocultan un mal desconocido.

# LA RANA ENCANTADA

EN UN LEJANO PAÍS vivía un bondadoso rey cuya única hija, aunque bellísima, no había heredado la bondad de su padre.

Al cumplir los quince años, el rey le regaló una pelota de oro, con la que la princesita marchó al estanque. La pelota se le cayó al agua y no sabía cómo recuperarla. Una ranita apareció en la orilla y le dijo con chillona vocecilla:

—Yo puedo devolverte la pelota, princesa, pero a cambio tendrás que permitir que coma en tu mesa y duerma en tu cama.

La princesa, que no pensaba cumplir la promesa, aceptó. Pero cuando tuvo la pelota en la mano se alejó, riéndose de las pretensiones de la ranita. Aquella noche, mientras cenaban, el animalito se presentó en el regio comedor reclamando el cumplimiento de la promesa.

Al saber lo ocurrido, el soberano montó en cólera:

—Cuando se hacen promesas hay que cumplirlas, hija mía. Coloca a la rana junto a tu plato.

La princesa se vio obligada a obedecer, mirando con repugnancia cómo el bichillo metía las patitas en su plato y bebía en su vaso. Por último, rompió a llorar, pero sin conseguir ablandar al rey, así que tuvo que llevar a la ranita a su dormitorio. Entonces, furiosa, tomó al animalillo y lo estrelló contra la pared.

¡Qué sorpresa! Cayó la piel verde que revestía al animalito y un atractivo príncipe apareció en su lugar.

—Gracias, princesa —dijo con una reverencia—. Sabed que, siendo niño, un mago me transformó en rana hasta el día en que una princesa me tomara entre sus manos. Lo único que lamento es tu falta de bondad.

La princesa, avergonzada de su comportamiento, rompió a llorar. Tan bien la supo consolar el príncipe que, poco después, se casaron. Dicen que fueron muy felices.

Día 14

# EL AGRADECIMIENTO DEL ÁGUILA

CIERTO DÍA un labrador encontró un águila apresada en una red. Tanto le impresionó la belleza del animal, que cortó la red, dejándola en libertad.

Pocos días después, estaba sentado el labrador al pie de un muro que amenazaba derribarse, cuando fue el águila y le arrancó el sombrero. Inmediatamente, el hombre se levantó, en un intento de seguirla y recuperarlo.

Al volver sobre sus pasos, halló los escombros del muro en el mismo lugar en el que había estado sentado.

Maravillado de haber sido correspondido en aquella forma, prometió ayudar a los animales siempre que se le presentase la oportunidad.

Día 15

# LAS GALLINAS GORDAS Y LAS FLACAS

ÉRASE UN CORRAL en el que vivían varias gallinas: unas gordas y bien cebadas y otras, por el contrario, flacas y desmedradas.

Las gallinas gordas, orgullosas de su buena facha, se burlaban de las flacas, diciendo:

—Sois unas muertas de hambre... Parecéis esqueletos.

Un día, para preparar el banquete de boda del hijo del granjero, entró la mujer de este y eligió a las gallinas más gordas. En el momento de perder la vida, dijeron con su último aliento a las otras compañeras:

—¡Ay, cómo envidiamos vuestra suerte! ¡Quién hubiera sido flaca!

Día 16

# EL GIGANTE EGOÍSTA

A **LOS NIÑOS DE LA CIUDAD** les gustaba jugar en el hermoso jardín del gigante. Habían descubierto un agujero en el muro y, a gatas, penetraban en su interior. El gigante, que como buen egoísta no quería que le molestasen, colgó un gran cartelón en la entrada que decía:

*«SE PROHÍBE EL PASO»*

Día 17

# ... El deseo del gigante

L**OS NIÑOS, TEMIENDO SUS IRAS,** no volvieron más; pero tampoco la primavera quiso aparecer ya por allí para castigar al egoísta. El hielo, la nieve y el granizo se alegraron mucho, pues podían eternizarse en el jardín.

Una mañana, ¡oh maravilla!, oyó cantar a un jilguerillo y se asomó a la ventana. Los niños habían invadido el jardín y todos los árboles mostraban sus ramas verdes. Todos menos uno cubierto de hielo. Un pequeñín intentaba trepar a él, pero sin lograrlo.

En ese instante, el gigante comprendió la razón de que la primavera no hubiera querido acudir a su jardín. Corriendo hacia el niñito, le alzó en sus brazos y el árbol helado floreció. Los bracitos del niño rodearon el cuello del gigante, que le besó con amor. Entonces, feliz, dijo:

—Venid todos los días a jugar, muchachos.

Los niños entraban diariamente a jugar en el hermoso jardín, pero el gigante nunca volvió a ver al pequeñín, al que quería como a ninguno, porque nadie más que él le había besado en su vida.

Pasaron los años y el gigante se hizo muy viejecito. Una mañana de invierno, desde su ventana, descubrió un árbol florido. Sus ramas eran doradas y colgaban de ellas frutos de plata. Al pie del árbol estaba el pequeñín. Y el gigante se estremeció al descubrir señales de clavos en sus manos y pies.

—¿Quién se ha atrevido a herirte? —preguntó furioso.

—No te inquietes por estas señales, buen gigante. Son heridas de Amor. Me dejaste una vez jugar en tu jardín y hoy tú vendrás conmigo a mi jardín, que es el Paraíso.

Cuando aquella tarde los niños entraron a jugar, hallaron muerto al gigante. Tenía una sonrisa en los labios y flores blancas cubrían su cuerpo.

**Día 18**

# EL PAPEL Y LA TINTA

ESTABA UNA HOJA de papel sobre una mesa, junto a otras hojas iguales a ella, cuando una pluma, bañada en negrísima tinta, la manchó llenándola de palabras.

—¿No podías haberme ahorrado esta humillación? —dijo enojada la hoja de papel a la tinta—. Tu negro infernal me ha arruinado para siempre.

—No te he ensuciado —repuso la tinta—, te he revestido de palabras. Desde ahora ya no eres una hoja de papel, sino un mensaje. Custodias el pensamiento del hombre. Te has convertido en algo precioso.

En efecto, ordenando el despacho, alguien vio aquellas hojas esparcidas y las juntó para arrojarlas al fuego. Pero reparó en la hoja «sucia» de tinta y la devolvió a su lugar porque llevaba, bien visible, el mensaje de la palabra. Luego, arrojó las demás al fuego.

## Día 19

# EL NIÑO RICO Y EL NIÑO POBRE

ERNESTO Y ÓSCAR vivían en dos casas próximas. La primera, hermosa, amplia, confortable; la segunda, poco más que una choza. El niño rico tenía un cuarto lleno de juguetes. El niño pobre era feliz cuando se acostaba después de haber tomado un plato de sopa.

El muchacho afortunado, con su ropa cara y nueva, desdeñaba al vecino por sus trajecillos gastados.

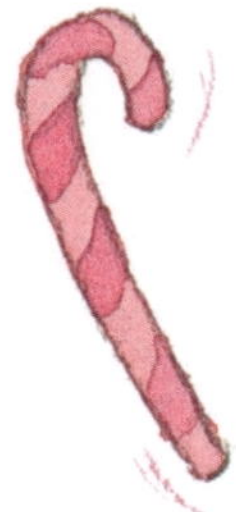

Pasaron los años y dejaron de verse, hasta que el azar los reunió de nuevo. Ernesto tenía aspecto derrotado. Óscar conducía un automóvil caro.

—¿Eres Óscar, verdad? —preguntó Ernesto—. ¿Cómo es que has prosperado? ¿Es que te ha tocado la lotería?

—No; he trabajado de firme...

Ernesto se alejó con la cabeza baja. Todo su trabajo, si tal podía llamarse, había sido derrochar la fortuna heredada de sus padres.

## Día 20

# LAS GRULLAS

ÉRASE UN REY BUENO, a pesar de lo cual tenía muchos enemigos. Las grullas del parque, fieles y leales, estaban preocupadas por él. Temían que, aprovechando la oscuridad de la noche, el enemigo rodease el palacio y se apoderase del soberano.

—¿Qué haremos? —se preguntaron—. Los soldados, en lugar de hacer guardia, se duermen; los perros, cansados de continuas cacerías, no se enteran de nada.

Así, transformadas en centinelas, decidieron hacer turnos de guardia durante la noche.

—¿Y si nos vence el sueño? —preguntaron algunas.

—Contra el sueño —repuso la grulla más anciana—, emplearemos este remedio. Todas sostendremos una piedra con la pata que tenemos alzada cuando estamos firmes. Si alguna de nosotras se durmiese, la piedra, al caer, nos despertaría con su ruido.

Ninguna dejó caer la piedra y tuvieron bien vigilado y seguro al soberano.

# MEÑIQUE EL DE LA SUERTE

EL REY ESTABA DESESPERADO, un enorme árbol había crecido ante su palacio quitándole luz y nadie en el reino fue capaz de derribarlo. Pero además, aunque en el reino había fuentes, en su palacio no pudo encontrarse agua, por más que se cavaron pozos. El rey había prometido la mano de su hija al que le librase del árbol y le concediera agua.

Meñique, un muchacho corto de estatura y largo de alcances, hijo de un pobre leñador, oyó llorar a un árbol y descubrió un hacha encantada que lo golpeaba sin cesar. Recogió el hacha y la guardó en su saco.

Poco después Meñique escuchó el rumor del agua y descubrió el manantial que, manando de una nuez, proveía al río. Meñique guardó la nuez en su saco.

En lo alto de un monte escuchó golpes y descubrió un pico encantado que golpeaba la roca y lo guardó en su saco. Con todo ello se presentó en el palacio real.

—¿Sabes a lo que te expones? —le advirtió el rey—. Si fracasas, te cortaré las narices como a todos los que se han visto en igual situación.

Meñique, con el hacha encantada, golpeó el árbol y, ante el estupor general, lo derribó en un instante. Luego en el salón del trono, se puso a cavar, hizo un hoyo y colocó en él la nuez. Inmediatamente, el agua manó.

El rey, quieras que no, tuvo que cumplir la palabra empeñada y conceder la mano de su hija al hijo del leñador.

# JUAN SIN MIEDO

ÉRASE UNA VEZ un muchacho valiente que no sabía lo que era el miedo y ansiaba experimentar esa sensación desconocida de la que le hablaban sus amigos. Por esta razón le llamaban Juan Sin Miedo.

Un día, para comprobar si podía ser capaz de asustarse, se dirigió a un lejano castillo que tenía fama de embrujado. Una vez ante la puerta, cuál no sería su asombro al descubrir que se abría sola, en medio de un gran ruido de cadenas. Aquello le pareció muy divertido y siguió adelante, a través de un jardín sombrío. De los árboles colgaban espantosas caras y no pudo retener la carcajada.

Una vez en el interior del castillo encontró una hamaca y como estaba algo cansado se tumbó para descansar. A los pocos instantes dormía profundamente. Al rato la hamaca empezó a dar vueltas como si fuera un molinillo. Tan rápido iba que cualquiera, en el lugar de Juan, se hubiera mareado. Mas él encontró aquello tan divertido que empezó a gritar:

—¡Más de prisa! ¡Esto es formidable!

La hamaca se detuvo en seco, se abrió el suelo y fue a dar en un pajar lleno de ratones. Como corrieran asustados de un lado para otro, Juan Sin Miedo les dijo:

—¿Por qué os asustáis? ¡Venid a jugar conmigo!

En lugar de aterrorizarse él, aquellos animalitos huyeron espantados.

—¡Este castillo me resulta algo aburrido! —rezongó el muchacho.

Día 23

# … La ocurrencia de la princesa

DECEPCIONADO Y PENSANDO que el miedo no se había hecho para él y que estaba destinado a aburrirse de por vida, Juan Sin Miedo se dispuso a abandonar el castillo. Un foso de aguas profundas le cerraba el paso y cuando se disponía a arrojarse al agua para atravesarlo, vio que estaba lleno de cocodrilos. Esperó a que pasara el mayor de todos ellos y, dando un salto, se colocó encima; así alcanzó la otra orilla.

La gente del pueblo, que le había visto entrar en el jardín embrujado, suponía que habría muerto de terror. Al ver que estaba sano y salvo, todos fueron a felicitarle. El rey le dijo:

—Mi reino necesita un hombre como tú. Quiero que seas mi sucesor y como tal te concedo la mano de mi hija.

Una noche, mientras dormía, su esposa quiso asombrarle y con una pluma le hizo cosquillas en la nariz.

Juan Sin Miedo, dando un brinco, gritó de terror. Acababa de conocer el miedo.

—¡Ahora ya puedo ser feliz! —gritó a los cuatro vientos.

Día 24

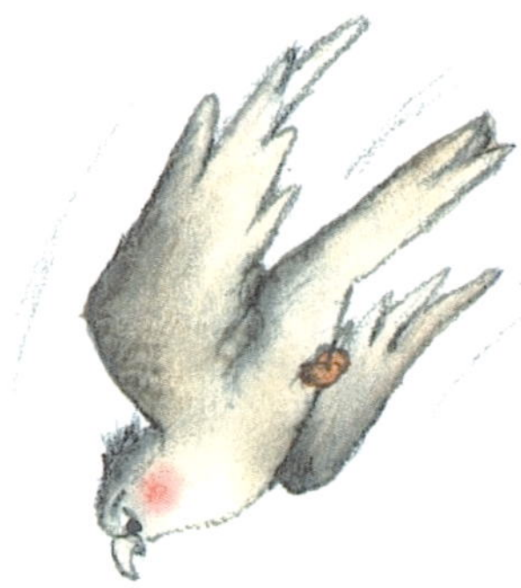

# EL HALCÓN Y EL PATO SALVAJE

CADA VEZ QUE IBA A CAZAR PATOS, el noble halcón terminaba furioso. Aquellos patos conseguían casi siempre reírse de él, pues se sumergían en el agua justo en el último momento, quedándose allí más tiempo del que el halcón podía mantenerse suspendido en el aire esperándolos.

Aquella mañana el halcón decidió probar una vez más. Después de dar muchas vueltas con las alas extendidas y de haber elegido el pato que quería capturar, se precipitó como un bólido. Pero el pato, más ligero, se sumergió de cabeza.

—Esta vez voy detrás de ti —gritó furioso el halcón. Y se sumergió a su vez.

El pato, al verlo bajo el agua, se escabulló, salió a la superficie y, desplegando las alas, se echó a volar.

El halcón, con las plumas mojadas, no pudo alzar el vuelo. Entonces, pasándole por encima, el pato le dijo:

—¡Adiós, halcón! Yo sé estar en tu cielo, pero tú en mi agua no, porque te ahogas.

# ALÍ BABÁ Y LOS LADRONES

HACE MUCHÍSIMOS AÑOS, vivían en Persia dos hermanos llamados Casin y Alí Babá. Eran muy pobres, pero el mayor se casó con la hija de un hombre opulento, mientras que Alí, el menor, lo hacía con una muchacha tan pobre como él.

Un día que Alí había ido con su burro al monte en busca de leña, vio a lo lejos una nube de polvo y, temiendo que fueran bandidos, se escondió en la copa de un árbol. Se trataba de cuarenta jinetes llevando sacos a lomos de sus monturas y que fueron a detenerse cerca de donde se encontraba Alí Babá, junto a una montaña rocosa. El que parecía jefe pronunció unas misteriosas palabras:

—¡Sésamo, ábrete!

El asombrado Alí pudo ver cómo la roca se abría y los cuarenta hombres, con sus pesados sacos, penetraban en el interior de la cueva, que la abertura dejaba libre.

Pasado algún tiempo, salían sin la carga y montaban en sus caballos. Antes de partir, el jefe dijo:

—¡Sésamo, ciérrate!

La cueva se cerró y los jinetes desaparecieron entre otra nube de polvo. Al rato, Alí Babá bajó del árbol.

—¡Sésamo, ábrete! —dijo ante la cueva.

La roca se abrió y pudo penetrar en un lugar de maravillas donde el oro, las monedas, las piedras preciosas se amontonaban en cantidades increíbles. Alí llenó un saco, lo cargó en el asno y regresó a su casa, pensando en la alegría que iba a llevarse su mujer.

# ... La avaricia de Casin ...

LA MUJER DE ALÍ BABÁ creía soñar. El saco estaba lleno de monedas de oro y piedras preciosas. Ambos decidieron guardar el secreto, aunque para medir su tesoro se les ocurrió pedir prestada una medida a la mujer de Casin.

Esta, que era muy astuta, extrañada de que su pobretona cuñada tuviera algo que medir, puso un poco de pez en el fondo de la medida. El truco dio resultado, porque al devolver la medida, la mujer de Alí no se fijó en la moneda pegada en el fondo. Llevado de la envidia, Casin fue a ver a su hermano, que le contó su aventura y hasta la fórmula mágica que abría la cueva.

Al día siguiente, sin saberlo más que su mujer, Casin se dirigió a la cueva de los ladrones con todos sus caballos, mulos y asnos, dispuestos a acarrear todo lo posible. Ya ante la cueva pronunció la fórmula mágica y una vez dentro, llevado de la avaricia, llenó infinidad de sacos. ¡Ay!, al salir había olvidado la fórmula. Tanto se entretuvo que llegaron los ladrones y le dieron muerte.

# ... El ardid de Morgiana ...

**AL LLEGAR LA NOCHE** sin que Casin hubiera regresado, la mujer, intranquila, corrió a casa de Alí Babá para notificarle sus temores.

—Si Casin no ha vuelto para el amanecer, iré en su busca —prometió el bueno de Alí.

Con las primeras luces del día se puso en camino. Dijo la fórmula mágica al llegar a la cueva y esta se abrió. Alí se quedó horrorizado al ver el cuerpo de su hermano ensangrentado y sin vida. Pero se apresuró a envolverlo en una tela y cargarlo en el asno. Ordenó a la puerta cerrarse y regresó a su casa.

Su mujer se había procurado una esclava muy lista y bonita, llamada Morgiana, y Alí le ordenó que fuera en busca del zapatero remendón, le vendase los ojos y le llevase hasta allí, con la promesa de dos monedas de oro, porque tenía que preparar a un muerto.

Fue el zapatero, dispuso al difunto para el entierro y, de nuevo con los ojos vendados, Morgiana le acompañó hasta su casa. Y Casin fue enterrado de modo que su muerte pareciera natural.

Cuando los cuarenta ladrones regresaron a la cueva y descubrieron la falta del cadáver, el jefe dijo:

—Alguien está enterado de nuestro secreto. Id al pueblo y encontrad a ese hombre.

Preguntando por todas partes, uno de los ladrones llegó a casa del zapatero remendón. Con la promesa de una buena recompensa, el zapatero contó lo ocurrido la noche anterior, añadiendo:

—Con los ojos vendados sabría encontrar esa casa.

Y así fue. Inmediatamente el ladrón marcó una cruz con tiza en la puerta de Alí y se fue en busca de su jefe.

La vivaracha Morgiana, al ver aquella cruz, pensó que algo ocurría y fue marcando cruces iguales en todas las puertas de la calle. Cuando llegaron los ladrones se quedaron asombrados y furiosos.

# ... El mercader y su mercancía

INDAGANDO AQUÍ Y ALLÁ, los bandidos supieron que aquel mismo día se había enterrado a un hombre cuyo hermano, que era muy pobre, había estado haciendo muchas compras, cosa que intrigó a todo el vecindario.

Disfrazado de mercader, el jefe de los ladrones llamaba al atardecer en casa de Alí Babá.

—Hermano —dijo humildemente el bandido—, vengo a pediros hospitalidad por esta noche. Voy de camino con mis cuarenta mulos cargados con tinajas de aceite. Saldré al amanecer.

El bueno de Alí le acogió en su casa, diciendo:

—Pasa y deja tu mercancía en el patio.

Pero sucedió que Morgiana, al preparar la cena, comprendió que iba a faltarle aceite y pensó que no importaría si tomaba un poco de una de las tinajas. Al tocarla, una voz inquirió:

—¿Es hora ya?

La joven tuvo presencia de ánimo para responder:

—No tardará.

Realizó la prueba con las restantes tinajas y sucedió igual. Entonces, sigilosamente, fue en busca de su amo y juntos prepararon un plan. Rápidamente hicieron un gran fuego en el lagar del patio donde se pisaban las uvas. Seguidamente, una a una, hicieron rodar las tinajas hasta allí y las arrojaron al fuego. Los ladrones se achicharraron vivos. Mientras tanto la mujer de Alí había ido en busca de los alguaciles y al llegar estos se llevaron detenido al jefe de los ladrones más famosos de toda Persia.

Alí Babá y su mujer, para premiar la fidelidad de Morgiana, repartieron con ella su cuantiosa fortuna.

Día 29

# LA HIGUERA

HABÍA UNA VEZ una higuera que no daba higos. Todos pasaban a su lado, sin mirarla siquiera. En primavera brotaban las hojas, pero en verano, cuando los demás árboles se cargaban de frutos, en sus ramas no aparecía ninguno. La higuera suspiraba:

—Me gustaría tanto ser admirada por los hombres... Bastaría con que fructificase como los otros árboles.

Finalmente, probando y volviendo a probar, un verano se encontró también ella colmada de frutos. Unos muchachos se encaramaron por el tronco y con palos, doblaron las ramas más altas mientras otras muchas se partían con el peso. Pronto la pobre higuera se encontró abatida, desgajada y rota.

También a muchos hombres, como a la higuera, la vanidad les pierde.

Día 30

# LOS DESIGNIOS DE LA SUERTE

ÉRASE UN VIAJERO QUE al atravesar el desierto africano acabó agotando sus provisiones y agua. Para colmo de males, su camello cayó muerto. Estaba a punto de morir también, cuando pudo llegar a un oasis y calmar su sed.

Pero el hambre le hacía sufrir atrozmente. Quiso la casualidad que junto a una palmera encontrase un saquito lleno de hermosas perlas. Pero las perlas no podían comerse.

Al día siguiente, vio surgir un camello entre las dunas. Lo montaba un árabe.

—Dime —preguntó el árabe—, ¿no has encontrado un saquito por aquí?

—¡Ya lo creo! Y con gusto lo cambiaría por comida, pues me muero de necesidad.

El árabe, lleno de júbilo, se apresuró a entregar sus bien provistas alforjas al viajero, que pudo así saciar su hambre. Luego exclamó:

—¡Qué misterioso es el destino! Si no me hubiera olvidado aquí el saquito, no hubiera vuelto para ayudarte. ¡Y pensar que lamentaba mi desgracia por haberlo extraviado! Son los designios de la suerte.

Compartiendo el camello del árabe, el viajero pudo llegar a una ciudad, alabando a la Providencia por sus misteriosos designios.

# LA AVENTURA DE LOS ENANITOS

**LOS SIETE ENANOS DEL BOSQUE** se despidieron muy temprano de su querida Blancanieves, dispuestos a trabajar hasta la noche en su mina de diamantes. Llevaban faroles en la mano y el paquetito con la comida que su amiguita les había preparado. Y cantando iban tan felices, sin sospechar la que se les venía encima.

Sucedió que dos malhechores, que oyeron hablar de la existencia de los siete enanos, se habían propuesto descubrir su mina de diamantes y les seguían los pasos. Pero aquel día Gruñón se quedó retrasado porque le dolía un dedo del pie y descubrió a los dos individuos.

Entonces se adelantó a la carrera y cuchicheó con sus compañeros. El enanito Burlón apenas podía contener la risa. Uno tras otro, sin dejar de cantar, entraron por un agujero del suelo. Y allí, bajo tierra, pasaron el día. Ya de noche, a la luz de sus faroles, salieron y se alejaron. Entonces los malhechores entraron por el agujero y fueron a caer sobre polvo de carbón.

Magullados y doloridos, mascullaron que habían sido engañados: la tal mina de diamantes no existía y el carbón no les convenía a ellos. Poco podían sospechar que la mina de diamantes estaba en otro lado.

Blancanieves también rió divertida cuando los siete enanitos le contaron el ardid que habían empleado.

# EL PATO DE ORO

EN UN REMOTO PAÍS vivía una linda princesa llamada Alegría. Sin embargo, no sabía sonreír y siempre estaba triste.

El rey hizo pregonar un bando ofreciendo la mano de Alegría al joven que consiguiera hacerla reír.

Llegaron pretendientes de todos los rincones del reino y, aunque le contaban divertidas historias e hicieron payasadas sin cuento, no lograron alegrar a la princesa.

Un joven aldeano bien parecido, deseó probar suerte. Camino del palacio real se encontró con una anciana hada que, entregándole un pato de oro, le dijo:

—Lleva este pato contigo y la princesa reirá.

El joven, muy contento, aceptó el regalo. Pero como el camino era largo, tuvo que detenerse a comer en una posada. Una de las hijas del posadero, admirada del pato, le tocó un ala y se quedó pegada a él. La segunda de sus hermanas, al intentar despegarla, se quedó sujeta a la anterior. La tercera, al pretender hacer lo mismo, también se quedó pegada.

Así, formando una cómica procesión, el aldeano y las muchachas reemprendieron el camino. Un cura quiso desunirlos y se quedó pegado a la cadena y luego fue un labrador y, por último, la gorda mujer del sacristán.

Una vez en palacio y ante la princesa, esta estalló en carcajadas tan alegres que todos se quedaron asombrados.

El joven aldeano pensó que ya nada le impediría convertirse en su marido.

Día 2

# ... El rey cumple su promesa

EL JOVEN ALDEANO se inclinó ante la princesa y le tendió la mano. Entonces el rey dijo:

—Un momento: no voy a conceder la mano de mi hija Alegría así como así. Si quieres casarte con ella tendrás que traerme un barco que navegue tanto en agua como en tierra.

El muchacho, sin desanimarse, solicitó permiso para ir al bosque y, al encontrar al hada, le expuso la petición del rey.

—Ese barco está a orillas del mar —replicó ella— y si quieres sacarlo a tierra hazlo sin temor, pues tiene ruedas bajo la quilla.

Cuando el rey comprobó que su nueva condición había sido cumplida por el joven, no tuvo más remedio que concederle la mano de la princesa. Entonces la cadena humana de los pegados se rompió y todos se entregaron a los preparativos de la boda. Según las gentes de aquel reino, la princesa vivió muy alegre, haciendo honor a su nombre.

Día 3

# EL LEÓN Y SUS SÚBDITOS

EL REY DE LA SELVA, el león, quiso un día conocer a sus súbditos, pues su reino era tan grande que hasta entonces no le había sido posible. Despachó emisarios y los habitantes de la jungla fueron llegando para asistir al banquete con que les obsequiaba su soberano.

Los invitados estaban muy sorprendidos, ya que en lugar de hallar un soberbio palacio entraron en una caverna estrecha y oscura que olía muy mal. El oso, que fue el primero en entrar, se cubrió la nariz con la zarpa.

Aquel gesto le sentó tan mal al león que acabó con el oso en un instante.

El mono, que llegaba detrás, decidió disimular todo lo que el susto le permitía y se maravilló del lujo que reinaba allí y la fragancia de rosas que percibía.

Tantas alabanzas hicieron entrar en sospechas al león y el mono siguió la misma suerte que el oso.

Indignado con sus vasallos, el rey de la selva descubrió al zorro semiescondido en un rincón. Clavando en él sus ojos, preguntó:

—¿Qué te parece, zorro? ¿Huele mi casa bien o mal?

El astuto animal, que no estaba dispuesto a servir de manjar al león, replicó cortésmente:

—Perdonad, señor; pero anoche pillé un tremendo resfriado y tengo la nariz tan taponada que no distingo nada.

De no utilizar la estratagema, es seguro que hubiera sido el tercer plato del banquete de su rey.

Día 4

# LA MUJER Y EL LOBO

**IBA UN LOBO BUSCANDO** algo para comer por las cercanías de una casa, cuando sintió el llanto de un niño y las palabras de su madre, que decía:

—Mira que si no callas, te entregaré al lobo.

Pero el niño continuó llorando, y la madre repitiendo lo mismo una y otra vez. El lobo se puso muy contento, creyendo que la mujer hablaba en serio. Pero pasó un rato y nadie le echaba al niño. Por fin calló el chiquillo y pidió a su madre que no hiciera venir al lobo.

La mujer respondió con voz firme:

—No tengas miedo del lobo, hijo mío, porque si viene le mataré a palos.

Invadido por el temor, el lobo emprendió la fuga, diciéndose amargamente:

—¿Cómo es posible dar crédito a las personas? Primero prometen una cosa y después hacen todo lo contrario.

Y el pobre lobo, harto de aguardar, tuvo que buscar otro sitio donde calmar su hambre.

Día 5

# EL MUÑECO DE NIEVE

**HABÍA DEJADO DE NEVAR** y los niños, ansiosos de libertad, salieron de casa y empezaron a corretear por la blanca y mullida alfombra recién formada.

La hija del herrero, tomando puñados de nieve con sus manitas hábiles, se entregó a la tarea de moldearla.

—Haré un muñeco como el hermanito que hubiera deseado tener —se dijo.

Le salió un niñito precioso, redondo, con ojos de carbón y un botón rojo por boca. La pequeña estaba entusiasmada con su obra y convirtió al muñeco en su inseparable compañero durante los tristes días de aquel invierno. Le hablaba, le mimaba...

Pero pronto los días empezaron a ser más largos y los rayos de sol más cálidos... El muñeco se fundió sin dejar más rastro de su existencia que un charquito con dos carbones y un botón rojo. La niña lloró con desconsuelo.

Un viejecito, que buscaba en el sol tibieza para su invierno, le dijo dulcemente:

—Seca tus lágrimas, chicuela, porque acabas de recibir una gran lección: ahora ya sabes que no debe ponerse el corazón en cosas perecederas.

**Día 6**

# EL JOVEN Y EL LADRÓN

ESTABA UN MUCHACHO sentado al borde de un pozo, cuando vio llegar a un conocido ladrón y, comprendiendo sus intenciones de robarle, fingió llorar amargamente.

—¿Qué es lo que tanto te aflige? —preguntó el ladrón intrigado.

—Es que he venido a sacar agua con un cántaro de plata y se me ha caído dentro.

Al oír esto, el ladrón, movido por la codicia, se quitó la ropa y empezó a descender por el pozo para recuperar el cántaro perdido. Esfuerzo inútil, puesto que no existía.

El muchacho se alejó con la ropa del ladrón, dándole una buena lección, pues en adelante sabría que, al ir por lana, podía salir trasquilado.

# LAS PRINCESAS BAILARINAS

HABÍA UNA VEZ un rey que tenía doce hijas, todas muy bonitas, alegres y un tanto revoltosas. El rey estaba intrigado, porque todas las mañanas las princesas tenían los zapatitos sin suela y tenía que comprarles otros.

Por más que hizo redoblar la guardia, no conseguía averiguar la razón de aquello. Entonces se le ocurrió enviar a sus heraldos por todo el reino, anunciando que aquel que descubriera lo que las princesitas hacían por la noche, se casaría con la que eligiera. Pero si no descubría el misterio del desgaste de zapatos, sería apaleado en la plaza del pueblo.

Un soldado que acababa de volver de la guerra y estaba enamorado desde hacía mucho tiempo de la princesita más pequeña, decidió presentarse al rey, a pesar del peligro que corría.

El soberano aceptó su ofrecimiento y el soldado descubrió de pronto que un pajarito herido se había posado en su hombro. Como era muy caritativo, curó su herida, le dio agua y miguitas de pan. En el colmo del asombro, le oyó decir:

—Me has ayudado y yo te ayudaré a ti para que triunfes en lo que te propones y puedas casarte con tu princesa.

Día 8

# ... Los mosquitos emisarios

EL PAJARITO DIJO AL SOLDADO:

—Si quieres averiguar por qué rompen las princesas sus zapatos, ponte por la noche bajo sus ventanas y silba tres veces llamando al mirlo. Entonces llegarán doce mosquitos que entrarán en la habitación. Sigue de guardia y los mosquitos irán a contarte cuanto ocurra.

Aquella noche, el soldado silbó tres veces y acudió un enjambre de mosquitos, que alzaron el vuelo hasta las habitaciones de las princesas.

Las doce muchachas, cuando vieron dormidas a sus doncellas por el bebedizo que les daban, se vistieron como todas las noches sus trajes con faldas de tul y empezaron a bailar danzas muy bellas al son de una caja de música.

Al cabo de una hora salió un mosquito y luego otro, y así hasta doce y, posándose en el oído del soldado, le decían:

—Las princesas bailan y bailan sin cesar.

De madrugada, le anunciaron:
—Las princesas siguen bailando y ya tienen las suelas de los zapatitos muy desgastadas. Toma este pañuelo que se le ha caído a la más joven de las princesas y preséntalo al rey para que te crea. Ahora las princesas se van a dormir.

Aquel día, el soldado pudo descubrir al rey el misterio de los zapatitos desgastados de las princesas y le entregó como prueba el pañuelo de la menor. Ella, sonriendo, confesó la verdad. Y también le sonreía al soldado.

Al poco tiempo se celebraron las bodas de la enamorada pareja y las princesas bailaron danzas muy hermosas en honor de los recién casados.

Día 9

# LA GRANJERA Y LA GALLINA

UNA GRANJERA vio entrar en su corral una hermosa gallina negra. En seguida puso un huevo que más parecía de pava, por lo grande que era.

—¡Qué encanto de gallina! —se admiró la mujer.

Todos los días el animal ponía un hermosísimo huevo, hasta que de pronto, al acabársele la overa, la gallina dejó de poner. Y la mujer, disgustada, ya no le dio más trigo. El animal se dijo:

—Poner huevo y no comer trigo, eso no va conmigo.

Y abriendo las alas dio un voleteo, saltó por la ventana y nunca más se la volvió a ver.

Si la granjera hubiera sido más paciente y menos ambiciosa, pasado un tiempo hubiera podido recoger hermosos huevos.

Día 10

# EL CASTIGO DEL AVARO

**ÉRASE UN HOMBRE MUY RICO,** pero también muy avaro. Un día acudió a la feria, donde le ofrecieron un jamón muy barato.

—¡Ea, lo compro! Después de todo, hago un negocio, pues con ese dinero ni patatas hubiera adquirido.

Y se dio el gran atracón de jamón, manjar que nunca probaba. Resultó que estaba podrido y al día siguiente, aquejado de fuertes dolores, hubo de llamar al médico.

—¿Qué habéis comido? —le preguntó este.

El avaro, entre suspiros, mencionó su compra barata.

—¡Buena la habéis hecho! —se burló el médico—. Entre la factura de la botica y la mía, caro va a saliros el jamón podrido.

Día 11

# EL HONRADO LEÑADOR

**HABÍA UNA VEZ UN POBRE LEÑADOR** al que, al cruzar un puentecillo sobre el río, se le cayó el hacha al agua. Entonces empezó a lamentarse tristemente.

Al instante, ¡oh, maravilla!, una bella ninfa aparecía sobre las aguas y dijo al leñador:

—Espera, buen hombre: traeré tu hacha.

Se hundió en la corriente y poco después reaparecía con un hacha de oro entre las manos. El leñador dijo que aquella no era la suya. Por segunda vez se sumergió la ninfa, para reaparecer después con otra hacha de plata.

—Tampoco es la mía —dijo el afligido leñador.

Por tercera vez la ninfa buscó bajo el agua. Al reaparecer, llevaba en sus manos un hacha de hierro.

—¡Oh, gracias, gracias! ¡Esa es la mía!

—Pero, por tu honradez, yo te regalo las otras dos. Has preferido la pobreza a la mentira y te mereces el premio.

# EL MAGO ZANAHARY

EN UN LEJANO PAÍS vivían siete hermanos que no tenían padre ni madre. El más pequeño se llamaba Faralahy y, como era delgaducho y feo, sus hermanos se burlaban de él. El muchacho, que allí no era feliz, decidió marcharse. Pero antes fue a consultar con un viejo sabio.

—Ve en busca del mago Zanahary —le aconsejó este—. Cuando estés al otro lado de la montaña encontrarás un naranjal, pero no toques las naranjas porque son del mago; verás después un rebaño de carneros, que tampoco tocarás porque también pertenecen a Zanahary. Verás, por último, un manantial de aguas cristalinas, pero no bebas de él porque pertenece al mago. Cuando llegues a su casa, saluda a su esposa si él está fuera; y cuando te ofrezca agua, bébela pero sin tocar la jarra.

Faralahy, agradeciendo los consejos del sabio, emprendió la marcha y supo vencer las tentaciones que se le ofrecieron a su paso, aunque no probar el agua del manantial le costó mucho, porque estaba sediento.

Al llegar a casa de Zanahary, halló sola a su esposa y bebió del agua de la jarra que le ofrecía una criada, pero sin tocarla.

Cuando llegó Zanahary, preguntó al muchacho:

—¿Has visto mis naranjas, mis carneros y el agua del manantial?

—Sí —repuso el muchacho—, pero no he tocado nada.

—Tampoco ha tocado la jarra —dijo la mujer del mago.

—Bien; puesto que has sabido respetar todas mis cosas, pídeme lo que desees.

—Quiero ser fuerte y hermoso para que nadie pueda despreciarme.

En el mismo instante se encontró tal como había deseado y regresó junto a sus hermanos, que a partir de entonces lo trataron con respeto y dejaron de burlarse de él.

Abril

Día 13

# SECRETO A VOCES

**GRETEL, LA HIJA DEL ALCALDE,** era muy curiosa. Quería saberlo todo, pero no sabía guardar un secreto.

—¿Qué hablabas con el gobernador? —le preguntó a su padre, después de observar una larga conversación entre los dos hombres.

—Estábamos tratando del gran reloj que mañana, a las doce, vamos a colocar en el Ayuntamiento. Pero es un secreto y no debes divulgarlo.

Gretel prometió callar, pero a las doce del día siguiente estaba en la plaza con todas sus compañeras de la escuela para ver colocar el reloj en el Ayuntamiento.

¡Ay!, el tal reloj no existía. El alcalde quiso dar una lección a su hija y en verdad que fue dura, pues las niñas del pueblo estuvieron mofándose de ella durante varios años. Eso sí, le sirvió para saber callar a tiempo.

Día 14

# EL PEDERNAL Y EL ESLABÓN

**UN DÍA EL PEDERNAL,** al sentirse golpeado por el eslabón se revolvió indignado, diciendo:

—¿Te has vuelto loco? Sin duda me has tomado por otro porque yo no te conozco. ¡Y déjame en paz de una vez!

El eslabón lo miró y contestó sonriendo:

—Si tienes un poco de paciencia, verás qué fruto maravilloso haré brotar de ti.

Con estas palabras la piedra se calmó y con mucha paciencia soportó el martirio que el eslabón le causaba con sus continuos frotes. Hasta que, de improviso, partió de él un fuego maravilloso que, con sus virtudes, obraba extraordinarios prodigios.

Esta historia va dirigida a los que empiezan a estudiar y temen al esfuerzo que es preciso para continuar. Porque si continuasen con paciencia sus estudios, verían nacer de ellos cosas maravillosas.

# EL PEQUEÑO ESCRIBIENTE FLORENTINO

**ÉRASE UNA MODESTA FAMILIA** florentina compuesta por el padre, la madre y tres hijos, el mayor llamado Carlo.

El padre, empleado de ferrocarril, solía hacer por las noches trabajos de escribiente, pues toda su ilusión era poder costear a sus hijos una esmerada educación.

Era muy comprensivo con los despistes de Carlo, pero en cuanto a sus estudios se mostraba inflexible.

El muchacho, sabiendo que su padre perdía vista por días, le pedía que le permitiese realizar su trabajo de noche, porque tenía buena letra y estaba capacitado para ello.

—¡De ninguna manera! —respondía el ferroviario—. Te fatigarías y se resentirían tus estudios.

Carlo, en silencio, empezó a levantarse de noche, cuando su padre dejaba el trabajo para acostarse, y hacía unas cuantas páginas. Como el hombre realizaba las copias de modo mecánico, no se daba cuenta de que aumentaban por día.

Muy satisfecho, contó a la familia que aquella semana pudo aumentar sus ingresos y les sería posible comprar alguna ropa de invierno.

Pasaron varias semanas más y el maestro se quejó de Carlo. Estaba como ausente y no ponía interés en los estudios.

El padre entonces amonestó a su hijo y entre ambos la situación se volvió tensa. Pero Carlo seguía levantándose secretamente por la noche y realizando las copias.

La madre disculpaba el poco rendimiento de Carlo en sus estudios alegando que tenía mala cara y parecía enfermo.

Una noche, el muchacho creyó escuchar un ruido. Estuvo un rato alerta y volvió a la escritura. De pronto escuchó un lamento a su espalda. Su padre le abrazaba pidiendo perdón:

—Hijo mío, he estado ciego y no solo por la mucha vista que he perdido. Doy gracias al cielo por tener un hijo como tú.

Día 16

# EL CURANDERO APROVECHADO

**ÉRASE UNA ANCIANA** enferma de la vista que se hizo visitar por un curandero. Este, que era un truhán, en cada visita la obligaba a estar media hora con los ojos cerrados y mientras tanto le iba robando los muebles, uno a uno. Cuando ya no tenía nada que robar, declaró:

—Ya estáis curada, de modo que podéis darme la paga convenida.

La anciana se negó a entregar dinero alguno y el curandero acudió a los tribunales. La anciana declaró:

—Es cierto que había prometido pagar al curandero si me sanaba de la vista, pero también es cierto que me ha agravado.

—¿Cómo es eso? —quiso saber el juez.

—Antes —repuso ella— veía todos los muebles de mi casa, y ahora por más que me esfuerzo, no alcanzo a ver ninguno.

Día 17

# EL CASTILLO DE ARENA

**UN CONEJITO DE INDIAS** había levantado a orillas del mar un magnífico castillo de arena con sus torreones, almenas, fosos y su puente levadizo. ¡Una obra maestra!

El conejito palmoteaba de alegría alabando su talento cuando de pronto, ¡zas!, una ola traicionera invadió la playa y en medio de un estallido de burbujas y espumas destruyó por completo el castillo de arena.

El conejito de Indias rompió a llorar porque su bella obra había dejado de existir. La gaviota, que recogía algas cerca de allí, le dijo:

—Tú sabes, simpático conejito, que todo tiene un final. En cuanto a tu castillo... ¡no te apures!, mañana harás otro todavía más bonito.

# LA ALFOMBRA DE POLVO DE ORO

UN TRISTE DÍA DE OTOÑO, el príncipe heredero, orgullo y esperanza del reino y de sus padres, murió durante la cacería del ciervo. En la corte y en el reino las sombras se hicieron más densas y las sonrisas se borraron de todos los labios.

—Quiero llevar a enterrar a mi hijo sobre una alfombra de polvo de oro. ¡Que alguien vaya a buscarla!

Pero ¿dónde hallar una alfombra tan extraña?

Víctor, el hijo del jardinero, que amaba a su príncipe, fue a esconder su dolor bajo las ramas desnudas de los árboles que zarandeaba el viento. Un tenue crujido surgió bajo sus pies. Y entonces reparó en las hojas secas, color de oro viejo, y recogió un gran montón a todo lo largo y ancho del parque, las estuvo pisando y con aquel gran montón de polvo dorado, alfombró el camino que iba a seguir el cortejo fúnebre. Después fue en busca del viejo monarca.

—Señor —le dijo—, la alfombra de oro está dispuesta.

—¿De dónde la has sacado, hijo mío?

—La naturaleza me la ha dado, señor. Está hecha de cosas muertas, de cosas que fueron, reverdecieron y vibraron de esperanza. Yo creo que es hermosa y digna de nuestro príncipe.

Vio el rey la alfombra y con lágrimas en los ojos besó la frente del niño.

—Víctor, hijo mío, has sabido entender mi pensamiento.

# LAS TRES HIJAS DEL REY

ÉRASE UN PODEROSO REY que tenía tres hermosas hijas, de las que estaba orgulloso, pero ninguna podía competir en encanto con la menor, a la que él amaba más que a ninguna.

Las tres estaban prometidas con otros tantos príncipes y eran felices.

Un día, sintiendo que las fuerzas le faltaban, el monarca convocó a toda la corte, sus hijas y sus prometidos.

—Os he reunido porque me siento viejo y quisiera abdicar. He pensado dividir mi reino en tres partes, una para cada princesa. Yo viviré una temporada en casa de cada una de mis hijas, conservando a mi lado cien caballeros. Eso sí, no dividiré mi reino en tres partes iguales sino proporcionales al cariño que mis hijas sientan por mí.

Se hizo un gran silencio. El rey preguntó a la mayor:

—¿Cuánto me quieres, hija mía?

—Más que a mi propia vida, padre. Ven a vivir conmigo y yo te cuidaré.

—Yo te quiero más que a nadie del mundo —dijo la segunda.

La tercera, tímidamente y sin levantar los ojos del suelo, murmuró:

—Te quiero como un hijo debe querer a un padre y te necesito como los alimentos necesitan la sal.

El rey montó en cólera, porque estaba decepcionado.

—¿Solo eso? Pues bien, dividiré mi reino entre tus dos hermanas y tú no recibirás nada.

En aquel mismo instante, el prometido de la menor de las princesas salió en silencio del salón para no volver; sin duda pensó que no le convenía novia tan pobre.

## Día 20

# … La princesa de los juncos …

**LAS DOS PRINCESAS MAYORES** criticaron a la menor.

—Yo no sé expresarme bien, pero amo a nuestro padre tanto como vosotras —se defendió la pequeña, con lágrimas en los ojos—. Y bien contentas podéis estar, pues ambicionabais un hermoso reino y vais a poseerlo.

Las mayores se reían de ella y el rey, apesadumbrado, la expulsó de palacio porque su vista le hacía daño.

La princesa, sorbiéndose las lágrimas, se fue sin llevar más que lo que el monarca le había autorizado: un vestido para diario, otro de fiesta y su traje de boda. Y así empezó a caminar por el mundo. Anda que te andarás, llegó a la orilla de un lago junto al que se balanceaban los juncos. El lago le devolvió su imagen, demasiado lujosa para ser una mendiga. Entonces pensó hacerse un traje de juncos y cubrir con él su vestido palaciego. También se hizo una gorra del mismo material que ocultaba sus radiantes cabellos rubios y la belleza de su rostro.

A partir de entonces, todos cuantos la veían la llamaban «Gorra de Junco».

## Día 21

# … La princesa cocinera …

**ANDANDO SIN PARAR**, acabó en las tierras del príncipe que fue su prometido. Allí supo que el anciano monarca acababa de morir y que su hijo se había convertido en rey. Y supo asimismo que el joven soberano estaba buscando esposa y que daba suntuosas fiestas amenizadas por la música de los mejores trovadores.

La princesa vestida de junco lloró. Pero supo esconder sus lágrimas y su dolor. Como no quería mendigar el sustento, fue a buscar a la cocinera del rey y le dijo:

—He sabido que tienes mucho trabajo con tanta fiesta y tanto invitado. ¿No podrías tomarme a tu servicio?

La mujer estudió con desagrado a la muchacha.

—La verdad es que tengo mucho trabajo. Pero si no vales te despediré, conque procura andar lista.

La joven nunca se quejó, por duro que fuera el trabajo. Además, no percibía jornal alguno y no tenía derecho más que a las sobras de la comida. Pero de vez en cuando podía ver de lejos al rey, su antiguo prometido, cuando salía de cacería, y solo con ello se sentía más feliz y cogía fuerzas para soportar las humillaciones.

# ... El rey mendigo ...

SUCEDIÓ QUE EL PODEROSO REY había dejado de serlo, porque ya había repartido el reino entre sus dos hijas mayores. Con sus cien caballeros, se dirigió a casa de su hija mayor, que le salió al encuentro, diciendo:

—Me alegro de verte, padre. Pero traes demasiada gente y supongo que con cincuenta caballeros tendrías bastante.

—¿Cómo? —exclamó él encolerizado—. ¿Te he regalado un reino y te duele albergar a mis caballeros? Me iré a vivir con tu hermana.

La segunda de sus hijas le recibió con cariño y oyó sus quejas. Luego le dijo:

—Vamos, vamos, padre; no debes ponerte así, pues mi hermana tiene razón. ¿Para qué quieres tantos caballeros? Deberías despedirlos a todos. Tú puedes quedarte, pero no estoy por cargar con toda esa tropa.

—¿Conque esas tenemos? Ahora mismo me vuelvo a casa de tu hermana. Al menos ella admitía a cincuenta de mis hombres. Eres una desagradecida.

El anciano, despidiendo a la mitad de su guardia, regresó al reino de la mayor con el resto. Pero como viajaba muy despacio a causa de sus años, su hija segunda envió un emisario a su hermana haciéndole saber lo ocurrido. Esta, alertada, ordenó cerrar las puertas de palacio y el guardia de la torre dijo desde lo alto:

—¡Marchaos en buena hora! Mi señora no quiere recibiros.

El viejo monarca, con la tristeza en el alma, despidió a sus caballeros y, como nada tenía, se vio obligado a vender su caballo. Después, vagando por el bosque, encontró una choza abandonada y se quedó a vivir en ella.

## Día 23

# … La benefactora del rey …

UN DÍA QUE GORRA DE JUNCO recorría el bosque en busca de setas para la comida del soberano, divisó a su padre sentado en la puerta de la choza. El corazón le dio un vuelco. ¡Qué pena, verle en aquel estado!

El rey no la reconoció, quizá por su vestido y gorra de juncos y porque había perdido mucha vista.

—Buenos días, señor —dijo ella—. ¿Es que vivís aquí solo?

—¿Quién iba a querer cuidar de un pobre viejo? —replicó el rey con amargura.

—Mucha gente —dijo la muchacha—. Y si necesitáis algo decídmelo.

En un momento le limpió la choza, le hizo la cama y aderezó su pobre comida.

—Eres una buena muchacha —le dijo el rey.

La joven iba a ver a su padre todos los domingos y siempre que tenía un rato libre, pero sin darse a conocer. Y también le llevaba cuanta comida podía agenciarse en las cocinas reales. De este modo hizo menos dura la vida del anciano.

## Día 24

# … El baile de palacio …

EN PALACIO iba a celebrarse un gran baile. La cocinera dijo que el personal tenía autorización para asistir.

—Pero tú, Gorra de Junco, no puedes presentarte con esa facha, así que cuida de la cocina —añadió.

En cuanto se marcharon todos, la joven se apresuró a quitarse el disfraz de juncos y con el vestido que usaba a diario cuando era princesa, que era muy hermoso, y sus lindos cabellos bien peinados, hizo su aparición en el salón. Todos se quedaron mirando a la bellísima criatura. El rey fue a su encuentro y le pidió:

—¿Quieres bailar conmigo, bella desconocida?

Ni siquiera había reconocido a su antigua prometida; cierto que había pasado algún tiempo y ella se había convertido en una joven espléndida.

Bailaron un vals y luego ella, temiendo ser descubierta, escapó en cuanto tuvo ocasión, yendo a esconderse en su habitación. Pero era feliz, pues había estado junto al joven a quien seguía amando.

# ... La tristeza del rey ...

AL DÍA SIGUIENTE del baile en palacio, la cocinera no hacía más que hablar de la hermosa desconocida y de la admiración que le había demostrado el soberano.

Este, quizá con la idea de ver a la linda joven, dio un segundo baile y la princesa, con su vestido de fiesta, todavía más deslumbrante que la vez anterior apareció en el salón y el monarca no bailó más que con ella. Las princesas asistentes fruncían el ceño.

También esta vez la princesita pudo escapar sin ser vista.

A la mañana siguiente, el jefe de cocina amonestó a la cocinera.

—Al rey no le ha gustado el desayuno que has preparado. Si vuelve a suceder, te despediré.

De nuevo el monarca dio otra fiesta. Gorra de Junco, esta vez con su vestido de boda de princesa, acudió a ella. Estaba tan hermosa que todos la miraban.

El rey le dijo:

—Eres la muchacha más bonita que he conocido y también la más dulce. Te suplico que no te escapes y te cases conmigo.

La muchacha sonreía, sonreía siempre, pero pudo huir en un descuido del monarca. Este estaba tan desconsolado que en los días siguientes apenas probaba la comida.

# ... La sortija de prometida

UNA MAÑANA en que ninguno se atrevía a preparar el desayuno real, pues nadie complacía al soberano, la cocinera ordenó a Gorra de Junco que lo preparase ella, para librarse así de regañinas. La muchacha puso sobre la mermelada su anillo de prometida, el que un día le regalara el joven príncipe. Al verlo, exclamó:

—¡Que venga la cocinera!

La mujer se presentó muerta de miedo y aseguró que ella no tuvo parte en la confección del desayuno, sino una muchacha llamada Gorra de Junco. El monarca la llamó a su presencia. Bajo el vestido de juncos llevaba su traje de novia.

—¿De dónde has sacado el anillo que estaba en mi plato?

—Me lo regalaron.

—¿Quién eres tú?

—Me llaman Gorra de Junco, señor.

El soberano, que la estaba mirando con desconfianza, vio bajo los juncos un brillo similar al de la plata y los diamantes y exigió:

—Déjame ver lo que llevas debajo.

Ella se quitó lentamente el vestido y apareció con el maravilloso vestido de bodas.

—¡Oh, querida mía! ¿Así que eras tú? No sé si podrás perdonarme.

Pero como la princesa le amaba, le perdonó de todo corazón y se iniciaron los preparativos de las bodas. Mientras, su padre no sabía cómo disculparse.

El banquete fue realmente regio, pero la comida estaba sosa y todo el mundo la dejaba en el plato. El rey, enfadado, hizo que acudiera el jefe de cocina.

—Esto no se puede comer —protestó.

La princesa entonces, mirando a su padre, ordenó que trajeran sal. El anciano rompió a llorar al comprender cuánto le amaba su hija menor y que no había sabido entenderla.

En cuanto a las otras dos ambiciosas princesas, riñeron entre sí y se produjo una guerra en la que murieron ellas y sus maridos. Gracias al cariño de su hija menor pudo el anciano monarca superar el dolor que esto le produjo.

# AMOR FRATERNAL

HACE CIENTOS DE AÑOS, en los tiempos de la dinastía Yin, el soberano del pequeño reino de Con Chu tenía dos hijos varones que se amaban tiernamente. El monarca solía repetir al mayor:

—Piensa siempre en tu hermano menor. Debes quererlo y protegerlo, y también compartir con él cuanto tengas.

Kao Sen, que así se llamaba el mayor, comprendió que el padre prefería al menor, Chin Pao, pero no sentía celos. Por el contrario, amaba tiernamente al niño. Y este, a pesar de los mimos y agasajos de que era objeto, también quería mucho a su hermano.

Murió un día el soberano de Con Chu sin hacer testamento y Kao Sen, pensando que el padre habría dejado el trono al menor, se alejó en secreto y fue a vivir a la montaña. En cuanto a Chin Pao, que no quería perjudicar al hermano que tanto amaba, hizo lo mismo para no arrebatarle el reino.

Pasaron los años y un día fueron a encontrarse junto a un manantial. Ambos se explicaron y abrazaron con emoción, apreciando en lo que valía el digno sacrificio del otro. A partir de entonces, siguieron juntos. Al cabo de muchos años, los enviados del reino de Con Chu encontraron los cuerpos de sus príncipes. Estaban tendidos uno al lado del otro, en la cima del Monte Sagrado. Desde entonces, todo el imperio les veneró como a dos santos: los dos santos de la Paz.

Día 28

# EL CAMPESINO Y EL RUISEÑOR

**UN HOMBRE SE TUMBÓ** a descansar en un prado. Al rato llegó un ruiseñor y se puso a cantar. El campesino utilizó uno de sus lazos y apresó al avecilla.

—¿Por qué lo has hecho ? —dijo el ruiseñor.

—Porque codicio tu canto.

—No volveré a cantar si no me sueltas. Si lo haces, te mostraré tres modelos de sabiduría.

Con tal señuelo, el campesino soltó a la avecilla.

—El primero es que no creas por completo lo que te cuenten; el segundo, que lo que te pertenece lo tendrás si lo guardas; y el tercero, que no te lamentes de lo que pierdas.

Dicho esto, voló hasta la copa de un árbol y dijo:

—Si fueras capaz de pensar, hubieras buscado en mi interior, pues llevo dentro una onza de platino.

Al escuchar esto, gimió el campesino.

—Pronto olvidas las lecciones —se burló el ruiseñor—. ¿No te dije que no creyeras cuanto oigas? ¿No te advertí que no te lamentes por las cosas que hubieras perdido?

El ruiseñor voló hacia los montes y el hombre se sintió avergonzado.

Día 29

# BUENOS COMPAÑEROS

**UN COJO Y UN CIEGO** llegaron a la orilla de un río. Tenían que pasar al otro lado, pero por allí no existía ningún puente. El cojo dijo a su compañero:

—Aquí hay un vado bastante bueno, pero a decir verdad con mi única pierna no puedo cruzarlo.

El ciego se lamentó:

—Yo lo pasaría si pudiera ver, pero como me falta la vista temo resbalar y ahogarme. ¿Qué podríamos hacer?

—¡Ya sé! —respondió el cojo—. Tus piernas serán mi sostén y mi vista nuestra guía. Ayudándonos mutuamente alcanzaremos la otra orilla.

El cojo se acomodó en los hombros de su compañero y poco a poco llegaron al lado opuesto, contentos de haber salvado la dificultad uniendo sus fuerzas.

# LAS DOS ROSAS

EN LOS HERMOSOS y cuidados jardines del palacio real existía un rosal de preciosas flores, entre las que destacaba una rosa escarlata. Al rato llegó una princesita juguetona y colocó la rosa blanca que llevaba en la mano junto a la rosa escarlata, marchándose luego tras su pelota.

Entonces las rosas empezaron a charlar. La rosa blanca, muy hermosa pero falsa, dijo a las demás:

—Ya veo que estáis envidiosas de mi belleza. Además, vosotras mañana empezaréis a marchitaros, mientras que yo me conservaré hermosa y lozana.

La rosa escarlata se sintió muy triste al comprender que la rosa blanca tenía razón. Pero entonces llegó la reina, se detuvo ante el rosal y, tomando la rosa blanca, se la llevó a la nariz.

—¿Qué significa esto? —exclamó—. ¿Quién ha traído al jardín esta flor artificial?

—Es mi rosa de juguete —explicó la princesita.

—Ya ves, consiguió engañarme con su hermosa apariencia.

Dicho esto, cortó con sumo cuidado la rosa escarlata y la prendió en su vestido, no sin antes haber disfrutado de la exquisitez de su fragancia. La rosa escarlata pensó:

—Ya no me importa marchitarme porque sé el destino que me espera, mas lo haré con el convencimiento de que mi valor auténtico ha sido reconocido a pesar de todo.

# EL CISNE

EL CISNE DOBLÓ su flexible cuello sobre el agua y se miró largo tiempo. Entonces comprendió la razón de su cansancio y de aquel frío que atenazaba su cuerpo haciéndolo temblar fuertemente. Con toda certeza supo que su hora había llegado y que debía prepararse para morir.

Sus plumas eran blancas aún, como el día en que naciera. Había recorrido las estaciones y los años sin manchar su hábito inmaculado; ahora podía irse, concluir bellamente su vida.

Alzando su hermoso cuello, se dirigió lento y solemne hacia un sauce donde solía reposar en los días cálidos; el crepúsculo teñía de púrpura y violeta el agua del lago. En medio del gran silencio que descendía sobre el lugar, el cisne comenzó a cantar.

Nunca antes había encontrado acentos tan llenos de amor por la naturaleza, por la hermosura del cielo, del agua y de la tierra. Su canto dulcísimo se esparció por el aire, velado apenas de nostalgia, hasta que poco a poco se apagó, con la última luz del horizonte.

—El cisne —dijeron conmovidos los peces, los pájaros y todos los animales del prado y del bosque—. Es el cisne, que muere, y su canto postrero es la última lección de quien ha sabido vivir con dignidad.

# SIMBAD EL MARINO

EN UNA CIUDAD DE ORIENTE lejana y fabulosa, vivía un célebre marino llamado Simbad, cuyas naves hacían el comercio por todos los mares.

En uno de sus viajes, yendo en un barco cargado de mercaderías, divisó de pronto una isla desconocida que no figuraba en ningún mapa. Simbad dejó el barco poniendo pie en tan misterioso territorio, con ánimo de explorarlo. Pero de pronto, la isla se conmovió. ¡No era tal isla sino una colosal ballena que, de un formidable coletazo, le arrojó al mar!

El barco estaba lejos y Simbad, nadando durante varias horas, pudo llegar a una playa. Estaba tan fatigado que tuvo que tumbarse a descansar.

Más tarde trepó hasta un árbol altísimo y descubrió a lo lejos una especie de enorme globo blanco. Tras descender del árbol, corrió hacia él. ¡Se trataba de un gigantesco huevo!

En el mismo instante, un ave cuyas garras eran semejantes a las ramas de un árbol, cayó sobre el marino y, atrapándolo por las ropas, se remontó en el aire, volando hasta las nubes.

Cuando el pájaro descendió de nuevo casi a ras del suelo, Simbad aprovechó para soltarse y pisar con alivio la tierra firme.

# ... Simbad y los diamantes

DE ASOMBRO EN ASOMBRO, Simbad descubrió que se hallaba en un valle encajonado por montañas y que el suelo brillaba extraordinariamente en muchos lugares.

—¿Qué piedras son estas? —se preguntó.

Pronto salía de dudas: se trataba de diamantes tan puros y enormes como nunca había conocido. Inmediatamente se llenó los bolsillos y las ropas con las más hermosas de aquellas piedras. Sin embargo, pronto desapareció su primera alegría, pues no veía el medio de poder abandonar aquel lugar.

Horas después, Simbad escuchaba el rumor de alas: el águila colosal que le había llevado por el espacio descendía de nuevo sobre él. El gigantesco pájaro, como se resistiera a perder aquella presa, se remontó con él en el cielo y fue a depositarlo sobre su nido, situado en lo alto de una roca. Simbad pudo abandonar el nido y después de muchos días de marcha a través de un país desconocido, llegar a un puerto en el que nunca había estado.

Los fardos de mercancías se abarrotaban en el muelle y, en el colmo del asombro, descubrió que llevaban su marca. ¡Eran sus mercancías!

—¡Capitán! —gritó al costado de su propio barco.

—¡Simbad! —exclamó aquel, asomándose por la borda—. ¿Sois realmente vos? Os dábamos por muerto.

El capitán explicó a Simbad cómo le habían estado buscando, hasta que por fin desistieron. Habían vendido favorablemente las mercaderías y le esperaba una fortuna más que regular.

Después de aquella tremenda aventura, Simbad el Marino pudo regresar a su país y repartir en Bagdad cuantiosas riquezas entre los pobres.

Día 4

# LOS TRES AMIGOS

UN HOMBRE TENÍA TRES AMIGOS: su dinero, su mujer y las buenas acciones.

Estando a punto de morir, los mandó llamar para despedirse de ellos.

—¡Adiós! —le dijo al dinero—. Me muero.

—¡Adiós! —le contestó el dinero—. Cuando hayas muerto haré que te alumbre un cirio.

Se despidió de su mujer y ella le prometió acompañarle hasta la tumba.

Por último, le llegó el turno a sus buenas acciones.

—No digas adiós —le respondieron ellas—. Nosotras no nos apartaremos de tu lado; si vives, viviremos; si mueres, te acompañaremos en la otra vida.

Murió el hombre y su dinero le dio un cirio, su mujer lo siguió hasta la tumba y sus buenas acciones lo acompañaron aun después de muerto.

Día 5

# LA RATITA BLANCA

EL HADA SOBERANA de las cumbres invitó un día a todas las hadas de las nieves a una fiesta en su palacio. Todas acudieron envueltas en sus capas de armiño y guiando sus carrozas de escarcha. Pero una de ellas, Alba, al oír llorar a unos niños que vivían en una solitaria cabaña, se detuvo en el camino.

El hada entró en la pobre casa y encendió la chimenea. Los niños, calentándose junto a las llamas, le contaron que sus padres habían ido a trabajar a la ciudad y, mientras tanto, se morían de frío y miedo.

—Me quedaré con vosotros hasta el regreso de vuestros padres —prometió ella.

Y así lo hizo; a la hora de marchar, nerviosa por el castigo que podía imponerle su soberana por la tardanza, olvidó la varita mágica en el interior de la cabaña.

El Hada de las Cumbres contempló con enojo a Alba.

—¿Cómo? ¿No solo te presentas tarde, sino que además lo haces sin tu varita? ¡Mereces un buen castigo!

Las demás hadas defendían a su compañera caída en desgracia.

—Ya sé que Alba tiene cierta disculpa. Ha faltado, sí, pero por su buen corazón, el castigo no será eterno. Solo durará cien años, durante los cuales vagará por el mundo convertida en ratita blanca.

Amiguitos, si veis por casualidad a una ratita muy linda y de blancura deslumbrante, sabed que es Alba, nuestra hadita, que todavía no ha cumplido su castigo...

## Día 6

# NUEZ DE ORO

LA LINDA MARÍA, hija del guardabosques, encontró un día una nuez de oro en medio del sendero.

—Veo que has encontrado mi nuez. Devuélvemela —dijo una voz a su espalda.

María se volvió en redondo y fue a encontrarse frente a un ser diminuto, flaco, vestido con jubón carmesí y un puntiagudo gorro. Podría haber sido un niño por el tamaño, pero por la astucia de su rostro comprendió la niña que se trataba de un duendecillo.

—Vamos, devuelve la nuez a su dueño, el Duende de la Floresta —insistió, inclinándose con burla.

—Te la devolveré si sabes cuántos pliegues tiene en la corteza. De lo contrario me la quedaré, la venderé y podré comprar ropas para los niños pobres, porque el invierno es muy crudo.

—Déjame pensar..., ¡tiene mil ciento y un pliegues!

María los contó. ¡El duendecillo no se había equivocado! Con lágrimas en los ojos, le alargó la nuez.

—Guárdala —le dijo entonces el duende—: tu generosidad me ha conmovido. Cuando necesites algo, pídeselo a la nuez de oro.

Sin más, el duendecillo desapareció.

Misteriosamente, la nuez de oro procuraba ropas y alimentos para todos los pobres de la comarca. Y como María nunca se separaba de ella, en adelante la llamaron con el encantador nombre de «Nuez de Oro».

Día 7

# LA FIESTA DE LA PRIMAVERA

EN UN REINO LEJANO solía celebrarse con grandes festejos la llegada de la primavera. Los músicos no cesaban de tocar marchas airosas y la gente no paraba de cantar, bailar y regocijarse con las diversiones.

El rey y su hija, la princesa de los cabellos de oro, estaban en su tribuna para presenciar el concurso de saltarines. Se habían presentado una rana presumida, un mono de ojillos vivarachos y una pelota de trapo a la que habían pintado cara de niña boba.

Se presentó la rana y su salto no fue muy bueno, pero la gente aplaudió por cortesía y porque estaba alegre. El monito, haciendo carantoñas, realizó un salto muy bueno y ya creyó que el premio sería suyo.

Pero ocurrió algo extraordinario: la pelota, que se había subido a un trampolín para admirar las proezas de sus compañeros, salió de pronto lanzada a más de diez metros cuando un travieso chiquillo fue a sentarse en el otro lado. Por fortuna fue a caer en las manos de la princesa, que la recogió amorosamente, contenta de que la pelotita con cara de niña boba hubiera ganado el concurso. Y fue coronada por la princesa y todo el mundo aplaudió entusiasmado. La rana y el monito, avergonzados de su vanidad, se alejaron tratando de no ser vistos.

Día 8

# PULGARCITO Y LA ADIVINANZA

UN DÍA LOS EMISARIOS REALES fueron en busca de Pulgarcito y el diminuto muchacho, muy intrigado, compareció ante el rey.

—¿Qué deseáis, Majestad?

—Muchacho, me encuentro en un verdadero dilema y he pensado que tal vez puedas ayudarme. Mi vecino, el rey Horacio, me ha desafiado con un acertijo y si no le doy la respuesta adecuada se quedará con una comarca de mi propiedad. Escucha bien, porque el acertijo es este: «Nadie es tan viejo ni nadie es tan joven como él. Se viste de blanco, de verde, de oro y de marrón. ¿Quién es?».

Pulgarcito se rascó la cabeza y pidió al soberano algún tiempo para reflexionar. Sentado a orillas del río veía las mieses balancearse con la brisa. Empezaban a dorarse y todo era verdura a su alrededor.

—¡Ya está! —gritó. Y dándose una palmada en la frente corrió al palacio real.

—¡Señor, Señor! ¡Lo tengo! Nadie es más viejo que el Tiempo, ni más joven que él, pues nace todos los años y se viste de blanco en invierno, de verde en primavera, de oro en verano y de marrón en otoño.

—Gracias, Pulgarcito, gracias. ¿Cómo puedo pagarte el favor?

—Podríais regalarme un reloj en recuerdo de la adivinanza.

Y el muchacho, sin ambición pero práctico, tuvo algo que siempre había deseado.

## Día 9

# UN PASTORCILLO HONRADO

ERA UNA VEZ un muchacho muy pobre que se ganaba la vida cuidando ovejas. Ganaba tan poco que sus comidas ya no podían ser más míseras.

Un día lluvioso de otoño, sintiendo mucho frío, pensaba en la necesidad que tenía de unos zapatos abrigados. Los que llevaba tenían agujeros y le entraba el agua. Pensando en ello estaba, cuando fue a encontrarse con un hombre barbudo que le dijo:

—¡Hola, pastorcillo! ¿No podrías darme algo de comer? Estoy hambriento.

El muchacho compartió con él su media hogaza de pan y su trozo de queso y el hombre le contó que acababa de salir de la prisión, donde había estado durante un año.

—No sabes lo agradecido que te estoy. Por cierto, veo que llevas los zapatos rotos. Toma estos que llevo en la bolsa y están sin estrenar. Se los quité al director de la cárcel antes de salir.

—Entonces, amigo, no quiero tus zapatos. Devuélvelos de algún modo a su dueño, porque deseo vivir tranquilo a cuestas con mi pobreza. En cuanto a ti, procura ser honrado y te sentirás más dichoso.

Día 10

# CUFI-CUFU

CUFI-CUFU ERA UNA ANCIANA MENDIGA. Vagabundeando un día por esos mundos de Dios, encontró una destartalada barrica y, como estaba cansada, se instaló dentro.

Inesperadamente, un enanito asomó por las rendijas.

—Buena mujer, ¿podrías guarecerme por esta noche? Me he extraviado y estoy muerto de frío.

Aunque a regañadientes, Cufi-Cufu le dejó pasar. Inmediatamente la cuba empezó a rodar y la pobre anciana a pedir socorro a gritos. Después de haber dado muchas vueltas, la cuba se detuvo.

Con gran majestad, entró en ella el Mago de los Bosques y dijo a la mujer:

—Gracias por cuanto has hecho por mi nietecillo. En premio de tu bondad, toma esta bolsa de oro, con ella podrás vivir el resto de tus días, siempre que ampares a los necesitados. De lo contrario, volverás a encontrarte en esta cuba.

Día 11

# ... La falsa bondad

CUFI-CUFU SE COMPRÓ UNA CASITA con un huerto que cultivó con esmero. Un día, mientras regaba los perales, se le acercó una niña solicitando una pera. Ya iba a echarla de allí cuando recordó la advertencia del mago y le llenó el delantal con los mejores frutos.

Cuál no sería su asombro cuando al día siguiente se encontró en una mansión lujosa y con una sirvienta muy eficiente, dispuesta a atender sus mejores deseos, que le llevó el desayuno a la cama.

Cufi-Cufu comprendió que cuanto más caritativa fuera con los pobres, mejor premio recibiría. Llevada de su ambición, mandó a la criada para que fuera por los caminos invitando a los mendigos a la fiesta que pensaba dar. Y llegaron seres miserables que tomaron asiento en sus butacas y acabaron con los más suculentos manjares.

Todos se habían ido ya, cuando apareció un hombre con pata de palo.

—Ya no queda nada. Y además, mira cómo han dejado mi casa. ¡Ya estoy harta de vosotros!

El mendigo cojo se quitó la capa que lo cubría y apareció en su lugar el Mago de los Bosques.

—Has demostrado ser egoísta y ambiciosa. Toma tu barrica y vuelve a mendigar la caridad por esos mundos.

Día 12

# LA SIERPE Y EL CÓNDOR

EN UNA ALTA CUMBRE de los gigantescos Andes, el majestuoso cóndor construyó su nido. Creía estar solo, pero una astuta serpiente vigilaba.

—Cuando esté distraído me abalanzaré sobre él y acabaré con su poderío —se decía.

A fuerza de arrastrarse consiguió trepar hasta la morada del cóndor. Casi no podía reprimir silbidos de alegría.

—Cuando se entregue al descanso le clavaré mi dardo venenoso —pensaba con saña.

Pero el cóndor, rey de los Andes, divisó al reptil que serpeaba por el suelo. Descendió veloz, lo asió con violencia, se remontó a las alturas y, justiciero, abrió sus garras. El reptil fue a estrellarse contra una roca.

Y es que la maldad suele recibir su castigo.

# LA ISLA DE CORAL

TRES MUCHACHOS de unos diez años, como premio a su excelente comportamiento durante el curso, recibieron de sus padres el regalo de un viaje por mar. Se llamaban Jack, Peterkin y Raúl. Cuando navegaban por un paraje salpicado de islotes en el océano Pacífico, una furiosa tempestad hizo naufragar el buque. Afortunadamente, los pasajeros pudieron saltar a los botes, aunque la fuerza del huracán los arrastró en diversas direcciones. La canoa en la que iban Jack, Peterkin y Raúl fue a parar a una islita solitaria y muy bella.

—¡Uf, qué remojón! —exclamó Raúl—. Pero nos hemos salvado y me figuro que nuestros compañeros de viaje habrán podido llegar a otras islas.

—En cuanto el viento se calme —dijo Peterkin, que era muy decidido—, recorreremos el islote.

Anduvieron de un lado para otro y pronto descubrieron que su isla era de coral.

Amiguitos, ya sabéis que el coral es un animal marino cuyo cuerpo se parece a un tubito muy duro de color rosa fuerte. Aunque es diminuto, como vive en grupos de miles y miles, llega a formar pequeñas islas que se cubren de plantas y flores.

Jack, Peterkin y Raúl no sentían temor. Recorriendo la isla encontraron riquísimos frutos y sabían que cualquier día un barco pasaría por allí y podrían volver a sus casas. Como además eran ingeniosos y les agradaba el estudio de la naturaleza, encontraron la aventura muy divertida.

# ... Los peces azules ...

**EL CLIMA DE LA ISLA** era maravilloso y tanto Peterkin como Raúl y Jack se extasiaban contemplando su belleza. Tenían comida y agua de coco para calmar su sed.

—Deberíamos hacernos una casa para cuando apriete el calor —apuntó Raúl.

—Manos a la obra —contestó Peterkin—. En el bote tenemos los remos y un hacha. Cortaremos palos y cubriremos la parte superior con ramaje.

Aquella noche durmieron sobre tres confortables camas de hojas.

A la mañana siguiente, bajo un cielo resplandeciente, el mar parecía un lago transparente.

—¡Vamos a bucear! —gritó Peterkin.

Los tres eran muy buenos nadadores y como allí el agua parecía de cristal, podían divisar el fondo del mar, que se les antojó un jardín encantado, cubierto de corales de todos los tamaños, formas y colores y plantas tan bellas como caprichosas. Algunas semejaban preciosos dibujos y otras fascinantes monstruos. Entre ellas había gran cantidad de peces azules que, cosa curiosa, no se asustaban ni huían con la presencia de los muchachos.

Quisieron atrapar alguno para el almuerzo, pero se les escapaban de las manos. En cambio, se hicieron con una buena provisión de ostras realmente deliciosas.

—No es tan malo naufragar —dijo riendo Peterkin.

## Día 15

# ... El peligro del mar ...

RAÚL, QUE ERA MUY HABILIDOSO, se había fabricado una caña de pescar, a la que puso sedal y, de cebo, un gusanillo. Estaba seguro de atrapar un pez exquisito. Lo asarían, puesto que podían hacer fuego, y tendrían una soberbia comida. Después subieron al bote y remaron alejándose de la isla.

—Voy a echar el anzuelo —dijo Raúl.

De pronto, el dueño de la caña tiró de ella y un hermoso pez se balanceó colgado por la boca.

—¡Hurra! —gritaron todos.

Pero la alegría iba a durarles muy poco. En aquel instante vieron la enorme cabeza de un monstruo marino.

—¡Es un tiburón! —gritó Peterkin—. ¡Viene hacia aquí!

Raúl decidió arrojar su hermoso pez a las fauces del monstruo. Mientras tanto, Jack y Peterkin remaban con todas sus fuerzas en dirección al islote. Aunque con el tiempo justo, pudieron llegar a tierra.

—¡Y pensar que he tenido que regalar mi pez —se quejó Raúl.

Jack, que era el más prudente, decidió:

—Esto nos enseña que no debemos aventurarnos lejos del islote, amigos. Tú, Raúl, tendrás que pescar desde tierra.

Aquel mismo día tuvieron un pez que, una vez asado, les supo exquisito.

## Día 16

# ... Las nueces luminosas ...

LOS DUEÑOS DE LA ISLA encontraron en el interior una especie de laguna en cuyo fondo descubrieron animales graciosos, como anémonas, estrellas de mar, erizos y cangrejos, estos realmente sabrosos. Además podían dedicarse a observar sus costumbres, que eran muy interesantes.

Aquel mismo día, Jack hizo un hallazgo extraordinario: el árbol del pan, cuyo fruto tiene en su interior una especie de harina muy parecida a la del trigo.

—¡Vamos a tener hasta pan! —gritó alegremente Jack.

En efecto, con aquella harina y agua hicieron masa, le dieron forma de panes y los asaron sobre un recipiente formado por las conchas de un molusco gigantesco.

—¡Está exquisito! —decía Peterkin a boca llena.

Lo más triste era tener que permanecer por la noche sin otra luz que la de las estrellas. Al día siguiente Jack, que era tan estudioso y observador, hizo un descubrimiento sensacional: el de un árbol cuyo fruto se asemejaba a las nueces.

—No se trata de la nuez corriente —explicó—, sino de la nuez-bujía y voy a demostrarlo.

Puso las nueces al calor de la hoguera y la capa que las cubría, al desprenderse, dejó al descubierto unas pilas fosforescentes que alumbraban con extraordinaria fuerza.

—¡Viva Jack! —exclamó Peterkin—. Ha solucionado el problema de las bombillas. Ya no estaremos en la oscuridad.

## Día 17

# ... Los soldados de la isla de coral ...

JACK, PETERKIN Y RAÚL vivían felices, pues estaban disfrutando de unas hermosas vacaciones. Y contaban con que un día cualquiera un barco pasara por allí.

Una noche, mientras dormían en sus mullidos lechos de hojas, escucharon unos chillidos agudos.

—Se me han puesto los pelos de punta —susurró Raúl.

—¿Estará habitada esta isla? —se le ocurrió a Jack.

Muy de mañana, armados de palos, salieron a explorar y treparon hasta un promontorio.

—¡Mirad! Alguien se mueve cerca de la playa...

—Visten casacas azules y pantalones blancos —murmuró Peterkin—. Parecen soldados haciendo marchas...

Raúl estalló en risas.

—¿Conque soldados, eh? ¿Pero no habéis descubierto que son pingüinos?

Los otros, pasado el susto, reían también. Los simpáticos animalillos paseaban su importancia por la playa yendo y viniendo como a compás de una música marcial.

# ... La caverna del diamante ...

PETERKIN, RAÚL Y JACK realizaban cada día prodigios de habilidad. Se habían construido arcos y flechas y podían dedicarse a la caza de patos salvajes, cuya carne, una vez asada, resultaba exquisita.

Un día, Peterkin falló su flecha y vio al animal introducirse entre la espesa vegetación que cubría un promontorio.

—¡Ese animalejo no se me escapará! —gritó, echando a correr en aquella dirección.

Sus compañeros le vieron introducirse entre la hojarasca y, de pronto, escucharon un grito espantoso.

—¡Peterkin! ¡Contesta! ¿Qué te ha ocurrido?

La voz ahogada y lejana del muchacho replicó:

—Creo que he caído en una cueva, pero está tan oscura que no veo nada...

—¡Vamos allá!

En cuanto encontraron el orificio que daba entrada a la cavidad, Jack se apresuró a arrojar algunas de sus nueces-bujía para que alumbraran el interior.

Oyeron a Peterkin gritar y luego dijo:

—¡Arrojadme una cuerda!

Fabricaron una con lianas y tras echarla hasta el fondo empezaron a tirar. ¿Cómo pesaba tanto Peterkin?

Y de pronto, en vez de a su amigo, tuvieron ante sus ojos un cofre muy antiguo, envuelto en una bandera pirata. Peterkin, desde la cueva, pedía que volvieran a arrojar la cuerda. Y poco después, trepando como un mono, salía al exterior, llevando en las manos un hacha y un fusil.

—¡Esa cueva debió de servir de refugio a algún pirata! —explicó—. Veamos qué contiene el cofre.

—¡Qué maravilla! ¡Monedas de oro muy antiguas y diamantes! —exclamó Jack.

—¡Y pensar que hemos descubierto un tesoro! —repetía el admirado Raúl.

—¡Viva yo! —gritó Peterkin.

# ... Adiós a la isla de coral

LLEVABAN MÁS DE UN MES en la isla y los muchachos empezaban a sentirse tristes, especialmente pensando en lo preocupadas que estarían sus familias.

—¿Y si el barco que esperamos no llega? —preguntó tímidamente Jack.

—No seas tonto: vendrá y cuando lleguemos a casa, con nuestro tesoro, podremos comprarnos bicicletas fabulosas y equipos de esquí y todo lo que se nos ocurra.

Pasaban los días y, a pesar de su alegría y su ánimo, la preocupación hacía mella en ellos. Peterkin dijo:

—Amigos, si Dios nos envía el barco que esperamos, podíamos, en agredecimiento, donar nuestro tesoro para que puedan hacer un hermoso viaje los niños del mundo que nunca han salido de su ciudad...

—¡Es la mejor idea que has tenido nunca, Peterkin! —exclamó Jack, mientras Raúl afirmaba.

Aquella tarde, como un premio a su generosidad, una goleta apareció en el horizonte. Los muchachos se apresuraron a encender una hoguera en la cima del promontorio y gritaron de alegría viendo al buque dirigirse hacia allá. Cerca ya de la isla, unos marineros echaron al agua un bote, hacia el que corrieron los náufragos entre gritos de alegría.

Jack, Peterkin y Raúl cumplieron su promesa. No compraron las cosas maravillosas que tanto les gustaban, pero con su tesoro muchos niños que no conocían el mar pudieron bañarse en él, y otros ir a las montañas o a ciudades lejanas... y eso los llenó de felicidad.

Día 20

# EL LEÓN Y EL CORDERO

**EL SUEÑO NO LLEGABA** a los ojos de la niña, que dijo a la anciana sentada junto a su cama:

—Cuéntame un cuento, abuelita.

—Érase una vez —empezó la anciana— un león enjaulado al que llevaron de comida un corderito.

—¿Era blanco? —preguntó la niña.

—Sí, muy blanco y tan inocente que no tuvo miedo del león, sino que se le acercó y, como si fuese su madre, lo miró con ojos llenos de devoción y asombro. El león, desarmado ante tanta confianza inocente, no tuvo valor para matarlo y se quedó con el hambre en el cuerpo. Porque, a pesar de lo fuerte y poderoso que sea el adversario, cuando es noble queda siempre desarmado ante la inocencia y humildad de su supuesta víctima.

La abuelita no tuvo que añadir nada más. La niña se había dormido.

Día 21

# LA OSTRA, EL RATÓN Y LA GATA

**ÉRASE UNA OSTRA** que fue a encontrarse, junto con otros peces, en la casa de un pescador, a orillas del mar.

—Aquí moriremos todos —se dijo la ostra mirando a sus compañeros, que jadeaban esparcidos por el suelo. En aquel momento, pasó un ratón.

—Ratón, por favor —dijo la ostra—, ¿serías tan amable de llevarme hasta el mar?

El ratón la miró: era una ostra hermosa y grande, y debía de tener una pulpa sustanciosa y rica.

—¡No faltaba más! —respondió el roedor, que había decidido comérsela—. Pero tienes que abrirte un poco, porque no puedo llevarte cerrada.

La ostra se entreabrió con cautela y el ratón, rápido, introdujo su hocico para morderla. Con la prisa, el ratón llegó demasiado adentro y la ostra se cerró rápidamente aprisionando la cabeza del ladronzuelo. El ratón chilló, le oyó la gata y de un salto llegó hasta allí y se lo zampó.

# LA NIEVE

LA LLUVIA Y EL VIENTO golpeaban los cristales de la ventana y la niña no podía dormir. La abuelita, suavemente, le contó una historia de nieve.

Sobre la cumbre de una montaña altísima, había un peñón y encima un copo de nieve. Mirando en torno, la nieve empezó a fantasear:

—Todos deben tenerme por soberbio, pues no siendo más que un copo de nieve, estoy aquí arriba, en lugar tan elevado, cuando en la ladera de la montaña la nieve es abundante. Un copo de nieve no merece esta sublime altura y justo es que yo, para convencerme mejor de mi pequeñez, reciba del sol el mismo trato que diera ayer a los otros copos, mis compañeros: los destruyó con una sola mirada. Así que descenderé a un lugar más conveniente para mi tamaño y no eludiré la justicia del sol.

Y así diciendo, el copo de nieve, entumecido de frío, se arrojó de la peña y bajó rodando desde la altísima cumbre del monte. Pero cuanto más descendía, más aumentaba su tamaño. Aquel copo de nieve se volvió pronto una gran bola, transformándose, al seguir rodando, en una avalancha. Su carrera, al fin, terminó sobre una colina, y la avalancha era tan grande como toda la colina. Y durante el verano, aquella nieve fue la última en derretirse al sol.

—Los que se humillan, niña mía —terminó la abuelita—, se ven ensalzados.

# LAS DOS FUERZAS

UN JILGUERILLO CANTOR, cuyo nido estaba en lo alto de un roble, decidió un día no volver a cantar.

Los que se habían deleitado con sus trinos, le dijeron:

—Por favor..., no nos prives de tus melodías.

—Lo he decidido: no cantaré nunca más —aseguró el ave.

Pero he aquí que en un árbol próximo se posó un zorzal que empezó a cantar. El jilguerillo, sin darse cuenta, también entonó sus melodías. Cuando el zorzal se alejó, el jilguerillo, avergonzado, dijo a sus vecinos:

—Ya no cantaré más, os lo aseguro.

Mas en la misma rama se posó una calandria que estiraba sus negras alas adornadas de bellos colores y el avecilla, olvidando su promesa, cantó para ella.

Por dos veces había quebrantado su resolución. Dos fuerzas invencibles le habían empujado a ello: la emulación y el amor.

Día 24

# LA VERDADERA JUSTICIA

HUBO UNA VEZ un califa en Bagdad que deseaba sobre todas las cosas ser un soberano justo. Indagó entre los cortesanos y sus súbditos y todos aseguraron que no existía califa más justo que él.

—¿Se expresarán así por temor? —se preguntó el califa.

Entonces se dedicó a recorrer las ciudades disfrazado de pastor y jamás escuchó la menor murmuración contra él.

Y sucedió que también el califa de Ranchipur sentía los mismos temores y realizó las mismas averiguaciones, sin encontrar a nadie que criticase su justicia.

—Puede que me alaben por temor —se dijo—. Tendré que indagar lejos de mi reino.

Quiso el destino que los lujosos carruajes de ambos califas fueran a encontrarse en un estrecho camino.

—¡Paso al califa de Bagdad! —pidió el visir de este.

—¡Paso al califa de Ranchipur! —exigió el otro.

Como ninguno quisiera ceder, los visires de los dos soberanos trataron de encontrar una fórmula.

—Demos preferencia al de más edad —acordaron.

Pero los califas tenían los mismos años, igual amplitud de posesiones e idénticos ejércitos. Entonces, el visir del califa de Bagdad preguntó al otro:

—¿Cómo es de justo tu amo?

—Con los buenos es bondadoso —replicó el visir de Ranchipur—, justo con los que aman la justicia e inflexible con los duros de corazón.

—Pues mi amo es suave con los inflexibles; bondadoso con los malos; con los injustos es justo, y con los buenos es aún más bondadoso —replicó el otro visir.

Oyendo esto el califa de Ranchipur, ordenó a su cochero apartarse humildemente, porque el de Bagdad era más digno de cruzar el primero, especialmente por la lección que le había dado de lo que era la verdadera justicia.

Día 25

# LA ARAÑA ATRAPADA

UNA ARAÑA, después de haber observado durante muchos días los movimientos de los insectos, se percató de que las moscas acudían especialmente a un racimo de uva de granos gruesos y dulcísimos.

—¡Vaya! Me barrunto que la uva es muy buena y las moscas seguirán acudiendo.

Y subiendo a lo alto de la vid, con un hilo finísimo se descolgó desde arriba, hacia el racimo, para instalarse por último en una celdilla oculta entre las uvas.

Desde aquel escondite comenzó a asaltar como un ladrón a las pobres moscas que buscaban su comida; y mató a muchas, porque ninguna sospechaba su presencia.

Y mientras tanto, vino el tiempo de la vendimia. El campesino llegó al viñedo, recolectó también aquel racimo y lo arrojó al lagar, donde fue pisado con los otros.

Así, la uva fue el anzuelo para la araña traicionera, que murió junto a las moscas traicionadas.

# EL DUENDE DE LA CABAÑA

HACE MUCHOS AÑOS, en las afueras de una aldea, existía una cabaña que nadie se atrevía a habitar, pues cuantos anteriormente se instalaron en ella habían muerto de modo misterioso.

Un pobre jornalero cargado de hijos, que carecía de casa, decidió irse a vivir con toda su familia a la cabaña deshabitada. Nada más abrir la puerta, dijo:

—¡Dios guarde a los presentes!

Una extraña vocecilla respondió:

—¿Cómo te atreves a venir aquí?

El jornalero explicó su triste situación.

—Siendo así, quédate —dijo la voz del duende—, pero tendrás que cumplir este encargo: haz que tu mujer frote con grasa la chimenea una vez a la semana y no permitas que tus hijos se acuesten en ella.

Pasaba el tiempo y la familia del jornalero vivía feliz en la cabaña. El día de la fiesta de la vendimia, el duende, sin duda satisfecho de sus huéspedes, dijo:

—Amigo, voy a confiarte un secreto; bajo el suelo de la chimenea hay escondido un tesoro y voy a cederte parte de él, pues conozco tu honradez. Cavarás hasta dar con una olla repleta de monedas de oro.

—No me quedaré con una moneda más de las que me destines.

Como la olla era tan grande y estaba llena, el hombre y su familia pudieron en adelante llevar mejor vida. Todos los hijos del jornalero, que eran muy inteligentes, estudiaron una carrera.

Día 27

# UN PAR DE PILLASTRES

AQUELLA TARDE, al salir los muchachos de la escuela se detuvieron a jugar en la plaza. De pronto, uno de ellos exclamó mirando al campanario:

—¡Mirad! ¡Ya han llegado las cigüeñas!

Y he aquí que Óscar, un muchacho travieso y de malos sentimientos, comenzó a arrojar piedras a lo alto del campanario y su inseparable amigo, Tico, le secundó.

Héctor, otro de los escolares, serio y responsable, afeó la conducta de sus compañeros.

—¿No os da verguenza? Los animales también sienten. Podéis romper una pata a las cigüeñas o herir a sus crías. Dejadlo ya.

En cuanto Héctor se marchó, decidieron coronar su hazaña trepando al campanario para apoderarse del nido. Pero la empresa era superior a sus fuerzas: resbaló Óscar y en su caída arrastró a Tico.

Estaban en el hospital, el primero con un brazo en cabestrillo y el segundo con la pierna escayolada, cuando Héctor fue a visitarles.

—Siento lo que os ha ocurrido —dijo—, pero espero que os sirva de lección.

Los heridos no respondieron, pero nunca más volverían a maltratar a los animales.

Día 28

# LA SIRENITA Y EL ARPA

HACE MUCHOS AÑOS, en un bello lugar de la costa, vivían felices varias sirenas. Un día se dijeron:

—¿Y si nos acercáramos hasta la orilla para curiosear el mundo de los hombres?

Y marcharon, sin dejar de cantar.

Pero un día, una de las sirenitas divisó en la playa a un joven alto y hermoso y se enamoró de él. A partir de entonces, todos los atardeceres acudía a la orilla del mar y le hablaba al joven de su amor. Él marchaba sin escucharla y la dejaba llorar durante toda la noche, hasta que las lágrimas empapaban sus cabellos de oro.

Por fin el cielo, compadecido de tanto amor, la transformó en arpa para que el joven, que era músico, pudiera llevarla en sus brazos.

A los hombres les agradó aquel instrumento y construyeron otros similares que, durante años y años, han entonado canciones de amor y dolor.

# EL PRÍNCIPE ENCANTADO

**HUBO UNA VEZ UN RICO MERCADER** que tenía tres hijas. Al salir para uno de sus viajes, les pregunto qué deseaban. La mayor pidió un collar de perlas, la segunda otro de diamantes y la tercera unas rosas.

Durante su viaje, el mercader adquirió los regalos para las dos mayores y pensó procurarse las rosas en el camino. Al pasar ante un maravilloso jardín, descubrió unos soberbios rosales llenos de flores. Entonces dijo a su criado:

—Entra y corta unas rosas para mi hija.

Obedeció el muchacho y, cuando salía con las rosas, un imponente león le cerró el paso.

—Por atreverte a cortar mis rosas, te devoraré —rugió.

El mercader preguntó al león si no había medio de que perdonara la vida del muchacho.

—Sí —contestó la fiera—; entrégame lo primero que salga a recibirte cuando llegues a casa.

Como siempre era el perro, el mercader aceptó. ¡Ay!, aquel día fue su hija menor la que acudió a su encuentro entre gritos de alegría por las hermosas rosas.

El padre tuvo que contarle lo ocurrido y la muchacha decidió ir a ver al león y convencerle para que la dejara con vida. Llegó de noche al jardín maravilloso y no encontró a la fiera, pero sí a un príncipe encantador. En realidad, de noche recobraba su forma humana, pero de día, por la magia de un mal mago, se convertía en león.

Al saber la joven lo que le ocurría se apiadó de él y hasta consintió en casarse, pues se había enamorado. Claro que durante el día, su marido era un león. A pesar de todo, eran felices.

Pero un día, sabedora la princesa de que su hermana mayor iba a casarse, quiso ir a la boda.

—Iré contigo —dijo el príncipe—, pero no puede darme el sol, porque me convertiría en paloma.

—Te tendré en la oscuridad —prometió ella.

Hicieron el viaje de noche y, durante la ceremonia, la esposa dejó a su marido bajo la forma de león, en una sala donde no llegaba el sol. Pero ignoraba que tenía una grieta en el techo, se coló por ella un rayo de sol y el príncipe se convirtió en paloma.

—Tengo que pasarme siete años volando —dijo la paloma a la joven—. Tendré que ir de un lado para otro, pero dejaré caer una plumita para que puedas seguirme.

Pasaron siete largos años. Cierta mañana, una paloma despertó con sus arrullos el sueño de la princesa, que la besó con ternura. En el mismo instante la paloma se convirtió en el apuesto príncipe del que ella se había enamorado siete años antes. El encantamiento había cesado y fueron muy, muy felices.

# LOS GENIECILLOS HOLGAZANES

**ÉRANSE UNOS DUENDECILLOS** que vivían en un lindo bosque. Su casita pudo haber sido un primor, si se hubieran ocupado de limpiarla. Pero como eran tan holgazanes, la suciedad la hacía inhabitable.

Un día se les apareció la Reina de las Hadas y les dijo:

—Voy a mandaros a la Bruja Gruñona para que cuide de vuestra casa. Desde luego, no os resultará simpática...

Y llegó la Bruja Gruñona montada en su escoba. Llevaba seis pares de gafas para ver mejor las motas de polvo y empezó a escobazos con todos. Los geniecillos, aburridos de tener que limpiar, fueron a ver a un mago amigo para que los transformase en pájaros. Y así, batiendo sus alas, se fueron muy lejos...

A partir de entonces pasaron hambre y frío; a merced de los elementos y sin casa donde cobijarse, recordaban con pena su acogedora morada del bosque. Bien castigados estaban por su holgazanería, errando siempre por el espacio...

Jamás volvieron a disfrutar de su casita del bosque, que fue habitada por otros geniecillos más obedientes y trabajadores.

# LAS TRES ASTUTAS CABRITAS

ÉRASE UN PASTORCILLO llamado Hans, que todos los días llevaba a sus tres cabritas a pastar. Como era un enamorado de su flauta, toca que te tocarás, no observó que un conejo se acercaba a las cabritas y les hablaba.

—Seguidme y os mostraré un prado de hierba exquisita.

Las cabritas siguieron al conejo sin ruido y, lejos de Hans, el animal se convirtió en una horrible hechicera.

Ya se disponía la hechicera a devorar a las cabritas, cuando ellas dijeron:

—Hans viene ahora mismo a buscarnos. Será mejor que regresemos y volvamos mañana.

La hechicera pensó que podía comerse una en un instante, pero entonces no regresarían al día siguiente, y las dejó marchar.

Las cabritas se dedicaron a afilar los cuernos contra una roca, y tal como dijeron acudieron a la cita. Cuando la hechicera estuvo ante ellas, las tres arremetieron con sus puntiagudos cuernos y la malvada tuvo que huir, mal parada.

La avaricia rompe el saco. Si se hubiera conformado con una cabrita, no habría perdido a las tres.

Desde ese día, las cabras ya no se separaron de Hans.

Día 1

# LOS ESPANTAPÁJAROS

**ÉRANSE DOS VECINOS** que tenían cada uno su parra con uvas ya maduras y los gorriones llegaban a picotearlas.

—Tendré que solucionar esto poniendo un buen espantapájaros —se dijo uno de ellos.

Y se puso a hacer uno a base de pequeñas plumas de gavilán, lo que ahuyentó a los gorriones.

Viendo esto su vecino, dijo a su vez:

—Puesto que ese espantapájaros ha dado resultado, yo confeccionaré otro todavía mejor para proteger mi parra.

Y lo hizo a base de plumas de pavo.

—Si llegan los gorriones —se dijo divertido—, se decidirán por las uvas de mi vecino.

Pero como sucedió todo lo contrario, consultó con el vecino:

—¿Por qué los gorriones huyen de tu espantajo, siendo menor?

—Porque las plumas de ese espantajo, aunque más pequeñas, son de gavilán, al que los pájaros temen mucho. Y las que tú elegiste, aunque más abultadas, proceden de necios pavos, de quienes los gorriones no hacen caso.

Día 2

# EL PRECIO DE LAS COSAS

**MARCHABA POR EL MONTE** un lobo de ojos como brasas, cuando tropezó con un perro gordinflón y sosegado.

—Muy grueso te veo, amigo; se ve que vives a lo grande.

—¡Ya lo creo! —repuso el perro—. En la casa donde vivo no me escatiman el pan ni los huesos.

—¡Vaya suerte la tuya! ¿No podrías llevarme contigo, buen amigo? Supongo que en esa casa no me faltaría alimento.

—¡Seguro! Anda, vente conmigo.

Iban caminando en amigable compañía, cuando de pronto observó el lobo que su compañero tenía el cuello pelado.

—Amigo, ¿qué le pasa a tu pescuezo?

—Esto se debe a la cadena con que me tienen sujeto por el día.

—Perdona, pero no voy contigo. Todo el pan del mundo no vale lo que mi libertad. Hasta más ver, amigo.

# LA CAJA DE YESCA

HACE MUCHÍSIMOS AÑOS, un soldado que regresaba a su casa tropezó inesperadamente con una anciana mendiga.

—Quiero favorecerte, soldado —dijo ella—. Para ello entra en esa cueva. Te saldrán al paso tres águilas gigantes, pero tú las cubrirás con la capa negra que te doy y caerán al suelo. Quítales la llavecita de oro que cada una lleva en el pico. Después encontrarás tres viejos arcones, que podrás abrir con esas llaves. Uno contiene plata; otro, oro, y el tercero, diamantes.

El soldado se rascó una oreja.

—¿Qué debo hacer para pagar el favor?

—Traerme una caja de yesca que encontrarás bajo el arcón que contiene el oro.

El soldado quiso saber para qué servía la caja, pero ella se negó a decirlo.

Empujado por la mendiga, el joven bajó a la cueva. Pasaba el tiempo y la mujer, con curiosidad, se acercó al borde del precipicio con tan mala suerte, que cayó en su interior. Así que cuando regresó el soldado, al no hallar a la anciana, supuso que se había marchado, cansada de esperar. Con su macuto lleno de oro y la caja de yesca, que no sabía para qué le iba a valer, continuó su camino.

Una vez en la ciudad, compró un palacio.



# ... El soldado y la princesa

EL SOLDADO OÍA HABLAR continuamente de la belleza y la bondad de la hija del rey y, pensando en ella, golpeó sin querer el pedernal de la caja de yesca. Inmediatamente un águila entró por la ventana y le dijo:

—Pídeme lo que quieras, pues soy tu esclava.

—Entonces, ve en busca de la princesa y llévala al bosque. Yo estaré allí.

Cuando el joven vio a la princesa, pensó que era más hermosa de lo que le habían dicho y le habló con emoción.

—Mi buen soldado —dijo ella—, estoy muy contenta de haberte conocido y espero que tu bondad sea tanta como gallardo es tu porte. Pero déjame regresar a palacio, porque si mi padre supiera que me has raptado, te castigaría.

Un profundo amor nació entre ellos. Pero un día fueron descubiertas las misteriosas salidas de la princesa y el soldado fue llevado al calabozo. Al día siguiente le iban a dar muerte. La princesa suplicó a su padre que le permitiera ver al prisionero por última vez.

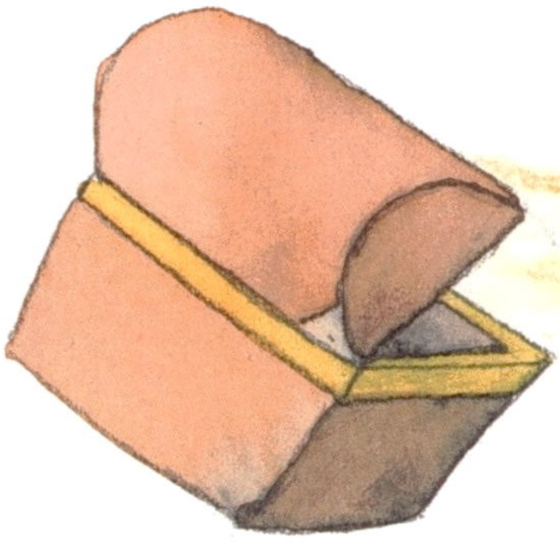

—Escúchame con atención, princesa —le dijo él—. Toma esta caja de yesca y cuando veas que se acerca mi fin golpéala.

En efecto, cuando iban a ajusticiar al prisionero, golpeó la caja de yesca y gigantescas águilas se abatieron sobre el rey y su guardia.

—¡Aparta de nosotros estas fieras y pide lo que quieras! —gritó el soberano.

Y, naturalmente, nada más apartar a las aves, el soldado solicitó la mano de la princesa y se casó con ella.

Día 5

# LA FLOR BRILLANTE COMO EL SOL

ÉRASE UNA ABEJITA muy exigente que soñaba con fabricar una miel rara. Cuando recorría las praderas y las colinas, ninguna flor le parecía lo bastante bella ni lo bastante brillante. ¿Dónde estaría la flor de sus sueños?

—Anda, ven con nosotras y déjate de flores raras —le dijo una de sus amigas.

—Pero yo no quiero margaritas, ni tréboles blancos, ni espliegos, sino mi flor rara... —respondía siempre.

Una tarde, la abejita esperaba alborozada a sus compañeras y completamente extasiada les contó:

—¡He hallado la flor maravillosa que estaba buscando! ¡Es redonda, brillante, dorada! ¡Qué exquisita miel fabricaré con su esencia!

Al día siguiente sus amigas la vieron lanzarse hacia el cielo y luego regresar, diciendo:

—Mi flor estaba demasiado lejos y no he podido alcanzarla.

Todas se reían de ella, porque su flor rara del cielo no era otra cosa que el Sol.

Un humilde lagarto que vio las lágrimas de la abejita le pidió que fuera con él, porque sabía de un campo donde crecían las hermanas del Sol. Y la abejita pudo libar el polen de flores no pisadas por el pie del hombre y fabricar la miel de aroma exquisito. Fue la mejor miel de todas las colmenas y sus compañeras, que ya no se burlaban de ella, le dieron el nombre de «Abejita del Sol».

# EL MONSTRUO INSACIABLE

HACE MUCHOS AÑOS, una muchacha que tenía nueve hermanos emprendió un largo viaje. Al regresar llevaba una tortita y un regalo para cada uno.

Estaba atravesando el camino de un bosque, guiando su carro tirado por un caballo, cuando le salió al encuentro un monstruo de nueve cabezas, que dijo a gritos:

—¡Niña de los nueve hermanos, voy a devorarte!

Espantada, la joven empezó a arrojarle las tortitas, pero cada cabeza engulló una y el monstruo repitió:

—¡Niña de los nueve hermanos, voy a devorarte!

El espantoso monstruo había empezado por tragarse el caballo y después comenzó a comerse el carro. Rápidamente la joven trepó a un árbol altísimo y como viera pasar un jilguero, le suplicó llorosa:

—Toma, lleva este anillo a mis nueve hermanos.

El pajarito se alejó con el anillo en el pico, mientras el monstruo roía la base del árbol. Pero muy pronto, en nueve caballos, los nueve hermanos de la muchacha galopaban en aquella dirección, siguiendo al jilguerillo que les había entregado el anillo. Espada en mano cayeron sobre el monstruo y cada uno le cortó una de sus cabezas. Con la última cayó muerto.

Así se salvó la niña de los nueve hermanos.

Día 7

# EL SOLDADO Y LA TORMENTA

**EL BARCO HABÍA NAVEGADO** todo el día por un mar tranquilo. Al llegar la noche el cielo se encapotó de pronto y el viento, fuera de sí, rugía con fiereza.

—¡Que el cielo nos guarde! Naufragaremos, si esto continúa —exclamó un marino veterano.

—¡Nos ahogaremos sin remedio! —gimió otro.

—La tempestad está haciendo saltar todas las tablas del barco —gritó un tercero.

Solo un hombre, un soldado, permanecía sin lamentarse. Había sacado sus alforjas y comía con gana.

—¿Estás loco? —exclamó un marinero—. ¿Es que no comprendes que el barco va a hundirse de un momento a otro?

El soldado replicó con calma inalterable:

—Puesto que he de tragar tanta agua, déjame que coma un bocado.

Día 8

# EL CASTIGO DEL CANGREJO

**HUBO UNA VEZ** un astuto cangrejo que, viendo a muchos pececitos girar prudentemente en torno de una roca, decidió esperar la noche escondido debajo de la misma.

Y desde allí, como una alimaña en su madriguera, esperaba a los pececitos y cuando pasaban cerca de él los capturaba y se los comía.

—No está bien lo que haces —gruñó la roca—. Te aprovechas de mí para matar a esos pobres inocentes.

El cangrejo ni siquiera la escuchó. Seguía atrapando a los infelices pececillos, a los que hallaba exquisitos.

Pero un día, inesperadamente, vino una riada. Creció el río y con tanta fuerza empujó el agua a la roca, que la hizo rodar, aplastando al cangrejo que tenía debajo.

Había recibido una buena lección, aunque ya no iba a servirle de mucho.

# EL CABALLERO DEL BARRIL

**ALLÁ POR LOS LEJANOS TIEMPOS** de la Edad Media, vivió un poderoso castellano, el conde Rodolfo, cuyas posesiones eran inmensas. Tantos eran los tesoros almacenados en los sótanos de su sombrío castillo, que un hombre hubiera necesitado mucho tiempo para contarlos.

Pero en el corazón del conde reinaba la avaricia y cada día oprimía más a sus vasallos, condenándolos a la miseria. Este hombre inclemente tenía una debilidad: su única hija, muchacha sensible y bondadosa, el polo opuesto de su padre.

Un día la joven fue a caer víctima de una misteriosa enfermedad. El conde hizo acudir a los mejores médicos del reino y, tras laboriosas consultas, decidieron que solo calmando la sed de la muchacha podría salvarse.

—Tomad, conde —dijo el más anciano de los doctores—, tomad este barrilito y recoged vos mismo el agua que la niña ha de beber.

—¿Dónde la encontraré?

—En cualquier lugar; el sitio es lo de menos.

Con el misterioso barril bajo el brazo, el conde salió del castillo.

# ... El conde atribulado ...

EL CASTELLANO llegó a la plaza del pueblo y puso el barril bajo el caño de la fuente que, en el mismo instante, dejó de manar. Entonces llegó un mendigo harapiento con su cántaro desportillado y llenó su recipiente sin dificultad.

—Buen hombre, dadme esa agua a cambio de una moneda de oro. Volcadla en mi barrilito.

El mendigo aceptó, pero ni una gota cayó en el barril. El castellano, con el ceño fruncido, fue en busca de otras fuentes y el fracaso le acompañó en su peregrinar. En cuanto ponía el cantarito bajo cualquier manantial, cesaba de manar. Al anochecer, angustiado, recordó la predicción de los doctores:

—Vuestra hija morirá esta noche si antes no calma su sed.

Casi envuelto en tinieblas, el conde se adentró en uno de los muchos bosques que constituían sus propiedades. Pensaba llegar al río y llenar en él su barril.

# ... El llanto de un niño ...

EL CONDE RODOLFO introdujo su barrilito en la corriente pero el agua tampoco entró en él. El día estaba próximo a terminar y la desesperación hizo presa en el castellano. De pronto, creyendo escuchar el llanto de un niño, empezó a buscar entre las zarzas. Una criaturita abandonada le tendía los brazos, ¡a él, un hombre sin corazón!

En otro tiempo, aquel espectáculo no hubiera despertado la compasión en su alma. Quizás porque acababa de conocer el más terrible de los sufrimientos, una inmensa ternura inundó su ser.

—¡Pobre niño, no llores! No voy a dejarte aquí; te llevaré a mi castillo y tendrás cuanto un pequeñín como tú necesita para vivir y crecer.

Y aquellas manos acostumbradas a sentir el contacto del oro, alzaron a la criatura con suma precaución.

Día 12

# ... La maravillosa gota de agua

ME ENVIARÁ EL CIELO este niño en compensación por la hija querida que me va a arrebatar? —se preguntó el caballero, apretando al niñito contra su corazón.

En el mismo instante, se vio deslumbrado por un vivísimo relámpago a cuya luz observó una gota de agua, una sola, que cayó dentro del barril.

—¿Qué es esto? —exclamó temblando—. ¡La gota ha llenado la vasija hasta los bordes! ¡Mi hija se ha salvado!

Y el milagro había ocurrido en el momento mismo en que su corazón conocía la piedad. Comprendiéndolo así, el conde Rodolfo se propuso no solo ser bondadoso en el futuro, sino que además reconoció su maldad.

Al llegar al castillo ordenó a sus servidores que atendieran cuidadosamente al pequeñín. Luego fue a dar de beber a su hija del agua del barril. Inmediatamente, la muchacha sanó.

El conde cumplió su promesa de cambiar de conducta; repartió su fortuna entre los pobres, fue un padre para el chiquitín y conoció la verdadera dicha: la nacida del bien.

## Día 13

# EL VIENTO Y EL SOL

EL VIENTO Y EL SOL se encontraron sobre una colina.

—Soy más fuerte que tú —dijo el primero—. Mira, Sol, ¿ves al hombre que va por el camino envuelto en su capa? Te apuesto algo a que consigo arrancársela.

Así diciendo, el viento sopló fuerte y se convirtió en huracán. Pero el hombre sujetaba fuerte su capa con ambas manos.

El viento, desalentado, dejó de soplar, y el sol, con su sonrisa de oro, dijo al viento:

—Ahora probaré yo.

El viento tuvo un gesto desdeñoso y el sol, sin ruidos, empezó a enviar sus más calurosos rayos sobre el caminante.

El hombre empezó a sudar, se quitó la capa y se la echó al brazo.

Demasiado tarde comprendió el viento su jactancia, había conseguido más el sol con su suave constancia que él con toda su violencia.

Junio

Día 14

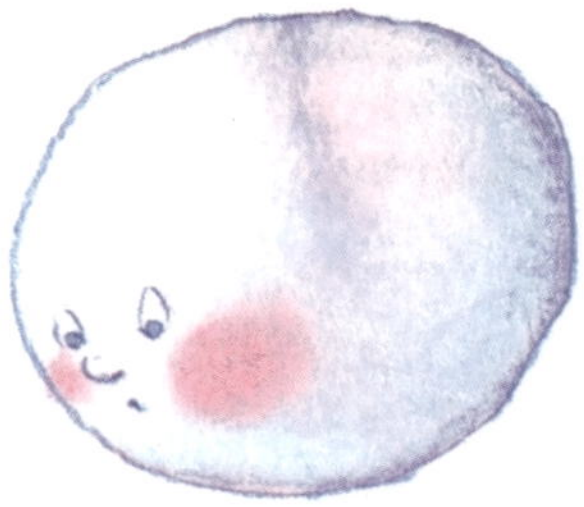

# LA SEPULTURA DEL LOBO

HUBO UNA VEZ un Lobo muy rico pero muy avaro. Nunca dio ni un poco de lo mucho que le sobraba. Sintiéndose viejo, empezó a pensar en su propia vida, sentado a la puerta de su casa.

—¿Podrías prestarme cuatro medidas de trigo, vecino? —le preguntó el Burrito.

—Te daré ocho, si prometes velar mi sepulcro en las tres noches siguientes a mi entierro.

Murió el Lobo pocos días después y el Burrito fue a velar en su sepultura. Durante la tercera noche se le unió el Pato que no tenía casa. Y juntos estaban cuando, en medio de una espantosa ráfaga de viento, llegó el Aguilucho, que les dijo:

—Si me dejáis apoderarme del Lobo, os daré una bolsa llena de oro.

—Será suficiente si llenas una de mis botas —dijo el Pato, que era muy astuto.

El Aguilucho se marchó para regresar en seguida con un gran saco de oro, que empezó a volcar sobre la bota que el sagaz Pato había colocado sobre una fosa. Como no tenía suela y la fosa estaba vacía, no acababa de llenarse. El Aguilucho decidió ir entonces en busca de todo el oro del mundo. Y cuando intentaba cruzar un precipicio con cien bolsas colgando de su pico, fue a estrellarse sin remedio.

—Amigo Burrito, ya somos ricos —dijo el Pato—. La maldad del Aguilucho nos ha beneficiado.

—Y a todos los pobres de la ciudad —repuso el Burrito—, porque con ellos repartiremos el oro.

Día 15

# LOS DOS AMIGOS

HUGO Y RODOLFO se hicieron amigos desde que empezaron a acudir al colegio. El primero era guapo y brillante. El segundo, delgadito, humilde, trabajador; poseía una gran inteligencia oculta por su humildad. Hacía los deberes escolares de su amigo, escribía sus composiciones, resolvía sus problemas. Hugo era el primero de la clase gracias a su compañero.

Juntos pasaron a la Universidad y todo siguió igual. Muy pronto el brillante Hugo se convirtió en un político de moda.

Rodolfo seguía escribiendo sus prodigiosos discursos y guiando sus pasos.

Hugo, egoísta, se envolvía en plumas de pavo real.

La nación atravesó momentos difíciles y el fiel Rodolfo solía trabajar hasta altas horas de la noche. Gracias a su iniciativa, el país recobró la estabilidad. Pero el duro trabajo había mermado su salud. Una mañana, apareció muerto sobre la mesa del despacho de Hugo, el brillante político.

Este, estremecido por primera vez en su vida, tocado de arrepentimiento, confesó ante el Gobierno en pleno que todo el mérito de su actuación se debía al amigo muerto. Después se retiró de la vida pública y nadie supo de él.

Día 16

# LA ORUGA

INMÓVIL SOBRE UNA HOJA, la oruga miraba a su alrededor; unos cantaban, otros corrían, todos los insectos estaban en continuo movimiento. Solo ella, pobrecita, no tenía voz, ni corría, ni volaba. Apenas conseguía moverse, y pasar de una hoja a otra era como dar la vuelta al mundo. Sin embargo, no envidiaba a nadie. Sabía que era oruga y que debía aprender a hilar una saliva finísima para tejer con arte maravilloso su casita. Por eso, con mucho afán, inició su trabajo. Al poco tiempo estaba envuelta en un tibio capullo de seda y aislada del mundo.

—¿Y ahora? —se dijo.

—Ten un poco de paciencia y verás —le respondió una voz.

En el momento justo la oruga despertó. Había dejado de ser oruga. Salió del capullo con dos alas preciosas, pintadas de vivos colores, y rápidamente voló a lo más alto del cielo.

# LOS TRES HIJOS DEL REY

EL REY MÁS PODEROSO del mundo tenía tres hijos. Cuando estos estuvieron en edad de casarse, el soberano convocó a los grandes del reino y les dijo:

—Mis hijos tienen edad de tomar esposa. Indicadme un padre que tenga tres hijas, para que vaya a pedirlas en matrimonio.

Un viejo visir indicó:

—En la tierra de Persia hay un rey que tiene tres hijas y son las criaturas más bellas del mundo.

El rey partió para Persia, pero se apartó de la comitiva durante el viaje y fue a extraviarse en el bosque. Aquella noche entró en una cueva para descansar. Era la guarida de un león, que le dio muerte.

El séquito del rey esperó algún tiempo a su soberano. Después le buscaron infructuosamente y al fin, emprendiendo el camino de regreso, fueron a dar cuenta a los príncipes de cuanto había ocurrido.

Inmediatamente los tres hermanos decidieron salir en busca de noticias sobre su padre. Al caer la noche, el mayor decidió encargarse de la guardia mientras los otros descansaban.

# ... La prenda del anillo ...

EL PRÍNCIPE se mantuvo vigilante durante su guardia en la oscuridad. Escuchó de pronto unos pasos furtivos y cuando el león se lanzó sobre él, tuvo tiempo de desenvainar la espada y cortarle la cabeza.

A la noche siguiente, la guardia correspondió al segundo de los hermanos. Pero como divisara a lo lejos una hoguera, se aproximó a explorar. Se hallaba junto a una cueva en cuyo interior permanecía una joven maniatada, en poder de un bandido. El príncipe puso al hombre en fuga con su espada, libertando acto seguido a la prisionera.

—Gracias, extranjero —dijo ella—. Soy la hija del rey de las flores, cuyo reino está tras aquellas colinas.

—Te llevaré con tu padre, princesa —se ofreció el joven.

Tomados de la mano, llegaron ante un magnífico palacio y al instante eran recibidos por el rey, que abrazó a su hija con amor.

—Has salvado a la princesa y te la otorgo en matrimonio —dijo graciosamente el monarca.

—La acepto con orgullo, señor; pero todavía me queda por terminar mi cometido. Volveré, señor.

—Toma en prenda este anillo.

El segundo de los príncipes emprendió el camino de regreso, a fin de unirse a sus hermanos.

# ... Los treinta y nueve ladrones ...

EN LA TERCERA NOCHE, la guardia correspondía al menor de los tres hermanos. Estaba velando el sueño de los otros cuando divisó una lucecita a lo lejos y se encaminó hacia ella para observar su significado. La luz iluminaba una gruta donde se guarecían treinta y nueve ladrones. La cena se hallaba dispuesta y el joven, que tenía hambre, hurtó una de las raciones.

En el momento de empezar a comer, el jefe de los bandidos acusó con aire feroz:

—¡Falta una ración! ¡Alguno ha debido tomar dos!

Entonces el príncipe, sonriente y valeroso, se presentó ante ellos.

—Amigos —dijo—, yo soy el ladrón; el más grande ladrón del mundo.

Los malhechores le creyeron y tuvieron a orgullo que fuera de los suyos. Además le comunicaron sus planes.

—Queremos robar al rey de la Tierra de las Flores.

—Yo conozco bien su palacio y puedo seros útil. ¡Seguidme! Lo demás corre de mi cuenta.

Al llegar al recinto del palacio, el joven hizo un agujero en la pared y penetró en primer lugar.

—Aguardad aquí mi señal —ordenó.

Pero lo que hizo fue ponerse en comunicación con los soldados de la guardia. Después dio la señal y conforme pasaban, iban cayendo prisioneros.

Luego el príncipe regresó junto a sus hermanos, sin contarles lo ocurrido, tal como los otros habían hecho.

# ... Las tres hijas del poderoso rey

A LA MAÑANA SIGUIENTE, los tres hermanos se presentaron en el palacio del poderoso rey de la Tierra de las Flores.

—¿Quiénes sois? —preguntó el monarca.

—Los hijos del rey más poderoso del mundo —respondieron ellos.

—¿Podéis presentarme alguna prueba?

—Sí —respondieron los jóvenes a coro.

Entonces el mayor sacó la cabeza del león que guardaba en un fardo y la tiro a los pies del soberano. El segundo le presentó el anillo que le convertía en prometido de la princesa por él liberada y el tercero dijo:

—Id a vuestras mazmorras y hallaréis a treinta y nueve ladrones. Gracias a mí fueron hechos prisioneros.

—Ciertamente, no me cabe ya la menor duda de que sois los hijos del rey más poderoso del mundo. Os concedo la mano de mis hijas.

Y las tres parejas, a cuál más, fueron dichosas.

Día 21

# LAS DOS COQUETAS

CANTARELA, LA MARIQUITA de tres puntos, y Cascadita, la mariquita de siete puntos, ante una gota de agua que les servía de espejo, porfiaban vanidosas:

—Reconoce que yo soy la más hermosa —decía Cantarela.

—¡Te equivocas! Lo soy yo —contestó Cascadita.

En lo más acalorado de la discusión, apareció un enorme abejorro negro, peludo y terrible, intentando tragarse a la pareja de vanidosas de un solo bocado.

Las mariquitas trataron de escabullirse, ocultándose entre las espinas de un escaramujo. ¡Un instante más en levantar el vuelo y hubieran sido devoradas!

Las elegantes damitas se salvaron, desde luego, pero dejándose en la aventura parte de sus preciosas alas.

Arrugadas, andrajosas y maltrechas, Cantarela y Cascadita ya no podrían presumir de bellas delante de la gota de lluvia.

Día 22

# EL SOL Y EL TOPO

HACE MUCHOS AÑOS, dos niños huérfanos vivían en una cabaña. Un día el niño, que estaba hambriento, pidió a su hermana algunos cabellos, con los que hizo una trampa para el sol. A la mañana siguiente, el sol no salió.

—Tú has hecho algo malo —dijo la niña.

—No he hecho más que poner una trampa en unas matas. Iré a verla.

Cuando llegó, el sol estaba atrapado en la trampa. Quiso retirarlo, pero no pudo, porque ardía. Llevó un ratón para que lo hiciera y el animalillo se retiró, pues se quemaba. Entonces llegó un topo y rompió la trampa.

Desde entonces el topo está ciego pues no pudo ver subir al sol en el firmamento, porque su fuego le había quemado los ojos.

# CAPERUCITA Y LAS AVES

**AQUEL INVIERNO** fue más crudo que de ordinario y el hambre se hacía sentir en la comarca. Pero eran las avecillas quienes llevaban la peor parte, pues en el eterno manto de nieve que cubría la tierra no podían hallar sustento.

Caperucita Roja, apiadada de los pequeños seres que pasaban hambre y frío, ponía granos en su ventana y miguitas de pan, para que pudieran alimentarse. Al fin, perdiendo el temor, iban a posarse en los hombros de su protectora y compartían el cálido refugio de su casita.

Un día los habitantes de un pueblo cercano, que también padecían escasez, cercaron la aldea de Caperucita con la intención de robar sus ganados y su trigo.

—Son más que nosotros —dijeron los de la aldea al verlos llegar—. Tendríamos que solicitar el envío de tropas que nos defiendan.

—Pero es imposible atravesar las montañas nevadas; pereceríamos en el camino —respondieron algunos.

Entonces Caperucita le habló a la paloma blanca, una de sus protegidas. El avecilla, con los ojitos fijos en la niña, parecía comprenderla. Caperucita Roja ató un mensaje en una de sus patas, le indicó una dirección desde la ventana y lanzó hacia lo alto a la paloma blanca.

Pasaron dos días. La niña, angustiada, se preguntaba si la palomita habría sucumbido bajo el intenso frío. Pero, además, la situación de todos los vecinos de la aldea no podía ser más grave: sus enemigos habían logrado entrar y se hallaban dedicados a robar todas las provisiones.

De pronto, un grito de esperanza resonó por todas partes: un escuadrón de cosacos envueltos en sus pellizas de pieles llegaba a la aldea, poniendo en fuga a los atacantes.

Tras ellos llegó la paloma blanca, que había entregado el mensaje. Caperucita le tendió las manos y el animalito, suavemente, se dejó caer en ellas, con sus últimas fuerzas. Luego, sintiendo en el corazón el calor de la mejilla de la niña, abandonó este mundo para siempre.

Día 24

# ... Caperucita en la trampa

LOS DÍAS ERAN cada vez más cortos y más fríos, pero Caperucita Roja no por ello dejaba de ir a casa de su anciana abuelita para llevarle provisiones.

Aquella tarde, aturdida por el fuerte viento, la niña se salió del senderillo del bosque y fue a caer en una trampa dispuesta por los cazadores.

Había empezado a gritar, pero nadie parecía escucharla. Nadie... ¡excepto el lobo!

El astuto animal, asomándose por encima del pozo cubierto de ramajes, le decía con su voz meliflua:

—Caperucita, hermosa niña, aférrate a mi patita y te sacaré de ahí...

La niña, a pesar de su terror, se negaba a hacerlo, porque suponía lo que ocurriría después.

Con las primeras luces del día siguiente, el padre de Caperucita recorría el bosque llamando a su hija con angustia. El lobo, muerto de miedo, emprendió la fuga, pero no sin recibir unos cuantos garrotazos en el lomo, que le tuvieron dolorido durante todo el invierno.

Día 25

# LA LECCIÓN DE LA RANA

UN RADIANTE DÍA de comienzos del verano, tres muchachos traviesos, en lugar de acudir a la escuela, se fueron hasta un pantano.

—¡Mirad cuántas ranas! —exclamó uno de ellos.

—Vamos a tirarles piedras —propuso otro.

En cuanto los indefensos batracios asomaban la cabeza, entre risotadas, los chicos trataban de acertarles con enormes pedruscos.

Una de las ranas, acaso la más sesuda de todas, les gritó con vocecilla chillona:

—¡Eh, muchachos, por lo visto no tenéis presente que lo que a vosotros os divierte a nosotras nos causa la muerte! Id a vuestra escuela, que buena falta os hace dejar de ser tan malvados y aprender algo bueno.

Día 26

# LA INJUSTICIA DE ENMA

ÉRASE UNA ALDEANITA llamada Enma, muy hábil con la rueca. El finísimo hilo que tejía solía tenderlo al sol para que se blanqueara.

En la casa de al lado vivía una amiguita suya que a veces le ayudaba a devanar el hilo. Pero un día, Enma observó que la madeja colgada había desaparecido y se dijo:

—Tiene que ser cosa de Julia. Iré a su casa y me oirá.

Le habló con tan malos modos, acusando a su amiga de ladrona, que esta se sintió realmente dolida.

Enma no volvió a dirigir la palabra a su amiga.

Pasaron varias semanas y el anciano sacerdote fue a dar una vuelta por el campanario, donde tenían su nido las cigüeñas. Asombrado, descubrió un hilo finísimo envolviendo el nido y recordó lo que oyera contar de Enma.

Tan pronto supo la joven lo ocurrido, corrió a casa de Julia a pedirle perdón por su injusta sospecha.

Día 27

# LA MANZANA ENCANTADA

**RAÚL ERA UN NIÑO** obstinado dispuesto siempre a satisfacer sus caprichos. En el jardín de la casa vecina, habitada por un hombrecillo estrafalario, se erguía un manzano cuyos frutos eran extraordinarios. Raúl saltó la tapia que separaba las dos huertas y se apoderó de una hermosa manzana.

Antes de que pudiera escapar, el hombrecillo, al que supuso ausente de la casa, surgió ante él, gritando:

—¡Castiga a este ladronzuelo, escobilla!

Una escoba que nadie movía empezó a palos con el muchacho. Este, avergonzado de su mala acción, empezó a suplicar la clemencia de su vecino.

—Está bien, te perdonaré por esta vez, pero recuerda siempre el mandamiento divino que dice: «No hurtarás los bienes ajenos». ¡Ah, llévate la manzana: es mágica!

Raúl le dio las gracias y entró en su casa, mordiendo la manzana. Sucedió que no se terminaba nunca y estaba siempre fresca, de modo que sirvió de recuerdo constante al niño para no volver a cometer otra mala acción.

Día 28

# EL CUIDADO DE LO BELLO

**TENÍA CIERTO HORTELANO** unos crecidos y frondosos olmos en su huerta, en los cuales ponía sus mejores cuidados.

—¡Ah, qué hermosos son! —se decía entusiasmado—. ¡Cómo adornan mi propiedad!

Durante un verano escaso de agua, guió hacia ellos casi todo el riego de sus acequias, dejando tan poco para el cuidado de sus verduras, que cuando fue a replantar su huerta para la subsistencia del año siguiente, halló seco todo el tierno plantío.

—¡Ay de mí! ¿Qué voy a hacer ahora? —se lamentaba.

Como se había quedado sin verduras y los árboles los habían tenido que vender, repetía muchas veces con dolor:

—¡Qué gran equivocación la mía! Por cuidar lo que servía de adorno he descuidado lo que me daba de comer.

# CENICIENTA Y SUS AMIGOS

CENICIENTA ERA FELIZ con su príncipe encantador en el palacio de las cien torrecillas puntiagudas. Sus súbditos la amaban y creyó que su corazón se rompía de alegría el día en que nació su hijito, un hermoso chiquitín.

Pero el rencor anidaba en la madrastra y sus hijas que, envidiosas de la suerte de la bella princesa, fueron una noche a la cunita y se llevaron al niño.

Los soldados de la guardia rebuscaron en el palacio y la ciudad entera, sin resultado. Cenicienta y su príncipe creyeron morir de dolor.

Pero en palacio vivía una familia de ratones, los mismos que ayudaron a la princesa cuando no era más que la Cenicienta. Esta quiso que compartieran su ventura y les proporcionó un refugio con queso abundante y cuentas de colores para que pudieran jugar.

—Nosotros encontraremos al principito —dijo el ratón abuelo—, pues somos capaces de agujerear techos, suelos y paredes y verlo todo sin dejarnos sorprender.

Ocho días después, cuando casi se habían quedado sin dientecillos a fuerza de roer, hallaron al niño en una choza cercana al río y dieron aviso a su querida princesa, que, junto con el príncipe encantador, pudo recoger a su hijito.

Como los ratoncillos vieron a las autoras de la fechoría, aquella noche, cuando las tres mujeres dormían, les arrancaron una puntita de la nariz.

Tanto y tanto rieron los cortesanos al verlas más feas que de ordinario que, avergonzadas, se alejaron de la ciudad. La risa y la alegría volvieron al palacio real.

# KAFKO, EL PEQUEÑO MAGO

EN UN INMENSO BOSQUE de la extensa Rusia habitaba hace muchísimos años un mago largo de ingenio, corto de piernas y escaso de estatura. Se llamaba Kafko.

Los habitantes de la comarca jamás se adentraban por la «taiga», como en Rusia se llama a esta clase de bosques, pues ni una hoja se movía sin el consentimiento del pequeño tirano que reinaba en ella.

—Este Kafko nos ha reducido a la pobreza —se lamentaban los campesinos—, pues los tesoros de la taiga, tan ricos en alerces, abetos, abedules, hayas y álamos, nos están prohibidos...

—Eso sin contar las preciosas pieles que podríamos tener en la taiga —se quejaban los cazadores.

Sin embargo, el maligno rey del bosque, que lo poseía todo, hubiera dado riquezas sin cuento por tener unas piernas como las de los hombres. Las suyas le llevaban muy lentamente de un lugar a otro.

Una noche, rodeado de sus lechuzas, pócimas y hierbas malolientes, gritó de alegría: ¡Acababan de anunciarle la próxima llegada de un personaje de sangre real!

# ... El príncipe Vladimir ...

TODA RUSIA tenía puestos sus ojos en el príncipe Vladimir. Noble y decidido, protector de los débiles, arrogante y valiente, llegó un día con sus caballeros cerca de la taiga. Los campesinos le suplicaron de rodillas:

—Alteza, no entréis en la taiga... Nadie ha salido vivo de ella.

—Amigos míos, tranquilizaos, nada puede pasarme...

Siguieron la marcha y los hombres que iban en la avanzadilla se detuvieron temerosos, asegurando que sus caballos se negaban a seguir.

—Aguardadme aquí y me adelantaré a explorar. Cuidad de los caballos y que un par de soldados me den guardia.

Pero también las monturas de aquel par de hombres se negaban a avanzar, lo mismo que el caballo de Vladimir.

—Bien, seguiremos a pie —decidió este.

Los soldados sintieron de pronto como si tuvieran los pies pegados al terreno. Vladimir, desenvainando la espada, se dispuso a hacer frente al peligro. En un momento, espesos nubarrones ocultaron el cielo, hundiendo la taiga en la oscuridad. La guardia del príncipe no pudo verle, ni siquiera saber que la luz del sol iluminaba a su regio y joven señor.

A la sombra de los vetustos árboles nuestro antiguo conocido, el mago Kafko, aguardaba a Vladimir.

# ... La montura del mago ...

EL PRÍNCIPE Y EL MAGO se encontraron frente a frente.

—¿Conque has desafiado mi poder? —dijo burlonamente el extraño hombrecillo.

—No te temo —repuso Vladimir—. Y para que veas que mi pulso no tiembla, dispararé una flecha al armiño que cruza a lo lejos.

—Está bien, pero si no le aciertas, serás mi esclavo.

El zarevitz aceptó, pues jamás había fallado un disparo. ¡Ay!, en esta ocasión, como desviada por una mano invisible, la flecha se perdió en la espesura y el armiño se guareció en su madriguera.

—Eres mi esclavo —sentenció Kafko con maligna sonrisa.

En el mismo instante, Vladimir se convirtió en un ciervo de ramosas astas. Su capa de estrellas de plata se dividió en dos pequeñas alas; su arco en silla de plata y la lanza en largo látigo que Kafko se apresuró a empuñar.

—A partir de hoy, príncipe, serás mi aérea montura. Juntos recorreremos todas las Rusias y los países más bellos del mundo.

Así diciendo, el mago montó el ciervo, hizo restallar el látigo y el animal, hermoso y grácil, se elevó en los aires con su carga.

# ... La ciudad de los desvalidos ...

KAFKO ESTABA RADIANTE y no cesaba de repetir:

—Conozco el mundo hasta el último de sus rincones. Y hemos visto casi todo..., ciervo mío, ¿no hay un lugar todavía más bello al que puedas llevarme? Quiero ver lo más bello que exista en el mundo.

El ciervo, por fin, afirmó. Voló sobre la inmensa Rusia y fue adentrándose sobre tierras desoladas, renegadas, monótonas. De pronto, empezó a describir círculos para descender y fue a posarse en un valle donde se veían pobres chozas con tejados de paja, aunque rodeadas de flores. Kafko rezongó:

—En este lugar no puede existir nada realmente bello.

Y sin embargo, flores y plantas hacían muy hermosa la pobre aldea. Cierto que se veían por todas partes ancianitos medio ciegos, medio tullidos, que tomaban el sol en hamacas de junco, y sonrosados bebés meciéndose en cunitas de mimbre.

Ya iba Kafko a utilizar el látigo contra el ciervo que así le defraudaba cuando, caminando sobre la hierba con sus blancos pies descalzos, apareció la más bella criatura que el hechicero de la taiga pudo soñar. Llevaba una túnica blanca y un manto salpicado de florecillas azules, campanillas y guirnaldas floridas adornaban sus cabellos. Sonreía a todos, que la aclamaban gritando:

—¡Marenka! ¡Marenka!

—Hoy he conocido lo más bello del mundo —murmuró Kafko.

# ... El rencor del hechicero ...

KAFKO SE ADELANTÓ hacia la hermosa joven y le dijo:

—Mi bella criatura, he querido viajar hasta el lugar de la tierra donde existiera lo más hermoso y he llegado aquí. Tú eres la belleza suprema, aunque tu ciudad, con su ausencia de oro, plata y lujos, me ha decepcionado.

—Mi ciudad es bella, porque las flores la engalanan. Se llama la «Ciudad de los Desvalidos», porque vienen aquí los que no tienen a nadie. Yo les presto mis cuidado y les doy lo que más desean: amor.

Kafko no podía entender su lenguaje, pero dijo:

—Quiero casarme contigo, reina de la Ciudad de los Desvalidos.

Marenka no le escuchaba. Había visto al ciervo y observado la tristeza de su mirada. Sus alas sembradas de estrellas de plata le arrancaron un grito:

—¿Qué clase de animal eres para que seas distinto a los de tu especie?

El ciervo gimió sordamente y Marenka acarició su cabeza con mimo. Luego le llevó con ella hacia el manantial para que pudiera apagar su sed.

La mirada de Kafko estaba llena de rencor.

Día 5

# ... La belleza suprema de la bondad ...

UN ANCIANITO de largas barbas blancas se acercó al mago con paso inseguro y su mano rugosa se posó en su hombro.

—Hermano, he oído que si has llegado aquí ha sido buscando la belleza suprema.

—Sí; y la he hallado.

—Entonces, hermano, tus ojos están más ciegos que los míos, pues la belleza suprema que mora en nuestra ciudad no se marchita con el tiempo. Es ese don del alma conocido por Bondad; es ese amor generoso con el que Marenka cuida de los desvalidos, que para agradecer su amor no tienen otra moneda que amor. Esta es la hermosura suprema.

—No entiendo tu lenguaje, anciano. Además, me cansa.

Kafko se quedó en el valle. Le parecía horrible con el llanto de los niños huérfanos y el triste espectáculo de los ancianos. Pero estaba enamorado de Marenka y en su corazón crecía la cólera porque ella no tenía una risa para él.

—Sigue tu camino, Kafko —le dijo la joven—. Tú no me necesitas.

—Me quedaré hasta que me ames y quieras casarte conmigo.

—Eso no será nunca.

El hechicero veía los cuidados que Marenka dedicaba al ciervo y como le hablaba dulcemente con la mejilla apoyada en su cabeza. Fuera de sí, preguntó:

—¿Es que amas al ciervo?

—Sí —repuso ella dulcemente.

## Día 6

# ... El triunfo del amor

FUERA DE SÍ, el hechicero, mirando a la muchacha con ojos enrojecidos por la cólera, dijo:

—¡Tengo poder sobre todos y también sobre ti! Debes saber que soy el rey mago de la taiga y que ese ciervo es el príncipe de todas las Rusias al que yo tengo encantado. Si te niegas a casarte conmigo, lo destruiré.

—¡No! ¡No! —gritó Marenka, poniendo un beso entre las astas del ciervo.

En el mismo instante, mientras el hechicero recitaba fórmulas mágicas, se levantó un fuerte viento. El ciervo tomó la forma del príncipe Vladimir con su capa de estrellas, su arco y su lanza al cinto. Kafko, cada vez más pequeño y más verde, acabó por convertirse en una hoja seca que el viento transformó en polvo.

Entonces Vladimir pudo explicar a Marenka que su amor había vencido al hechizo del pequeño mago de la taiga. En adelante los bosques ya no estarían sometidos a su voluntad y los campesinos podrían beneficiarse de ellos.

Vladimir se casó con Marenka y llevó a su palacio a todos los habitantes de la Ciudad de los Desvalidos. Durante el reinado de este príncipe valiente y bueno, el país conoció los efectos de la gran bondad de su soberana.

Han pasado muchos años y todavía campesinos, pastores, leñadores y cosacos hablan de Kafko, el pequeño mago que tuvo hechizada a la taiga durante las largas veladas de invierno.

# EL TESORO ESCONDIDO

UN ANCIANO LABRADOR tenía dos hijos. Un día, sintiéndose gravemente enfermo y próximo a morir, los llamó a su cabecera.

—Hijos míos —empezó—, voy a morir y os dejo mi granja por herencia. Os la repartiréis en dos mitades y es mi deseo que la sigáis cultivando, pues en ella encontraréis un gran tesoro a escasa profundidad.

Creyeron los muchachos que se trataba de un tesoro enterrado por su padre y cavaron la tierra palmo a palmo.

Extenuados por la fatiga, no hallaron tesoro alguno, pero la tierra, perfectamente batida y removida, les obsequió con una espléndida cosecha, justa recompensa a su trabajo y esfuerzo.

Los dos hermanos aprovecharon bien la lección paterna.

# HABLAR POR HABLAR

ÉRASE UN MUCHACHO que tenía el vicio de hablar más de la cuenta. Los dientes del muchacho estaban hartos de su lengua.

—¿Qué murmuráis vosotros? —replicó un día la lengua con arrogancia—. Más os valdría callar, cuando no sois más que siervos encargados de masticar.

El muchacho parloteaba sin ton ni son, mientras la lengua vivía feliz. Pero un día, el muchacho le permitió decir una gran mentira. Y los dientes, obedeciendo al corazón, se dispararon todos a la vez, mordiéndola.

La lengua enrojeció de sangre, y el muchacho de vergüenza. Desde aquel día se volvió temerosa y prudente... Antes de hablar, lo pensaba dos veces.

# GRISELDA, LA PASTORCITA

ESTABA UN DÍA GRISELDA en el monte, cuidando el rebaño, cuando escuchó un lamento saliendo de unas zarzas. La pastorcita corrió hacia allí y encontró a su joven y gallardo rey con una gran herida en la pierna:

—¿Qué haces ahí mirándome como una tonta? ¿Es que no se te ocurre nada para aliviar mi dolor?

Griselda se quitó el delantal y vendó con él la pierna del joven soberano. Luego fue en busca de su padre y entre los dos lo llevaron a su cabaña, prodigándole los cuidados que les dictaba su buena voluntad.

—Os arriesgáis demasiado en vuestras cacerías, señor —dijo el campesino—; y no debéis hacerlo, porque sois un buen rey aunque... ¡qué caray!, tratáis tan mal a mi hija que se pasa el día llorando.

—Estoy harto de que todas las jóvenes me persigan para ocupar el trono. Ninguna me quiere por mí, sino porque soy el rey y eso me enoja.

—Griselda no es ambiciosa, señor.

La desconfianza que anidaba en el rey se convirtió en una enfermedad.

Y Griselda, que le amaba sin egoísmo, decidió vivir en una cueva, alimentándose de raíces, segura de que su sacrificio curaría al monarca. Y pasaba su tiempo rogando para que él pudiera amar a una joven y ser feliz.

Supo el rey el tremendo sacrificio de la pastorcilla y se dijo que era ciego y tonto, pues en todo el reino no podría hallar otra muchacha tan buena, abnegada y bella.

Así que envió en su busca, se casaron y no solo fue feliz, sino que, suavizado su carácter por el influjo benéfico de la bondad de la pastorcilla, no hubo mejor rey que él.

Día 10

# EL SABIO Y EL IGNORANTE

EN UNA CIUDAD vivían dos hombres importantes. El uno lo era por su ciencia y su inteligencia; el otro, por su dinero. El rico se pasaba la vida intentando convencer al estudioso de que era más importante que él.

Estalló la guerra y los dos hombres tuvieron que huir.

El rico, que era un ignorante, no hallaba trabajo mientras que el sabio se encontró ocupando un alto puesto en una importante nación.

El antiguo rico, convertido en un mendigo, fue a solicitar la caridad del sabio.

—Aunque tarde, he reconocido que sois más importante que yo. Sin la riqueza no soy nadie y ahora comprendo que la inteligencia y la instrucción son muy superiores al oro. Lástima que sea tarde para aprender.

—Ya habéis aprendido lo principal —contestó el sabio, sonriendo—; y si queréis adquirir una instrucción, os ayudaré. Muy pronto no necesitaréis de mí.

Día 11

# EL VIAJE DE GARBANCITO

CIERTO SASTRE tenía un hijo tan pequeño que no le llegaba a la rodilla. Se llamaba Garbancito. Aunque pequeño, estaba bien provisto de valor. Un día dijo:

—Padre, quiero ver mundo.

—Está bien, pero lleva esta espada para defenderte.

En realidad, la espada era una aguja con puño de lacre.

Andando, andando, el muchacho fue a topar con unos ladrones. Al ver a Garbancito, pensaron que podría serles de ayuda, ya que por su tamaño pasaría desapercibido.

—¡Hola, gigante! —le dijeron—. ¿Quieres apoderarte del tesoro real? Tú podrás introducirte a través de las ventanas enrejadas.

Garbancito aceptó. Llegaron al palacio real y se deslizó por un agujero de ventilación. Subió sin esfuerzo a la cámara del tesoro y a través de las rejas de la ventana fue echando a los ladrones moneda tras moneda. En esto el sastrecillo escuchó pasos y se escondió.

Era el rey, que tras contar sus monedas, exclamó:

—¡Tate! Aquí falta dinero. Tendré que amonestar a los guardianes para que vigilen mejor.

Y se fue apoyado en su bastón.

# ... Garbancito en la carroza real

VALIENTE Y BURLÓN, Garbancito volvió a la tarea de arrojar monedas a sus compinches. Oyeron los guardias el sonido y regresaron corriendo. El muchacho, escondiéndose en un lado y otro, gritaba:

—¡Aquí estoy!

—¡Oh, criatura invisible, vas a perdernos! Somos honrados padres de familia y el rey nos castigará duramente si no recobramos su dinero.

Garbancito, que en el fondo era un sentimental, comprendió que estaba ayudando a un par de pícaros y dijo:

—Id a decir a Su Majestad que si me promete un premio y una carroza para volver a mi casa, le entregaré a los ladrones.

El rey accedió y Garbancito ordenó a los guardias que fueran a apostarse al pie de la ventana y descubrirían a los ladrones.

En efecto, los guardias apresaron a los pícaros. Maravillado el rey del pequeñajo que tal conmoción había sembrado en palacio, comprendió el motivo de la petición de la carroza, cuyo objeto era transportar el dinero del premio. Pero cumplió su palabra y Garbancito dejó absortos no solo a sus padres, sino a la vecindad entera.

Día 13

# LA VERDADERA GRATITUD

**UNA TARDE DE OTOÑO** Irma encontró sobre la mesa del comedor una cesta con magníficas naranjas.

—¿Quién nos ha regalado estas naranjas, mamá? —preguntó la niña.

—Lo ignoro, hija mía. La ventana se abrió de golpe y al acudir encontré el cestillo de las naranjas.

—¡Ya sé! —exclamó Irma—. Las ha traído el Hada del Bosque. Iré a darle las gracias. Además, también me gustaría regalarle algo que le hiciera ilusión.

—Veo que no eres ingrata, hija mía. Pero recuerda que también Dios nos hace constantemente obsequios: el color y el perfume de las flores, el aire que respiramos y hasta la propia capacidad para disfrutar de las cosas. Ve al bosque a ver a tu hada, pero dedica también una oración al Señor, porque es especialmente a Él al que debes gratitud.

Día 14

# LA PLANTA Y EL PALO

**HABÍA UNA PLANTA** que crecía orgullosa levantando al cielo su penacho de tiernas hojas. Le molestaba mucho la presencia junto a ella de un palo derecho, seco y viejo.

—Palo, te tengo demasiado cerca. ¿No podrías irte un poco más allá?

El palo, haciéndose el sordo, no respondió.

Entonces la planta se dirigió al seto de zarzas que la rodeaba...

—Seto, ¿no podrías marcharte? Me molestas.

El seto, haciéndose el sordo, no respondió.

—Bella planta —le dijo entonces un lagarto, levantando la cabeza y mirándola de abajo arriba—, ¿es que no ves que el palo te hace estar derecha? ¿Y no comprendes que el seto te defiende de las malas compañías? Deja a un lado tu necio orgullo y agradece el favor.

# EL REGALO DE CAPERUCITA

**CAPERUCITA ROJA** era muy feliz aquel verano, pues al visitar diariamente a su abuelita en la cabaña del bosque la encontraba animada y con las mejillas sonrosadas.

—¿Por qué ahora estás tan alegre, abuelita? —preguntó la niña.

—¡Ay, hija mía! Es que los días tibios me producen mucho bienestar. Pues tengo tantos años, que le temo al frío del invierno.

Caperucita Roja estaba muy preocupada. Había observado que su abuelita, quizá porque era muy pobre, no tenía buenas ropas de abrigo.

—Si pudiera comprarle un buen chal, unos guantes calientes y unos buenos botines... —se decía.

Y de pronto se volvió muy misteriosa. No tenía que ir a la escuela, puesto que era la época de vacaciones, pero desaparecía durante horas y horas. Mas ella era feliz con su secreto... Se ocupaba en cuidar a los niños pequeños del juez a cambio de unas monedas. Y como el juez vivía en una gran casa alejada de la aldea, nadie supo de su sacrificio. Con los primeros fríos, temblando de emoción, fue a llevar a su abuelita el chal, los guantes y los botines.

—¡Qué maravilla! —exclamó la anciana—. No los he tenido mejores en mi vida. Pero lo que realmente calienta el corazón, Caperucita, es la prueba de amor que acabas de darme con tu sacrificio.

Día 16

# RENCOR Y PERDÓN

UN JORNALERO que trabajaba para un rico hacendado sufrió la reprimenda de su amo y no solo de palabra, sino que hasta le arrojó una piedra.

El jornalero se fue a su casa llevando consigo el pedrusco y pensando que quizá algún día pudiera devolvérselo.

Con el paso del tiempo, el hacendado fue perdiendo su fortuna, hasta quedarse en la miseria.

Un día, hambriento y cubierto de andrajos, cruzó ante la humilde casita del jornalero. Este, al ver a su antiguo amo, pensó arrojarle la piedra. Mas al instante, avergonzado, le dijo:

—Buen hombre, ¿no me recuerda? Soy aquel jornalero al que usted despidió con una pedrada.

—Es cierto, ¡pobre de mí! ¡Cuánto me ha castigado el destino desde entonces y qué caro he pagado mi orgullo! Gracias por tu perdón, amigo. Solo te pido que ruegues por mí.

El jornalero se sintió más feliz con su gesto compasivo que si se hubiera procurado el placer de la venganza. Incluso fue a llamar a su antiguo amo, para compartir con él su comida de aquel día.

Día 17

# EL ASNO Y EL HIELO

ERA INVIERNO, hacía mucho frío y todos los caminos se hallaban helados. El asnito, que estaba cansado, no se encontraba con ánimos para caminar hasta el establo.

—¡Ea, aquí me quedo! —se dijo, dejándose caer al suelo. Un aterido y hambriento gorrioncillo fue a posarse cerca de su oreja y le dijo:

—Asno, buen amigo, ten cuidado; no estás en el camino, sino en un lago helado.

—¡Déjame, tengo sueño...!

Y, con un largo bostezo, se quedó dormido.

Poco a poco, el calor de su cuerpo comenzó a fundir el hielo hasta que, de pronto, se rompió con un gran chasquido.

El asno despertó al caer al agua y empezó a pedir socorro, pero nadie pudo ayudarle, aunque el gorrión bien lo hubiera querido.

La historia del asnito ahogado debería hacer reflexionar a muchos holgazanes, porque la pereza suele traer malas consecuencias.

Día 18

# GULLIVER Y LOS HOMBRES RAROS

GULLIVER, EL INCANSABLE VIAJERO, yendo con su pequeño barco de isla en isla a través de un mar desconocido, fue a poner su pie en una que le produjo gran asombro por el hecho de que los animales y las plantas tenían formas redondas. Pero lo realmente curioso era que estaba habitado por hombres con forma de esfera. La cabeza sobresalía apenas sobre un cuerpo en forma de bola. Por cierto que todos iban llenos de esparadrapos y magulladuras.

Gulliver observó que guardaban mal el equilibrio y rodaban en cuanto pretendían moverse. Como era un hábil cirujano, empezó a curar con éxito las heridas de aquellas gentes. Y esto fue su perdición, ya que, siéndoles tan necesario, no le permitieron marchar.

—Observo que me retenéis prisionero y exijo mi libertad —dijo el viajero al Rey de los Hombres Redondos.

—Amigo mío, bien que lo lamento. Si no os necesitáramos tanto...

Gulliver decidió que la única solución para marcharse era devolver el equilibrio a aquellos personajillos: tendría que utilizar sus conocimientos de medicina en hacerles adelgazar.

Había observado que el país estaba sembrado de grutas en cuyo interior corrían aguas termales que las llenaban de vapor. Usando de toda su autoridad, sometió a la totalidad del pueblo a baños de vapor. Además, cambió totalmente su régimen alimenticio. Hizo que ingirieran algunas verduras que hasta entonces habían despreciado y, en el término de unas semanas, todos habían ganado en esbeltez y las caídas se hicieron menos frecuentes.

Por fin, Gulliver pudo regresar a su patria, diciendo adiós a un pueblo de hombres felices que le despidieron con agradecimiento.

Día 19

# EL LOBO

CAUTO, SILENCIOSO, el lobo salió una noche del bosque atraído por el olor del rebaño. Con paso lento se acercó al redil lleno de ovejas, poniendo atención en donde ponía la pata para no despertar con el más leve ruido al dormido perro.

Sin embargo, la puso sobre una tabla y la tabla se movió.

Para castigarse por aquel error, el lobo levantó la pata con que había tropezado y se la mordió hasta hacerse sangre.

¿Verdad, amiguitos, que este lobo fue el mejor juez de sí mismo?

Día 20

# EL ÁGUILA DE ORO

EN EL PALACIO REAL de un lejano país, existía un estanque con pececillos de oro que eran el orgullo del rey. Y de pronto, empezaron a faltar pececillos.

—He visto al águila real llevarse uno todos los días —le dijo el jardinero.

—Envía a tus hijos en busca del águila y me la traes —ordenó el monarca.

El mayor de los tres hijos del jardinero fue a cumplir el encargo y halló a una ardilla que le dijo:

—En el camino verás dos casitas, una blanca y otra negra. Vete a dormir a la negra.

Pero el muchacho entró en la blanca, donde la gente bailaba y se divertía, y se olvidó del encargo.

En vista de que no regresaba, el padre envió al segundo de sus hijos, que siguió los pasos del mayor. Se puso en camino el tercero y tropezó con la ardilla, que dijo:

—Sígueme hasta el águila.

Obedeció el muchacho y llegaron a un palacio donde, en un globo de cristal, se hallaba encerrada el águila de oro.

—No hagas ruido o se despertará —advirtió la ardilla al menor de los hijos del jardinero.

Pero como el muchacho estaba muy nervioso, el águila empezó a chillar y el señor y

dueño del palacio, alertado, apareció ante el joven y le dijo:

—Si no me traes el toro de oro que corre como el viento, perderás la vida.

La ardilla siguió al muchacho y le indicó que al ver al toro debía soltar sus amarras. Así lo hizo el joven y, con gran valor, condujo a la fiera a presencia del dueño del palacio, que le entregó a cambio el águila de oro. Se dirigió con ella al palacio real y, cuando el soberano iba a apoderarse del águila, por consejo de la ardilla, el joven dijo:

—Solo te entregaré el águila si a cambio me das en matrimonio a tu hija menor.

Como el monarca se había encaprichado con el águila, accedió y el inteligente muchacho tuvo una princesa por esposa y supo hacerla muy feliz.

**Día 21**

# LA CALANDRIA

HACE MÁS DE CIEN AÑOS, un viejo ermitaño vivía en el bosque con la sola compañía de una calandria.

Una tarde, dos escuderos del señor del cercano castillo le invitaron a ir con ellos, porque su amo estaba enfermo.

El viejo, seguido por la calandria, fue con los escuderos y entró en el dormitorio del castellano. Cuatro doctores, moviendo la cabeza, hablaban entre sí.

—No hay nada que hacer: se está muriendo.

El viejo ermitaño observó a la calandria que había ido a posarse sobre el alféizar de la ventana y miraba desde allí al enfermo.

—Curará —anunció el ermitaño.

—¿Cómo puede este ignorante afirmar tal cosa? —exclamaron a un tiempo los doctores.

El moribundo abrió los ojos, vio a la calandria y trató de sonreír. Poco a poco, sus mejillas se colorearon y ante el estupor de los presentes, murmuró:

—Me siento mejor.

Al poco tiempo, el señor del castillo, ya restablecido, fue a dar las gracias al viejo ermitaño.

—No me lo agradezcáis, porque ha sido el pájaro quien os ha curado. La calandria es muy sensible: si cuando se encuentra ante un enfermo no lo mira, no hay esperanza. Pero a vos os miró. Con su mirada os ayudó a sanar.

Día 22

# LOS DOS GATITOS Y EL OSO

**M**ICIFUZ Y ZAPIRÓN, dos gatitos jóvenes, eran grandes amigos. Al llegar las vacaciones, decidieron salir al monte con sus mochilas.

Una tarde, mientras recorrían un bosque, un oso amenazador surgió ante ellos. Zapirón pudo trepar a la rama más alta de un árbol y Micifuz, que estaba más lejos, pensó que quizá haciéndose el muerto podría salvarse.

Llegó el oso, le olisqueó y al fin exclamó para sí:

—¡Este gato parece un cadáver viejo! ¡Qué asco!

Y se alejó a buen paso. Entonces Zapirón bajó de su rama y se acercó a su compañero:

—No sabes cuánto celebro que sigas vivo. Por cierto, me pareció que el oso te decía algo en secreto… ¿No podría saberlo?

Micifuz, que estaba dolido por el abandono de su compañero, repuso:

—Pues sí, me dio un gran consejo que procuraré seguir en adelante. Escucha, porque te interesa. Me dijo: «No te fíes del mal amigo que te deja solo en el peligro».

Día 23

# EL RICO Y EL POBRE

**E**N UN PAÍS DEL NORTE vivía un hombre muy rico. Durante uno de sus viajes, perdió una bolsita en la que llevaba una fuerte suma de dinero. Pero como no podía detenerse, tuvo que proseguir el camino. He aquí que un hombre muy pobre, que vivía en una chocita a orillas del camino, encontró la bolsa y empezó las indagaciones para hallar a su propietario. Después de bastante tiempo sin que nadie llegase a reclamar el dinero, pensó que podía quedárselo sin reproches de conciencia. Como, además de honrado, era muy trabajador, compró una finca, cediendo su antigua chocita a un viejo amigo.

Al cabo de algunos años, el hombre rico pasó de nuevo por el mismo lugar donde años antes perdiera el dinero y solicitó la hospitalidad del hombre que había sido pobre. Ambos charlaron amigablemente y, al día siguiente, el dueño de la finca le mostró su propiedad, que iba viento en popa. También le hizo saber que la había comprado con un dinero hallado que nadie fue a reclamar.

—Amigo mío, yo perdí ese dinero —le explicó el rico.

—Entonces, vuestra es la finca con cuanto contiene.

—¡De ningún modo! Sois un hombre trabajador y honrado que habéis sabido sacar provecho del hallazgo y de ello soy el primero en alegrarme.

Todavía pasó unos días en la finca de su nuevo amigo antes de regresar satisfecho a su casa.

—Aquel dinero perdido tuvo un magnífico fin —se decía.

Día 24

# EL INVIERNO Y LA PRIMAVERA

UN DÍA EL INVIERNO empezó a dirigirle reproches a la Primavera porque, tan pronto ella aparecía, nada seguía igual. Unos marchaban a los prados a cortar flores; otros viajaban y surcaban los mares para visitar nuevas tierras o a sus amigos. Nadie se cuidaba ya de los vientos y las tempestades.

—Yo —dijo el Invierno— soy el rey del mundo. Prohíbo levantar los ojos al cielo y ordeno dirigir la mirada a la tierra; hago temer a los hombres y los obligo, muchas veces, a quedarse en casa todo el día.

—Con razón —repuso la Primavera— los hombres se alegran cuando te vas. Por lo que a mí respecta, hasta mi nombre les parece bello. Y cuando parto guardan mi recuerdo, recibiéndome con gran alegría a mi retorno.

Día 25

# EL GRANJERO BONDADOSO

**UN ANCIANO REY** tuvo que huir de su país asolado por la guerra. Sin escolta alguna, cansado y hambriento, llegó a una granja solitaria, en medio del país enemigo, donde solicitó asilo. A pesar de su aspecto andrajoso y sucio, el granjero se lo concedió de la mejor gana. No contento con ofrecer una opípara cena al caminante, le proporcionó un baño y ropa limpia, además de una confortable habitación para pasar la noche.

Y sucedió que, en medio de la oscuridad, el granjero escuchó una plegaria musitada en la habitación del desconocido y pudo distinguir sus palabras:

—Gracias, Señor, porque has dado a este pobre rey destronado el consuelo de hallar refugio. Te ruego ampares a este caritativo granjero y haz que no sea perseguido por haberme ayudado.

El generoso granjero preparó un espléndido desayuno para su huésped y, cuando este se marchaba, hasta le entregó una bolsa con monedas de oro para sus gastos.

Profundamente emocionado por tanta generosidad, el anciano monarca se prometió recompensar al hombre si algún día recobraba el trono. Algunos meses después estaba de nuevo en su palacio y entonces hizo llamar al caritativo labriego, al que concedió un título de nobleza y colmó de honores. Además, confiando en la nobleza de sus sentimientos, le consultó en todos los asuntos delicados del reino.

Día 26

# EL GENIO DE LA BOTELLA

**UN POBRE PESCADOR** se pasaba el día en el mar para tener dinero con el que poder pagar un colegio a su hijo. Pero antes de que la educación del muchacho terminara cayó enfermo y el joven regresó a su casa y sustituyó a su padre con la red.

Un día, estando junto a la orilla, descubrió una botella flotando en el agua y la recogió. Dentro había un diminuto hombrecillo y el muchacho lo liberó de su prisión.

—Soy el genio de la botella —le explicó—, me encontraba prisionero en ella y a ti te debo la libertad. Acepta esta perla negra por el servicio que me has hecho y cuando desees algo, mírala con afecto y te lo concederá.

El chico, muy contento, regresó a casa y le contó al anciano pescador lo ocurrido. Después, para comprobar si en efecto la perla tenía algún poder, deseó que en la mesa apareciera un buen asado, y el asado fue una realidad rodeado de postres, vino y pan.

Los dos hombres eran felices, sin carecer de nada. Cuando un día el muchacho se hirió en una mano, bastó aplicar la perla negra y la herida curó.

—Padre, he pensado que mucha gente podría beneficiarse del poder de la perla. ¿Y si abriéramos una clínica para los pobres?

El bondadoso pescador aceptó el proyecto con alegría. No solo las gentes de la ciudad acudían a la clínica para sanar de sus males, sino que la fama trascendió y llegaron enfermos de otros países.

Haciendo el bien, padre e hijo encontraron la verdadera felicidad.

## Día 27

# EL LOBO Y EL MURCIÉLAGO

UN MURCIÉLAGO que revoloteaba de rama en rama fue a caer sobre un lobo dormido. Despertó el lobo y quiso devorarlo. El pobre murciélago suplicó su libertad.

—Está bien, te perdonaré la vida a condición de que me digas cuál es la razón de que los murciélagos seáis tan alegres.

—Te lo explicaré con mucho gusto desde mi nido.

A salvo ya de su enemigo, el murciélago dijo:

—Tú estás triste porque eres malo y la crueldad seca tu corazón; si a nosotros nos ves alegres, es porque somos buenos y nunca hacemos daño al prójimo.

Día 28

# EL PROTECTOR DE LOS PAJARITOS

ÉRASE UN GATO BLANCO al que sus amos dejaron abandonado en el campo. Un día, mientras recorría los alrededores en busca de alimento, oyó piar tristemente. Eran pajaritos, que se habían caído con su nido y estaban maltrechos al pie del árbol.

El gato blanco, apiadado, los devolvió al nido y con él entre los dientes trepó al árbol para dejarlo sobre una rama.

Cuando llegaron los gorriones padres, no sabían cómo agradecer la gentileza del gato.

Cierto día, un oso grandón empezó a dar golpes en el suelo y a tirar piedras a los árboles. A los gorrioncitos les asustaba mucho. El gato, deseando hacerse su amigo, le dijo:

—Hola, amigo.

—¿Yo, tu amigo? ¡Jamás de los jamases!

Y le lanzó un manotazo. El pobre gatito se quedó muy maltrecho. Suerte que los gorriones padres le pusieron unos emplastos de hierbas para que sanase y los gorriones chiquitos, que habían crecido, flores para que las oliese.

—Tenemos que castigar a ese malvado —dijeron los pájaros.

—Dejadle —dijo el gato blanco—. No hay mejor desprecio que no hacer aprecio.

## Día 29

# ... El oso y sus nuevos amigos

NUESTRO OSO, que tenía ganas de fastidiar, no cesaba de molestar a los gorrioncitos, que acabaron por hartarse. Así que decidieron darle una lección y, con sus picotazos desde las orejas a la cola, empezaron a ponerle nervioso, pues alzaban el vuelo cuando el grandón pretendía vengarse. Un día, el oso se dijo:

—Me haré el dormido y, cuando se acerquen, me los zamparé a todos.

Pero no contaba con la astucia de las avecillas. Cuando le vieron dormido, fueron a hablar con sus amigas las abejas, a las que pidieron un panal prestado lleno de abejas y abejorros. Aprovechando que tenía los ojos cerrados, se lo lanzaron a la cabeza. Enloquecido por los picotazos, el oso no tuvo más remedio que correr y meterse de cabeza en el río.

Entonces las abejas dejaron de perseguirle. Cuando pudo salir, ayudado por el gato y los pajarillos, comprendió su mal comportamiento.

—Si quisierais perdonarme, podríamos ser amigos.

—¡Perdonado! —gritaron todos, tan contentos.

Además de no tener que arrepentirse, en adelante pasaron muy buenos ratos todos juntos.

## Día 30

# EL RATONCITO VANIDOSO

HABÍA UNA VEZ un ratoncito que, para estar más guapo, se dejó crecer exageradamente la cola.

—Tenga mucho cuidado, que tarde o temprano su descomunal rabilongo le dará un disgusto colosal —le dijeron los demás ratones.

—Esta cola es signo de mi grandeza —respondía satisfecho el muy necio.

Pero un día, mientras se paseaba cerca de su casa, llegó el gato y tuvo que darse a la fuga, enfilando hacia una puerta entreabierta. El gato pudo aprisionar su cola y, sin mucho miramiento, lo despachó de un bocado.

# DESTRIPATERRONES

ÉRASE UN LABRADOR que tenía tres hijos, gallardos mocetones. Los dos mayores solían burlarse del menor, porque se pasaba el día trabajando en las faenas del campo. Cierto que, gracias a él, la hacienda prosperaba, pero se había ganado el mote de «Destripaterrones».

En secreto, el padre estaba orgulloso de su hijo menor gracias al cual vivían todos.

Un día se supo que la hija del rey había decidido casarse y deseaba que todos los jóvenes del reino pasaran por palacio para ser sometidos a una prueba.

—Soy el más apto para triunfar y obtendré la mano de la princesa —dijo el mayor.

—La obtendré yo —porfió el segundo.

Al día siguiente los tres hermanos se ponían en camino. Los mayores vestían ricos trajes y montaban hermosos caballos. El menor iba sobre su cansada mula, con su traje de labriego.

Una vez en palacio, todos los aspirantes a la mano de la princesa fueron llamados uno a uno al salón del trono.

Cuando el mayor de los hermanos apareció ante la hija del rey, un paje le presentó un cofre de oro bruñido.

—Este es mi regalo de bienvenida, caballero —dijo la princesa—. Abridlo y decidme qué os parece.

Al levantar el joven la tapa, comprobó que estaba lleno de arañas y lo tiró con disgusto. Las arañas se le subieron por las piernas y el joven escapó dando gritos.

Cuando le correspondió el turno al segundo de los hermanos, sucedió lo mismo. Más tarde entró Destripaterrones con su traje de diario. Pero llevaba en la mano un ramillete de flores silvestres, que ofreció a la muchacha con la admiración en el rostro. Era el primero que se anticipaba a su regalo con otro.

Cuando le presentaron el cofre y levantó la tapa, el joven dijo:

—Gracias por vuestro regalo, princesa. Estas arañas serán de gran utilidad, pues se comen a los gusanos que destruyen las cosechas de mi padre.

La princesa le eligió por esposo, porque había demostrado tener tanta bondad como inteligencia.

Nadie volvió a llamarle Destripaterrones. Fue el mejor administrador del reino y se llevó junto a él a su padre y hermanos para que compartieran su dicha.

Día 1

Agosto

# LA OSTRA Y EL CANGREJO

**UNA OSTRA** estaba enamorada de la Luna. Cuando su gran disco de plata aparecía en el cielo, se pasaba horas y horas con las valvas abiertas, mirándola.

Desde su puesto de observación, un cangrejo se dio cuenta de que la ostra se abría completamente en plenilunio y pensó comérsela.

A la noche siguiente, cuando la ostra se abrió de nuevo, el cangrejo le echó dentro una piedrecilla.

La ostra, al instante, intentó cerrarse, pero el guijarro se lo impidió.

El astuto cangrejo salió de su escondite, abrió sus pinzas, se abalanzó sobre la inocente ostra y se la comió.

Así sucede a quien abre la boca para divulgar su secreto: siempre hay un oído que lo apresa.

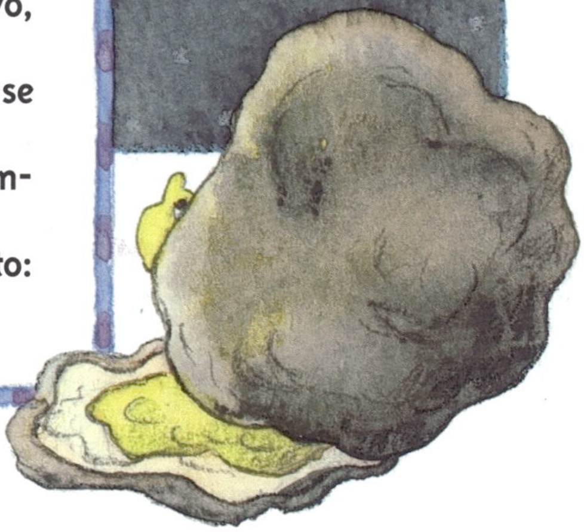

Día 2

# EL LIRIO

**SOBRE LA VERDE ORILLA** del río había crecido un bello lirio. Alta y erguida sobre su tallo, la flor reflejaba sus blancos pétalos en el agua y el agua quiso apoderarse de ella.

Cada onda que pasaba se llevaba consigo la imagen de aquella blanca corola, y transmitía su deseo a las ondas que aún no habían llegado a verla. Y así, todo el río empezó a agitarse, inquieto y veloz. No pudiendo apoderarse del lirio, tan bien plantado y alto sobre su robusto tallo, las olas se lanzaron furiosas contra la orilla, hasta que la riada arrasó toda la ribera, y también el lirio puro y solitario.

Las pasiones desorbitadas son tan difíciles de contener como las olas desatadas.

# LA PROMESA DEL RATÓN

**SUCEDIÓ EN UNA OCASIÓN** que una pandilla de ratones jugaban en un prado y que con su griterío, despertaron al león que cerca de ahí echaba la siesta. La fiera atrapó entre sus zarpas al más osado de la pandilla.

—¡Oh, señor León, perdonadme! Si lo hacéis así, emplearé mi vida en serviros.

Aunque la promesa hizo reír a la fiera, acabó por acceder. Algún tiempo después, el león caía en las redes tendidas por un cazador. Como a pesar de su fuerza no podía librarse, atronó la selva con sus poderosos rugidos.

Le oyó el ratoncito y acudió presuroso, comenzando a roer las redes con sus afilados dientes. De esta manera cumplió su promesa, salvando al rey de la selva.

El león meditó muy seriamente sobre el favor que acababa de recibir y se propuso en lo sucesivo ser más generoso.

Día 4

# EL PASTOR EMBUSTERO

**ÉRASE UN ZAGAL** alegre y bromista, pero también muy embustero y amigo de incomodar. Un día que se aburría en un monte junto a sus corderos, se le ocurrió empezar a gritar:

—¡El lobo! ¡Que viene el lobo! ¡Socorro!

Los campesinos que estaban al pie del monte ocupados en los trabajos de la tierra tiraron sus aperos y treparon al monte. Al verles aparecer sudorosos y congestionados, el pastor se partía de risa.

Los campesinos, malhumorados, volvieron a sus tareas.

Al día siguiente el pastor embustero repitió el grito de alarma y, aunque los campesinos no creyeron del todo el cuento del lobo, en la duda, acudieron. El segundo chasco colmó de enojo a las honradas gentes.

Pero al tercer día llegó de verdad un lobo hambriento y se precipitó sobre el rebaño. El pastor gritó:

—¡El lobo! ¡Ha venido el lobo! ¡Socorro!

Y nadie acudió para ayudar al pastorcillo, que vio cómo la fiera daba muerte a algunas de sus ovejas preferidas.

El castigo del embustero es que nadie le cree cuando dice la verdad.

## Día 5

# LA NIÑA Y EL CERVATILLO

HABÍA UNA VEZ dos hermanitos que vivían maltratados por su madrastra. Los niños decidieron escapar de casa y emprendieron el camino de la ciudad. Pero estaba muy lejos y sentían cansancio y sed. Encontraron un arroyuelo y ya iba el niño a beber, cuando un susurro del río dijo:

—No me bebáis, pues estoy contaminado y causo la muerte.

Siguieron caminando. El niño no podía más y cuando vio un manantial se lanzó hacia él.

—El que beba mis aguas se convertirá en ciervo —dijo una voz.

El niño, sin hacer caso, bebió y se convirtió en ciervo.

Un día unos cazadores le dispararon y, herido, corrió en busca de su hermana.

—Cálmate —le dijo ella—. Con cuidado curaré tu herida.

El príncipe que iba al frente de los cazadores comprendió que estaba ante un encantamiento. Y como sabía varias fórmulas para desencantar, las fue probando, hasta que el ciervo recuperó su forma humana.

Cuando el joven príncipe supo la triste historia, se los llevó a palacio, donde fueron muy felices.

Día 6

# LA ADIVINADORA

HABÍA UNA VEZ una mujer tan pobre que, para no morir de hambre, escondía por la noche los corderos o gallinas de sus vecinos y después, dándoselas de adivinadora, indicaba el lugar donde estaban escondidos, a cambio de dinero.

Nadie en el pueblo sospechó que fuera una falsa adivina. Y menos, las trampas que hacía.

Sucedió que cierto acaudalado señor echó en falta un cofrecito lleno de monedas de oro y alguien le propuso que llamase a la adivinadora. El hombre envió al lacayo y al cochero a buscarla. Naturalmente, la mujer no quería ir. Pero los criados, acostumbrados a cumplir las órdenes de su señor, la metieron en el coche a viva fuerza. Muerta de miedo, la anciana murmuraba:

—Suceda lo que sea... suceda lo que sea...

El lacayo y el cochero, que eran los ladrones, imaginaron que la mujer lo sabía todo y se arrojaron a sus pies suplicándoles que no los delatara.

—Te daremos quinientas monedas por tu silencio.

—De acuerdo, pero me traeréis el dinero esta noche, además de decirme el sitio del escondite del cofre.

Al pasar sobre el estanque, le mostraron el lugar. Como ya sabía lo que deseaba, la mujer se presentó sin temor ante el señor.

Día 7

# ... La casa de la adivinadora

LA MUJER ESCUCHÓ en silencio al hombre que buscaba su cofre y luego le dijo:

—Puedo servirte, pero te costará caro. Tendrás que darme la tercera parte del contenido del cofrecillo, o no te diré dónde está.

Aunque a regañadientes, el hombre accedió.

—Ahora estoy cansada. Mañana recuperarás tu cofre.

Antes de acostarse, la mujer hizo que los criados le entregaran las quinientas monedas. Durmió de un tirón y al día siguiente dijo al caballero:

—Ya podemos ir en busca de tu tesoro.

El señor llamó al lacayo y los tres juntos abandonaron la casa. La falsa adivinadora dijo que el dinero estaba en el fondo del estanque y que necesitarían un gancho para sacarlo. Hurgaron con el gancho en el fondo del estanque y apareció el cofrecillo.

—¿No será esto cosa del lacayo? —preguntó el señor, que sospechaba de sus criados.

—¡Oh, no! —exclamó la mujer—. El ladrón se encuentra ya lejos de aquí; para huir más ligero arrojó al agua el cofrecillo. Ya no volverá, porque sabe que me encuentro aquí.

El señor seguía dudando, pues no podía creer que la mujer lo supiera todo. Para celebrar el hallazgo dispuso un banquete al que invitó a los reyes y grandes señores, además de la adivinadora. Había ordenado a sus criados que a cada invitado le sirvieran un cuervo asado.

Durante la comida, viéndose en la misma mesa que los reyes, la mujer murmuró:

—Cuervo, cuervo..., ¿cómo es posible que ocupes un lugar entre los grandes señores?

Inmediatamente el señor se figuró que había adivinado lo de las aves y ordenó que las retirasen de la mesa.

La mujer había salido bien librada. Tenía dinero y podía vivir sin trabajar. Pero como su fama había crecido tanto, temió que fueran a consultarla como adivina. Entonces se le ocurrió prender fuego a su chocita e hizo correr la voz de que en lo sucesivo no podría adivinar nada, que sus herramientas de trabajo habían resultado destruidas. Y, ya tranquila, se compró una casita y vivió feliz el resto de sus días.

# LA ATOLONDRADA CATALINA

JUNTO A UNA MONTAÑA cubierta de castaños, vivía un matrimonio muy simpático y muy bien avenido. Él se llamaba Federico y ella, Catalina. El hombre era muy bueno y la mujer también, pero algo tonta.

Un día Federico le dijo a su mujercita:

—Tengo que ir a entregar unas cargas de leña en casa del alcalde. A mi regreso me gustaría que me prepares la cena con una jarrita de vino y unas croquetas.

Catalina, que quería mucho a su marido, se entregó a los preparativos. Puso a freír la carne para las croquetas y mientras se hacía, bajó con el jarro a la bodega para llenarlo de vino. El olor a quemado le llegó a la nariz y, recordando la sartén, escapó sin cerrar el grifo del barril.

¡Ay!, la carne se había convertido en carbón. Recordó que había dejado el vino corriendo y regresó a la bodega pero en la cuba ya no quedaba una gota de vino. El suelo parecía un lago de color rojo y, para secarlo, arrojó el colchón, almohadas y sábanas.

El bueno de Federico, cansado pero contento, iba pensando durante el regreso en la buena cena y el vino fresquito que le guardaría su mujer.

# ... La trampa de Catalina

**LA POBRE CATALINA**, muy compungida, salió al encuentro de su marido para contarle lo ocurrido. Entre enfadarse y aguantarse, Federico optó por lo último, pero tuvo que dormir en el pajar sin haber cenado. Al día siguiente, antes de ir a su trabajo, escondió en un tarro de miel las monedas que el alcalde le había pagado por la leña.

Y aquel día Catalina, pensando que en su casa nada había que robar, se marchó dejando la puerta abierta.

Un zorro y su familia, que husmeaban por los alrededores, descubrieron los tarros de miel y se la tragaron juntamente con las monedas.

¡Qué disgusto el de Federico cuando aquella noche, al ir en busca de sus monedas, encontró vacíos los tarros!

—No te disgustes, maridito, que esto lo arreglo yo —clamó Catalina muy segura de sí misma.

A la mañana siguiente, dejando los tarros que fueron de miel llenos de pez y alquitrán, se fue de casa dejando la puerta abierta. Y cuando regresaron al mediodía, escucharon desde lejos los chillidos de los ladrones. Pegados al alquitrán de los tarros estaban el zorro y toda su familia.

Federico pudo recuperar sus monedas y hubo de reconocer que aquella vez Catalina había tenido una buena idea.

# EL OGRO DE MIRAFLOR

EN UN LEJANO REINO llamado Miraflor, vivía hace muchísimos años un ogro que tenía aterrada a la ciudad. Las gentes no se atrevían a cultivar los campos, por temor a ser sorprendidos por el ogro, y el anciano rey estaba al borde de la desesperación, pues todos sus intentos de acabar con tan terrible enemigo habían sido inútiles.

En una humilde cabaña de las afueras de la ciudad vivía un muchacho al que afectaba lo que estaba sucediendo, pues no encontraba trabajo ni en el campo ni en parte alguna. Para no morir de hambre, decidió realizar el único trabajo del que nadie quería encargarse: enfrentarse al ogro. A tal efecto, solicitó audiencia de su soberano.

—¿Sabes lo que dices, hijo mío? —exclamó el bondadoso monarca—. Ese ogro ha terminado con mis más valientes guerreros. Te matará.

—Señor, en mi situación no puedo elegir —respondió el muchacho, llamado Aldebrando.

—No podrás con el ogro —añadió el rey—. Pero si demuestras tu valor trayéndome su colcha de cascabeles, te daré mil monedas de oro.

Aldebrando aceptó la propuesta y aquella noche, en la oscuridad, se acercó a la caverna de su temible enemigo. Había oído decir que un loro goloso le servía de centinela, pero había tomado ciertas precauciones. Una vez en el interior de la cueva, puso en el pico del loro un pastelillo de chocolate y otros a sus pies. Mientras el animal devoraba los dulces, y acompañado por la música de los ronquidos del ogro, fue rellenando con bolitas de algodón cada uno de los cascabeles de la colcha. De pronto, aterrado, descubrió que al loro no le quedaba más que un pastel y no tardaría en ponerse a chillar. Con celeridad loca, tiró de la colcha y escapó a todo correr.

# ... Aldebrando y el loro ...

EL LORITO, nada más salir el muchacho de la cueva, empezó a gritar:

—¡Ogro, corre, que Aldebrando te ha robado tu colcha de cascabeles!

—¡Ah, truhán...! Bueno, mañana lo mataré, que ahora tengo mucho sueño.

Y el empedernido dormilón volvió a roncar. Mientras tanto, el muchacho llegó a palacio y extendió la colcha de cascabeles ante el rey. La princesa real y toda la corte se admiraron de su valor. El rey dijo así:

—Ya eres dueño de las mil monedas de oro. Si te atrevieras a traerme el lorito del ogro, te haría duque.

El pobre muchacho, mirando a la princesa, sintió que le daba un vuelco el corazón, y accedió.

Aquella noche, en la oscuridad, se llegó hasta la cueva del ogro. Desde fuera, con una honda, arrojó un caramelo al lorito, que se apresuró a atraparlo. Y luego otro, pero un poco más cerca de la puerta. Y así sucesivamente, hasta que el animal salió de su refugio. En un santiamén, Aldebrando lo atrapó con una red y, más ligero que el viento, corrió a palacio.

# … El ingenioso Aldebrando

TODOS EN LA CORTE se hicieron lenguas del valor del muchacho. La princesa, entusiasmada, gritó:

—¡Viva el duque Aldebrando!

El rey se rascaba la barbilla. Por último, expuso su pensamiento.

—Señor duque —dijo solemnemente—, habéis demostrado vuestro valor, aunque… no del todo. Decidme, ¿qué querríais a cambio del ogro, muerto o vivo?

La respuesta del joven llegó como un rayo:

—La mano de la princesa, Majestad.

—¿Estáis loco? Vuestra osadía me asombra, duque.

Pero como ya no le quedaba ningún valiente a quien encomendar la misión, aceptó.

Al salir de allí, Aldebrando pasó por la herrería. El herrero, con ojos desorbitados por el asombro, escuchó el encargo del joven duque y prometió tenerlo listo dos días después. El muchacho, satisfecho, se fue a la posada y pasó dos días durmiendo.

Al alba, ayudado por el herrero, cargó en un gran carro el enorme ataúd de hierro recién fabricado. Cerca de la cueva del ogro, empezó a martillear. Entonces, este acudió.

—¿Quién eres y qué haces aquí? ¿Es que no tienes miedo?

—Miedo ya no. Soy un pastor que acaba de matar a Aldebrando y en cuanto le haya enterrado, descansaré.

—¡Ah, ese odioso Aldebrando! ¿Y para qué quieres un ataúd tan enorme?

—Porque él es de tu tamaño, pero no sé si le va a quedar pequeño. Si te está bien a ti, quizá le sirva a él.

El ogro, cegado por el odio, aceptó meterse en la caja. Y como el joven estaba preparado, tiró la enorme tapa y la aseguró con barras de hierro. El ogro gritaba y pateaba, pero en vano.

Avisado un regimiento de la guardia real, los soldados se hicieron cargo del carro con la caja. En el momento de abrirla, tres batallones de soldados con los sables desenvainados estaban a punto, pero no hacían falta tantas precauciones: el ogro se había asfixiado.

Todo Miraflor participó del regocijo y más que nadie la princesa, con la que Aldebrando se casó aquel mismo día guiado no por la ambición, sino por el amor.

# EL VENCEJO HARAGÁN

ÉRASE UNA VENCEJA que con gritos alegres y alborotados chillidos había vuelto a su viejo nido. Después de limpiarlo y arreglarlo, puso sus huevos y los incubó.

Cuando sus hijuelos hubieron nacido, comenzó a volar del nido al cielo y del cielo al nido, porque tenía que alimentar a su numerosa familia.

El vencejo, en cambio, volaba. Había volado durante los trabajos domésticos y también mientras ella empollaba; y volaba aún, todos los días, del alba al crepúsculo, sin darse un instante de reposo.

—¿Por qué estás siempre volando? —le preguntaron un día.

—Porque a mí no me gusta trabajar —respondió el muy simplón, provocando la risa de quienes le escuchaban, pues por molestarse en un trabajo inútil, desperdiciaba tontamente sus fuerzas.

Día 14

# EL CABRITO ASTUTO

IBA UN CABRITO paseando por el campo, cuando el lobo le salió al encuentro.

—¡Ya eres mío! —exclamó la fiera, lanzándose sobre él.

—Señor Lobo —suplicó el cabrito—, ya que la muerte me aguarda y no tengo esperanza de vida, toque la flauta un momento y yo bailaré para distraerle.

Aceptó el lobo, satisfecho de su poder y empezó a tocar la flauta, mientras su víctima bailaba alegremente.

Los perros, oyendo la música, acudieron velozmente.

Entonces el lobo no tuvo más remedio que huir, dejando libre al bailarín. Su astucia le había salvado.

## Día 15

# LA CORONA LUMINOSA

**LOS SIETE ENANITOS** habían trabajado mucho aquel día en su mina de diamantes. Pero estaban contentos, muy contentos. Habían obtenido las piedras más hermosas, tan bellas y limpias que la luz saltaba en destellos.

—Podíamos hacer una corona para nuestra princesa —dijo el enano Sabio.

—Podíamos, podíamos... —dijeron todos.

La fabricaron a escondidas y cuando estuvo lista la pusieron sobre los negros cabellos de Blancanieves.

—¡Oh, qué hermosa está! —exclamaron todos.

Al día siguiente, Blancanieves descubrió a un pobre pastor. Iba mal abrigado y parecía hambriento. Además, no cuidaba más que a una ovejita flaca. La niña se llegó en silencio hasta el lugar donde había dejado sus alforjas y puso allí la rica corona de diamantes.

Aquella noche, confesó a los enanitos lo que había hecho. Al principio ellos lanzaron un «¡oh!» desilusionado.

El enanito Gordinflón propuso:

—¿Por qué no le hacemos otra corona de luciérnagas?

Y cuando estuvo lista y la colocaron sobre sus cabellos, exclamaron a una:

—¡Con esta parece más bella!

## Día 16

# EL PEQUEÑO VIGÍA LOMBARDO

**HACE MÁS DE CIEN AÑOS**, durante la guerra por la liberación de Lombardía, un escuadrón italiano avanzaba por un sendero solitario, cuando fueron a encontrar a un muchacho apuesto, de carácter descarado y vivo.

—¿Qué haces aquí? ¿No has huido con tu familia? —le preguntó el oficial.

—No tengo familia —repuso el chico—. Trabajo para todos.

—¿Has visto a nuestros enemigos?

—No, desde hace tres días.

—Estamos expuestos a vernos cercados —dijo el oficial—. Mira, aquel fresno es muy alto, ¿podrías trepar a él y decirnos lo que ves?

—¡Claro que puedo! Lo haré por Lombardía, que es mi patria.

El muchacho trepó hasta lo alto del fresno. Tenía vista de águila y pudo gritar al oficial:

—Señor, allá lejos, a la derecha, veo brillar algo que pueden ser bayonetas...

En aquel momento sonó un disparo. Iba dirigido a la copa del árbol.

—¡Baja inmediatamente! —le ordenó—. Estás sirviendo de blanco.

—Todavía no —contestó—. Veo una nube de polvo que debe ser la caballería.

El oficial dispuso a sus fuerzas para el combate. El muchacho se empeñaba en hacer de vigía. Sonó otro disparo y se desplomó en tierra. El oficial corrió hacia él.

—¡Le han dado! —exclamó con dolor—. ¡Es un patriota, un valiente!

Una sonrisa apareció en los labios del muchacho antes de morir.

Aquella tarde, terminada la batalla que fue ganada por las tropas de Lombardía, oficiales y soldados desfilaron ante el cadáver del pequeño héroe envuelto en la enseña patria: se cuadraban ante él y le arrojaban una flor...

## Día 17

# EL PAVO REAL

ÉRASE UN CAMPESINO que salió de su granja después de cerrar la puerta del cercado. Esperaba volver pronto, pero pasaban los días sin que le fuera posible regresar.

Los animales del corral tenían hambre y sed: ni siquiera el gallo cantaba ya. Todos permanecían quietos, bajo la sombra de un árbol, para no gastar sus fuerzas. Solamente el pavo real, también aquel día, se levantó vacilante sobre sus patas, comenzando a pasear arriba y abajo, abierto el abanico de su gran cola multicolor.

—Mamá —preguntó una gallinita flaca a la clueca—, ¿por qué el pavo real hace la rueda cada día?

—Porque es vanidoso, hija mía, y ese vicio solo desaparece con la muerte.

# LA BRUJA DE LA COLINA

**EN UNA CASITA** de una colina siempre verde, vivía una bruja con su hija y su hijastra. La primera era fea y envidiosa; la segunda, bonita y buena. Para complacer a su hija, la bruja hacía la vida imposible a la otra muchachita, llamada Evenilda. Esta dijo a su prometido:

—Tengo miedo... Mi madrastra y su hija traman algo contra mí. ¿No podría huir?

El joven, llamado Hugo, se sintió contagiado del temor de la joven, ya que hasta entonces nada había sabido de lo mal que la trataban.

—Sí; yo vendré a buscarte, pero tendrás que robarle a la bruja su varita mágica, si no nos alcanzará y se vengará de los dos.

Aquella noche, la joven robó la varita y huyó con su prometido a través de los campos.

—¡Nos hemos librado de ella! —exclamó Evenilda, después de caminar toda la noche.

# ... El encantamiento de Evenilda

**APENAS DIJO AQUELLO EVENILDA**, sonó una terrible voz a sus espaldas:

—¡No habéis conseguido libraros de mí!

Los jóvenes ignoraban que la bruja poseía unas botas que en cada paso recorrían varios cientos de metros. Viendo la doncella que su madrastra les daba alcance, tocó a Hugo con la varita y lo convirtió en lago. Ella misma se transformó en pato y se alejó nadando. La bruja acabó por marcharse. Creyéndose salvados, los jóvenes recobraron su primitiva forma.

Pero la temible mujer no se daba por vencida y cuando los enamorados la vieron llegar, ella se transformó en flor y él en violinista. La bruja, obligada por la música, bailó y bailó sobre las zarzas hasta caer desfallecida.

—Ya estamos salvados —dijo el joven—. Voy a disponer lo necesario para nuestra boda. Te transformaré en piedra roja, para que nadie te conozca, hasta mi regreso.

Pero Hugo se olvidó de ella y la muchacha, algún tiempo después, se convirtió en flor. Un pastorcillo que pasaba con sus cabras, arrancó la flor y la llevó a su cabaña. Y desde aquel día empezaron a sucederle cosas maravillosas, pues siempre encontraba su casita arreglada y la comida dispuesta.

Un día la flor recobró su verdadera forma de doncella y el pastor, deslumbrado, quiso casarse con Evenilda.

—No puedo casarme contigo porque estoy prometida a Hugo —le respondió ella.

Pero la muchacha supo con dolor que Hugo tenía otra novia e iba a casarse. Con lágrimas en los ojos, ella se escondió entre los campesinos que presenciaban el cortejo nupcial. El viento, juguetón, llevó las lágrimas de Evenilda hasta los labios del galán.

—¿Qué es esto? —se dijo Hugo, volviéndose.

En el mismo momento descubrió a su antigua novia y todo el amor que había sentido por ella renació. Humilde y enamorado, fue a suplicar el perdón de la muchacha.

Y dicen que sus bodas fueron muy alegres y que la novia desdeñada se casó con el pastorcillo y todos fueron felices.

Día 20

# EL LOBO CURANDERO

UN ASNILLO LISTO, al aproximársele de repente un lobo, sin tiempo para escapar, simuló encontrarse cojo.

—¿Qué pasa, borriquillo? —le preguntó el lobo.

—Ya ves, amigo; me he clavado una espina al saltar una cerca y tengo un terrible dolor. ¿No podrías quitarme la espina antes de devorarme?

La fiera accedió, pensando que iba a tener un buen banquete por un mínimo trabajo. Pero al levantar la pata del borrico para examinarla atentamente, recibió tan terrible coz que se quedó sin un solo diente.

El lobo empezó a gimotear:

—Bien merecido lo tengo. Si mi oficio es el de carnicero, ¿cómo se me ocurrió hacer de curandero?

Día 21

# UN BUEN COMPAÑERO

HACE CIENTOS DE AÑOS, un músico que tocaba maravillosamente el violín, iba por un frondoso bosque cuando un oso le salió al encuentro. El animal se expresó así:

—¡Hola, amigo! ¿No podrías llevarme contigo?

—No es mala idea, pero querría saber antes si eres buen bailarín. Baila y juzgaré.

El oso empezó a bailar sobre la cerca que daba a un pozo y, como era muy torpe, cayó a él. El músico, tranquilamente, se alejó, contento de haberse librado del oso.

Más tarde se sentó a descansar a la orilla de un río y al instante un cocodrilo asomó su enorme cabeza.

—¡Hola, amigo! Me gustaría ir contigo por esos mundos, ¿por qué no me llevas?

Para demostrar su valía, se puso a cantar. En aquel momento, el músico arrancó la rama de un árbol y, ¡zas!, la atrancó entre sus enormes mandíbulas, de modo que el cocodrilo se quedó con la boca abierta y sin poder cerrarla. El músico aprovechó para seguir corriendo con su violín bajo el brazo, contento por haberse librado del peligro.

## Día 22

# ... El músico ambulante

**IBA NUESTRO MÚSICO** sin dejar de tocar su violín por el camino, con cierta nostalgia por no haber podido encontrar un buen compañero, cuando vio un águila que le seguía los pasos.

—¡Hola, amigo! —saludó el águila—. ¿Qué te parecería si colaborase contigo?

Al músico no le hacía gracia tal compañía y dijo:

—Tendrás que demostrar que sirves para algo. Toma esta cuerda y da unas vueltas en torno a este tronco de árbol, así podré apreciar tu estilo.

El águila tomó la cuerda, se dejó atar por el cuello y empezó a dar vueltas en torno al tronco, con lo que quedó enredada y sin poder soltarse, cosa que aprovechó el músico para escapar a buen paso.

En esto, al llegar a un pueblo, vio a un hombre con acordeón que le estaba esperando.

—Amigo, ¿crees que podríamos ser compañeros?

Y empezó a tocar una dulce melodía. El músico aceptó encantado y desde entonces fueron los dos juntos, tocando por las ferias de los pueblos. Tan famosos se hicieron que se les contrataba en todas partes, pues sabían el oficio, no como el oso, el cocodrilo y el águila, que pretendían entrar en un negocio del que nada sabían.

# LA ASTUCIA DE LA ZORRA

**LA LIEBRE PREGUNTÓ** en cierta ocasión a la zorra:

—¿Podrías informarme si obtienes de verdad muchas ganancias en tus correrías y por qué razón te llaman astuta?

—Ya que no lo sabes —respondió la zorra—, ven a mi modesta casa y te lo explicaré mientras cenamos.

La ingenua liebre aceptó la invitación, mas en casa de la embustera no había otra comida que la misma liebre.

Entonces esta, resignada a morir, se lamentó:

—Ahora sé, para mi mal, de dónde te viene el nombre; no es de tus ganancias, sino de tus embustes.

Día 24

# LA HUMILDE FLOR

**CUANDO DIOS CREÓ EL MUNDO,** dio nombre y color a todas las flores. Entonces una florecita le suplicó repetidamente con voz temblorosa:

—¡No me olvides! ¡No me olvides!

Como su voz era tan fina, Dios no la oía. Por fin, cuando el Creador hubo terminado su tarea, pudo escuchar aquella vocecilla y se volvió hacia la planta. Mas todos los nombres estaban ya dados. La plantita no cesaba de llorar.

—No tengo nombre para ti, pero te llamarás «Nomeolvides». Y por colores te daré el azul del cielo y el rojo de la sangre. Consolarás a los vivos y acompañarás a los muertos —le dijo el Señor.

Así nació el «nomeolvides» o miosota, pequeña florecilla de color azul y rojo.

# EL PRÍNCIPE DISFRAZADO

EN UN PAÍS LEJANO vivía hace muchísimos años un príncipe inteligente y apuesto, pero de escasa fortuna. Un día llegó a sus manos el retrato de la hija del emperador y, prendado de ella, le envió dos cajitas como regalo. En una iba una bella rosa; en la otra, un ruiseñor.

—¡Vaya regalo más pobretón! —se quejó la princesa—. ¡No recibiré a ese príncipe!

Así rechazado, el joven se vistió de harapos y fue a suplicar un humilde empleo en palacio. Le aceptaron y enviaron a cuidar cerdos, cosa que procuraba hacer lo mejor posible. Pero por la noche se dedicaba a fabricar una olla maravillosa que al hervir hacía sonar unas diminutas campanillas colocadas a su alrededor. La música que entonaban era deliciosa, suave y romántica.

Como un día la princesa oyera aquella melodía, quiso poseer la olla. El joven contestó:

—De acuerdo, pero tengo que besar vuestra mano.

Aceptó ella y, pocos días después, el porquerizo tenía listo otro instrumento que tocaba los valses más románticos.

Y también se le antojó a la princesa.

—Os lo daré si puedo besar cien veces vuestra mano.

La joven extendió la mano y en aquel momento el emperador, que pasaba por allí, montó en cólera.

—¡Fuera ahora mismo de palacio! —dijo al muchacho.

Un día que la joven lloraba en sus aposentos pensando en el porquerizo, reconoció la música de su mágico instrumento y se asomó al balcón. El joven llevaba sus ropas de príncipe y le reconoció al instante. La princesa se enamoró de él y le invitó a la fiesta que aquella noche daba el emperador en su honor. Poco después se celebraba la boda y durante muchos años fueron felices...

# EL ASNO Y EL CABALLO

ERA EL DÍA DE LA FIESTA de San Antón. Un pobre asno llamado Pinto trataba de hacerse sitio entre los hermosos caballos que iban a recibir la bendición del santo.

—Quita de ahí —le dijo el más hermoso de todos—. Nos rebajas con tu presencia.

Empujado sin consideraciones, el asnito casi no pudo ver al santo.

Una mañana en que se dirigía al molino cargado con sacos de trigo, fue a cruzarse con un grupo de cazadores a caballo. El brioso corcel de la feria de San Antón, al conocer al asno, se burló de él y de su carga.

Poco después, estando en el establo, oyó que el perro le decía a un amigo suyo:

—¿Te has enterado de lo ocurrido en el bosque? Figúrate que un grupo de cazadores iba en persecución de un lobo, ignorando que por allí andaba toda una manada. Los lobos se echaron encima de los cazadores, caballos y perros, y creo que un corcel soberbio está malherido.

El asno corrió al bosque y pronto divisó, sangrante y medio muerto, a su antiguo conocido del día de San Antón. Los cazadores decían:

—No podemos hacer nada por él. Marchémonos de aquí. Entonces el asno se acercó al caballo herido, lo cargó con cuidado en su lomo y pudo llevarlo hasta el establo de su amo. Una vez allí le curó las heridas, le llevó pienso y agua fresca, y fue su enfermero hasta que el caballo, joven y magnífico, sanó de sus heridas. Cierto es que ya no volvió a ser tan hermoso, pero durante el resto de sus días se quedó junto al asno y pudo prestar buenos servicios al amo de este.

Al año siguiente, el día de la feria de San Antón, fueron juntos a recibir la bendición del santo.

Día 27

# ENGAÑO CON CASTIGO

EN UNA CIUDAD DE PERSIA vivía hace muchos años un comerciante muy rico llamado Sinda. Como era habitual en él, dispuso sus camellos cargados de mercancías y se dirigió a otra ciudad para proceder a su venta.

Y sucedió que dos hombres malvados, fingiéndose mercaderes, le siguieron y solicitaron de él que les permitiera acompañarle, para seguridad de todos.

Tenían el proyecto de robar al mercader honrado y huir rápidamente después. Pero al mismo tiempo, cada uno de los ladrones pensaba: «Cuando hayamos desplumado al mercader, me apoderaré de los bienes de mi compañero y me haré el dueño de todo».

Pero a su vez, cada uno comprendió las intenciones del otro. Ambos envenenaron la comida del compañero. Y los dos se sintieron tan enfermos que tuvieron que quedarse en el camino. El honrado comerciante, al verles en tales condiciones, comprendió lo ocurrido y su verdadera catadura.

—Estos han sido víctimas de sus propias maldades, y yo he tenido suerte —se dijo—. Me alejaré antes de que recobren la salud. ¡Bien se lo merecían!

## Día 28

# EL ENTENDIMIENTO Y LA TEMPLANZA

ÉRANSE UN SABIO Y UN REY que vivían en la mejor armonía, siempre de acuerdo.

—Señor —dijo un día el sabio—, va a empezar a llover y a cuantos toque el agua de lluvia se volverán locos.

—Siendo así, vayamos a un sitio donde el agua de la lluvia no pueda mojarnos —decidió el soberano.

Tanto llovió, que todos en la ciudad se mojaron y empezaron a hacer locuras. Pero como el rey y el sabio se mantenían apartados y cuerdos, los demás decían:

—¡Qué par de raros! ¡Sin duda están locos!

Entonces dijo el Entendimiento:

—El rey y el sabio debían disimular y tratar de ser como todos los demás.

A ello respondió la Templanza:

—Tú lo has dicho. No está bien demostrar superioridad ante quien está peor dotado. La generosidad debe ir antes, incluso, que la cordura.

Día 29

# EL PEZ HABLADOR

**ÉRASE UN HONRADO PESCADOR** que vivía en una vieja casa por cuyas grietas se colaba el agua y el viento. Además de tanta pobreza, tenía que soportar a una mujer gruñona, egoísta y ambiciosa.

Una mañana, al sacar sus redes del mar, encontró un pez plateado con aletas doradas. Asombrado, el pescador le oyó decir:

—Por favor, devuélveme al mar; soy un príncipe encantado y solo recobraré mi estado normal cuando alguien me pida un don que no le pueda otorgar.

El buen pescador hizo lo que se le decía. Una vez en casa, le contó a su mujer lo sucedido.

—¡Cuidado que eres tonto! Vuelve ahora mismo al acantilado y pídele a ese pez encantado la casita blanca con jardín que tanto deseo.

Lo hizo así el pescador y a su llamada, acudió el pez. Entonces le pidió su deseo.

—Vuelve a casa y hallarás cumplido tu deseo.

Allí encontró una bella casita blanca con su jardín.

—Ahora mi mujer me dejará en paz y podré ser feliz —se dijo satisfecho.

Día 30

# ... Los deseos de la mujer del pescador ...

**LA AMBICIOSA MUJER** del pescador empezó a arrepentirse de haber pedido aquella linda casita blanca, cuando pudo haber solicitado un palacio. Así que dijo a su marido:

—Anda, ve al acantilado, llama al pez y dile que quiero una casa de dos pisos, grande y bien amueblada.

A regañadientes y para no pelear con su mujer, el pescador fue a la orilla del mar y llamó al pez plateado. Rojo de vergüenza, expuso los deseos de su esposa.

—Regresa a tu casa y encontrarás lo que pides.

Naturalmente, la casita blanca se había convertido en un magnífico edificio de dos pisos.

—Cuidado que soy tonta —dijo la mujer, pasada la primera explosión de alegría—. Anda, ve al mar, llama al pez y pídele un palacio suntuoso con criados y todo.

El buen pescador intentó hacerla desistir de la pretensión, pero tuvo que ceder e ir a llamar al pez.

—No sabes cómo lo siento, príncipe pez, pero resulta que lo que mi mujer desea es un palacio con criados.

—Vuelve a casa y lo hallarás.

El edificio de dos pisos se había transformado en un palacio de ensueño. Criados con librea se inclinaban al paso del pescador y de su mujer, que al fin era feliz.

Día 31

# ... El deseo imposible

LA FELICIDAD DE AQUELLA INSENSATA no duró mucho. Empezó de nuevo a rezongar y dijo a su marido:

—Bien pensado, no es esto lo que yo deseaba. Cierto que mando en mi palacio y recibo venias y saludos de los criados, pero deseo recibir pleitesía de la ciudad entera. Ve a la orilla del mar y di a ese pez encantado que quiero que me haga reina y a ti, rey.

El pescador intentó disuadirla de tan loco empeño, pero con tal harpía tenía perdida la discusión y hubo de obedecer. Una vez en el acantilado, llamó al pez:

—Príncipe pez, ven, por favor. Mi mujer me ha ordenado pedirte algo más.

Se levantaron gigantescas olas y entre la espuma de la más alta apareció la cabeza del pez plateado.

—¿Otra vez aquí, pescador? ¿Es que no te he dado bastante?

El hombre, apurado, le habló de las exigencias de su esposa. Se oyó rugir un trueno y el pez, de un formidable coletazo, saltó al interior del bote. Una luz vivísima iluminó a un apuesto joven, que habló así:

—Acabas de solicitar el «imposible» capaz de desencantarme. No podré complacer el deseo de tu mujer porque escapa a mis poderes, pero ella recibirá una lección.

Seguidamente, se perdió en la niebla. Al regresar el pescador a su casa, halló la misma vieja cabaña de siempre, estremecida con las embestidas del viento.

# IVÁN EL DE LA BUENA SUERTE

**SUCEDIÓ ESTA HISTORIA** en una aldea perdida entre montes, llamada Pocomás. Vivía en ella un muchachito alegre y algo descarado del que nadie sabía la procedencia. Apareció un día entre las cabras y allí se quedó. Pero iba a resultar de gran provecho para los vecinos, pues era capaz de realizar cualquier clase de trabajo. A cambio, obtenía un plato de comida.

Pero además, Iván poseía una fértil imaginación. Con misterio les había contado a los demás muchachos:

—Por ciertos detalles, creo recordar que fui robado de un palacio real.

—Es el hijo de todo un rey —dijeron los zagalillos.

Naturalmente, no era verdad aquella historia del rapaz. No es que Iván fuera embustero sino que sentía en el fondo de su corazón el dolor de carecer de padres. Claro que, a fuerza de repetir la historia, llegó casi a creerla.

Llevaba Iván algún tiempo en Pocomás, cuando dieron en llamarle «el de la Buena Suerte». Los trigos que él cuidaba eran los más hermosos; las vacas a su cuidado, las más gordas; el huerto que cultivaba, el más próspero.

—El chico tiene buena estrella —comentaban todos.

—A lo mejor es cierto que viene de un palacio real.

Día 2

## ... Iván y la casa deshabitada ...

**UN DÍA QUE HABÍA SALIDO IVÁN** en busca de una cabrita perdida, le sorprendió la tempestad. A la luz de los relámpagos descubrió una casita y decidió pedir albergue en ella hasta que pasara la tormenta.

Resultó que en la casa no había nadie, pero el fuego ardía en la chimenea y en la alacena encontró pan tierno. Era muy raro, ya que la espesa capa de polvo que cubría todo le hizo suponer que llevaba deshabitada mucho tiempo. En un rincón de la estancia, descubrió un arca y en ella una camisa de encajes y un traje de raso. Seguro que no pertenecía a nadie, se vistió aquellas ropas y también los zapatos que encontró bajo una silla rota. Al quitarles el polvo descubrió que estaban hechos con laminillas de oro. Le quedaban un poco grandes, pero caminaba muy a gusto.

La tormenta había cesado e Iván abandonó la casita deshabitada, sintiéndose, ahora más que nunca, el hijo de un rey. Pero entonces, arrepentido de haberse llevado algo que no le pertenecía, intentó regresar. Todo fue inútil, pues los zapatos se negaban a llevarle en aquella dirección.

Y de pronto, al introducir la mano en el bolsillo, encontró una moneda de oro.

—¡Soy rico! —exclamó deslumbrado.

Día 3

## ... Los amigos de Iván ...

LOS ZAPATOS llevaban a Iván en una determinada dirección sin que pudiera intentar cambiarla. Y así llegó a una ciudad lujosa y un mendigo le tendió la mano. El muchacho, llevado de su buen corazón, le entregó la moneda de oro con celeridad para librarse de su remordimiento. Volvía a tener hambre y he aquí que en el bolsillo encontró otra moneda de oro. Sin pensarlo más, entró en una hostería.

El mozo que le sirvió la comida estaba muy flaco y cansado, como si realizase un trabajo superior a sus fuerzas, y además parecía triste. Iván entregó la moneda de oro para pagar el almuerzo y, apiadado, le regaló el cambio.

—Gracias, gran señor, gracias —repuso el mozo.

Al salir de allí, Iván descubrió en el bolsillo una tercera moneda de oro. Ya no podía caberle la menor duda de que la casa en que se había refugiado estaba encantada, lo mismo que el traje.

## Día 4

# ... Los zapatos de oro ...

LOS ZAPATOS DE ORO seguían guiando los pasos de Iván. Cuando se detuvieron, se encontró en la puerta de un zapatero remendón. Iván no dudó en entrar.

—¿Qué deseáis, señor? —preguntó el remendón, viendo ante sí a un joven tan bien trajeado.

—Creo que tengo ligeramente torcido el tacón de uno de mis zapatos. ¿Podríais arreglarlo?

El remendón comprendió que los zapatos eran de oro y dijo a Iván que necesitaría algún tiempo. Mientras tanto podía ponerse unos escarpines de seda. El muchacho prometió regresar una hora más tarde. Lo hizo así, pero el zapatero no estaba y sus zapatos tampoco.

—Creo que ese hombre me los ha robado —se dijo.

Andaba de un lado para otro, cuando tropezó con el mendigo al que diera su primera moneda de oro.

—Generoso caballero —le dijo—, acabo de ver al remendón corriendo calle abajo con unos zapatos y creo que son vuestros. Ha entrado en casa del joyero.

Iván, tras agradecer al mendigo la información, saltó la tapia del jardín y atisbó desde la ventana. El remendón dejó los zapatos de oro sobre la mesa y recogió una bolsa con monedas.

Iván pensó entrar y exigir lo que era suyo.

## Día 5

# ... Iván y el caballero ...

EL MUCHACHO no llegó a entrar en casa del joyero. Acababa de hacerlo un caballero distinguido que, al ver los zapatos, exclamó:

—¡Qué zapatos tan excepcionales! Os los compro.

—¿Así que los habéis reconocido, señor Duque? Pues me sucede lo mismo y mucho tendréis que pagar por ellos... Son los zapatos que han llevado siempre los príncipes herederos del reino desde hace cientos de años.

—Maese joyero, ¡callad! Os pagaré también por el secreto. Mañana debe hacerse la presentación del príncipe...

—Que no es tal príncipe —rió, burlón, el joyero.

—¡Callad! Ejem... Sí, se trata de mi sobrino, pero vos podréis ser primer ministro, si me guardáis el secreto.

La cabeza de Iván era un hervidero.

¿Qué significaba todo aquello? Sin descubrir su presencia, marchó a la hostería para pasar la noche.

# ... Iván en el palacio real ...

**EL MOZO DE LA POSADA**, a preguntas de Iván, le contó que, en efecto, al día siguiente iba a ser la presentación del príncipe heredero, pero que toda la ciudad sabía en secreto que era un falso príncipe, pues al verdadero lo robaron de niño y no se supo más de él.

Iván hizo sus planes y preguntó al mozo de la posada si querría ayudarle.

—¡Contad conmigo! —repuso el muchacho.

A la mañana siguiente, camino del palacio real, Iván y su acompañante tropezaron con una muchedumbre endomingada que llevaba su misma dirección, entre ellos el mendigo, seguido de su mujer, sus hijos y los hijos de sus hijos, que rodearon a su benefactor con muestras de alegría.

Los centinelas de palacio no dejaron pasar al grupo, pero Iván repartió monedas de las aparecidas en su bolsillo entre los centinelas, y así llegaron a la puerta central.

—¿Vuestro nombre, señor? —preguntó un lacayo.

—Soy el príncipe de Pocomás —replicó Iván.

El mendigo, su mujer, sus hijos, las mujeres de sus hijos y los hijos de sus hijos, además del mozo de la posada, entraron detrás de él, locos de contento.

# ... El príncipe verdadero

EL MAESTRESALA se dirigió a los presentes, anunciando:

—¡Su Alteza Real, el príncipe heredero!

Un muchachito desgarbado, tropezando a causa de los zapatos de oro, que le quedaban pequeños, hizo su aparición. Le seguía el Duque, a cuyo lado iba el joyero.

El mendigo susurró junto a Iván:

—Lleva vuestros zapatos.

El duque, solemnemente, habló a los presentes diciendo que el príncipe Iván era el heredero del trono. Y entonces el muchacho llegado de Pocomás dijo en voz alta:

—Os confundís, señor. El príncipe Iván soy yo.

—¡Es un impostor! ¡Echadlo de aquí! —exigió el duque.

El mendigo, gritando que el falso príncipe llevaba los zapatos de oro del verdadero príncipe, se arrojó sobre este, seguido de sus hijos y los hijos de sus hijos, y le quitó los zapatos, que seguidamente se calzó Iván.

El mozo de la hostería había empezado a gritar:

—¡Mirad todos a nuestro verdadero príncipe! ¡Tiene la cara igual que el difunto rey, al que tanto amábamos!

Todos los asistentes empezaron a abuchear al falso príncipe, a su tío y al joyero. Y entonces Iván, sobre los zapatos de oro que se ajustaban perfectamente a sus pies, avanzó hacia el trono, seguido del mendigo, sus hijos, los hijos de sus hijos y del mozo de la hostelería. Los asistentes le aclamaron.

Y dicen que nunca hubo mejor rey ni mejores ministros que el mendigo y el mozo de la hostelería. En el reino ya no hubo pobres y tanto prosperaron en Pocomás con la ayuda de Iván el de la Buena Suerte, que hubo que cambiar el nombre de la aldea por el de Muchomás.

Día 8

# LA GOLONDRINA Y EL RUISEÑOR

**C**ANTABA EL RUISEÑOR en la soledad de la selva cuando, oyéndole la golondrina, le dijo:

—Vente conmigo a Tebas, una ciudad maravillosa de Egipto. Encuentro tonto que desperdicies tu canto entre zarzas y cardos. Aquí nadie lo aprecia.

—Hermana mía —respondió el ruiseñor—, en esa ciudad tan rica no encontraré más que ruido y tormento. Aquí el aire es perfumado y el arroyo me regala con su música cantarina. No cambiaría mi sosiego por toda la gloria del mundo.

Día 9

# EL FIEL COMPAÑERO

**É**RASE UN LABRIEGO que había llegado al invierno de su vida. No tenía a nadie para hacerle compañía, a nadie excepto a Leal, el perro. Pero no podía haber mejores amigos ni mejor pareja de compañeros. Mientras el campesino trabajaba en el huerto, Leal cuidaba del pequeño rebaño de su amo.

Cuando el uno estaba enfermo, el otro tomaba asiento a su lado. Pasada la enfermedad, volvían de nuevo al trabajo. Durante las largas veladas de invierno permanecían junto a las llamas, dormitando, o cambiando largas frases sin palabras, con una sola mirada. En la primavera, juntos se emborrachaban de la gloria de los días y el perfume de los campos. En el estío compartían la grata sombra de la higuera, y el tibio calor de los rayos de sol en el dorado otoño...

Murió el campesino y sus vecinos lo enterraron en el cementerio. Nadie recordó al perro que se había quedado solo hasta que unas piadosas mujeres llevaron flores a la tumba del viejo y hallaron a Leal acurrucado sobre ella. También había muerto. Se quedó allí sin retirarse para tomar alimento hasta que la vida huyó de su cuerpo.

Todos en la aldea se maravillaron del amor y lealtad que había existido en un corazón no humano.

Día 10

# EL CONEJO ASTUTO

DESDE LA LLEGADA de la primavera, el pobre conejito no pensaba más que en corretear por los campos. ¡Se había aburrido tanto durante el invierno!

Tanto y tanto correteó aquel día que le entró sueño. Viendo el cubo de un pozo pendiente de su polea, pensó que era un buen sitio para dormir y se metió dentro. ¡Zas!, en el mismo instante cayó al fondo. ¡Vaya apuro!

Y sucedió que el lobo, que le andaba siguiendo para tomárselo de merienda, le preguntó desde arriba:

—¿Qué haces ahí abajo, amigo?

—Suelo venir todas las semanas a pescar peces cantores que luego vendo muy caros.

—Quiero ayudarte en el trabajo —dijo la fiera.

—Pues métete en el cubo y baja.

Obedeció el granuja y, mientras bajaba en un cubo, el conejito subió en el otro. Muy contento de haber salido bien librado, fue en busca de la tortuga que vivía a orillas del lago.

Mientras tanto, un oso tontorrón acertó a pasar por el pozo y escuchó los gritos del lobo. Este le contó la misma historia utilizada por el conejo, y pudo salir de allí para correr tras el conejo.

—¡Me has engañado, marrullero! ¡No había peces cantores! —le gritó desde lejos.

La tortuga, que estaba con el conejo y sabía lo ocurrido, dijo aguantando la risa:

—Mi amigo no te ha engañado. Debes saber que los peces cantores existen; este lago está lleno.

El lobo, apoderándose de una red, entró en el lago sin darse cuenta del peligro que corría. Cegado por la avaricia, se dejó engañar de nuevo y pereció ahogado.

# LA BONDAD RECOMPENSADA

**ÉRASE UNA BELLÍSIMA PRINCESA** que, a pesar de vivir en un palacio de ensueño, no era feliz. Su abuela, la reina, era muy maligna y ahuyentaba a todos sus pretendientes.

La fama de su belleza y su desdicha atrajo a Hiram, heredero del trono de las Islas Blancas. Y sucedió que el príncipe, durante el camino, fue recogiendo a cuantos solicitaban su ayuda: un pescador de perlas, un enanito, un hombre con pata de palo y un gigante descomunal.

La maligna reina recibió al príncipe, al que dijo:

—Si aspiras a la mano de mi nieta tendrás que buscarme en el mar la llave de oro que se me cayó el verano pasado.

El pescador aseguró que él podría encontrarla y, en efecto, regresó con la llave. La reina, enojada, exigió:

—Para casarte con la princesa tendrás que traerme la minúscula campana de plata de la torre de la iglesia.

—Eso es fácil para mí —le dijo el enanito a Hiram.

El diminuto hombrecillo, trepando con un mono, le trajo la campanita. La reina, furiosa, le sometió a otra prueba.

—Tienes que romper el puente de hierro que está en el jardín y que comunica con las habitaciones de mi nieta. Además, deberás traerme a la princesa.

El gigante aseguró que para él romper el hierro no resultaba más difícil que romper un papel. Y lo hizo. Pero entonces era imposible llegar a las habitaciones de la princesa. Inmediatamente, el hombre de la pata de palo empezó a tirar de su muleta y salió un palo largo, largo, por el que el príncipe pudo cruzar el foso y llegar a las habitaciones de la princesa. Los dos jóvenes se enamoraron al instante. La reina no tuvo más remedio que consentir en la boda y los enamorados fueron tan felices como solo pueden serlo los que se aman de verdad.

## Día 12

# LA ABEJA AGRADECIDA

**UNA LINDA PALOMA BLANCA** había ido a posarse en la rama de un árbol, junto al cual discurría un límpido arroyuelo. De pronto una abejita se acercó a beber, pero resbaló y fue arrastrada por la corriente.

La paloma, que había visto lo sucedido, voló hacia ella y pudo sacarla con el pico.

Poco después un cazador, al divisar a la paloma, se dispuso a darle muerte. Rápidamente acudió la abeja y, para salvar a su bienhechora, fue a picar la mano del hombre.

Por efecto del dolor, el cazador falló el disparo. La linda palomita blanca acababa de recibir una hermosa recompensa por su buena acción: la de la propia vida.

## Día 13

# LA AVENTURA DEL AGUA

**UN DÍA QUE EL AGUA** se encontraba en su elemento, es decir, en el soberbio mar, sintió el caprichoso deseo de subir al cielo. Entonces se dirigió al fuego:

—¿Podrías tú ayudarme a subir muy alto?

El fuego aceptó y, con su calor, la volvió más ligera que el aire, transformándola en sutil vapor.

El vapor voló muy alto, hasta los estratos más ligeros y fríos del aire, donde ya el fuego no podía seguirlo. Entonces las partículas de vapor, ateridas de frío, se vieron obligadas a juntarse apretadamente, volviéndose más pesadas que el aire y cayendo en forma de lluvia. Habían subido al cielo invadidas de soberbia y fueron inmediatamente puestas en fuga. La tierra sedienta absorbió la lluvia y, de esta forma, el agua estuvo durante mucho tiempo prisionera del suelo y pagó su pecado con una larga penitencia.

# LAS TRES PLUMAS

ÉRASE UN REY que tenía tres hijos. Mientras los dos mayores eran vanidosos y presumidos, el menor hablaba poco y solía pasar desapercibido. Sus hermanos le llamaban Nadie y el nombre se le quedó.

El anciano monarca, viendo próxima la hora de su muerte, decidió dejar el trono al hijo que le llevara el mejor tapiz. Después, arrojando tres plumas al aire, hizo que cada uno de sus hijos saliera en la dirección de una de las plumas. Pero como la tercera había quedado allí mismo, Nadie tuvo que permanecer en aquel lugar.

No podía estar más triste, cuando a sus pies descubrió una losa con una anilla. Tiró de esta y una rana grande seguida de otras ranas más pequeñas le salió al paso.

—¿Qué deseas? —preguntó la rana.

El muchacho explicó que necesitaba un tapiz y la rana extrajo de un baúl el más bello que se pueda imaginar. El príncipe le dio las gracias y corrió a palacio.

Como sus hermanos presentaron al rey unos vulgares tapices, este dijo, mirando a su hijo menor:

—¡Tuyo es el trono, Nadie!

El muchacho se sintió feliz.

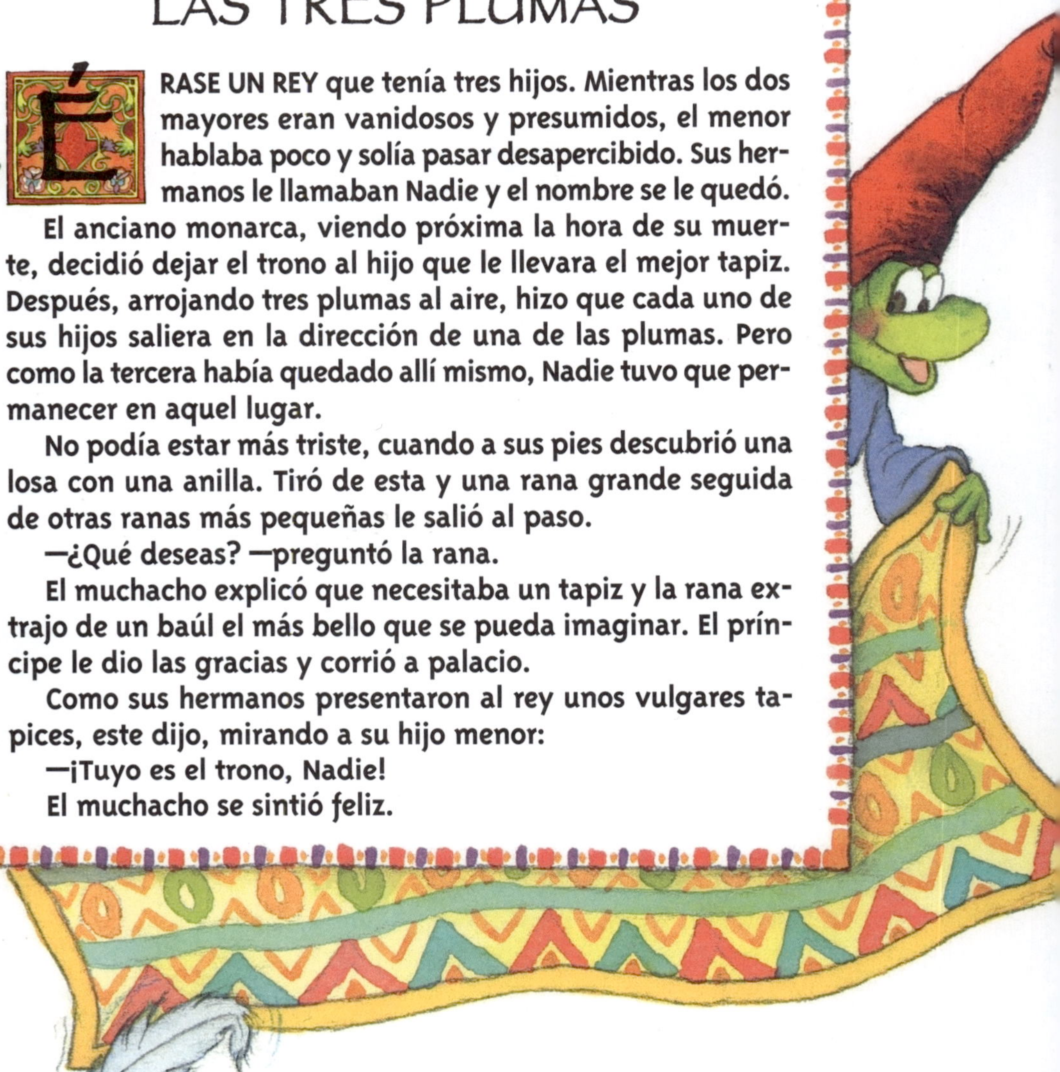

## Día 15 … La rana mágica …

LOS DOS HIJOS MAYORES protestaron alegando que la prueba era tonta y su padre debía someterlos a otra más importante.

El monarca acordó entregar el trono al que le llevara la sortija más bella del mundo y arrojó las tres plumas al aire para que los muchachos siguieran su dirección.

La de Nadie volvió a quedar en el mismo lugar y, por segunda vez, la rana supo de los deseos del muchacho. Inmediatamente puso en sus dedos una sortija tan hermosa, que el rey decidió que Nadie fuera su heredero.

Volvieron a protestar los dos hermanos mayores y el rey decidió una vez más.

—Está bien, me heredará aquel que traiga la mujer más hermosa.

Y arrojó las tres plumas al aire. La de Nadie se quedó a sus pies. Al saber la rana lo ocurrido, dijo:

—Mereces que se te ayude por tu modestia y buen corazón. Toma esta zanahoria hueca, ata a ella seis ratoncitos blancos y coloca dentro de la zanahoria una de mis ranas.

¡Oh, maravilla! La zanahoria se transformó en una magnífica carroza, los ratones en seis corceles blancos y la ranita en una bellísima joven. Al verla, el rey exclamó.

—¡Tú serás mi heredero, Nadie! ¡Has ganado tres veces y te lo mereces!

Día 16

# ... El triunfo de la más frágil

LOS HERMANOS DE NADIE protestaron una vez más. Y propusieron que heredase el trono quien se casara con la mujer que fuera capaz de saltar a través de un aro que colgaba del techo del salón.

Estaban seguros de que la linda joven que Nadie había traído a palacio no resistiría la prueba y sí, en cambio, las campesinas que ellos hallaron.

Comenzó la prueba y las aldeanas fueron las primeras en saltar, pero las dos cayeron pesadamente al suelo, lastimándose las piernas en el intento y sin lograr atravesar el aro. En cambio la delicada compañera de Nadie saltó con graciosa agilidad, ganando así el premio ofrecido por el rey, que consistía en ser la esposa del heredero del trono. Y este no podía ser otro que el modesto Nadie.

La enamorada pareja vivió muy dichosa durante largos años.

# LA GATA ENCANTADA

**ÉRASE UN PRÍNCIPE** muy admirado en su reino. Todas las jóvenes casaderas deseaban tenerle por esposo. Pero él no se fijaba en ninguna y pasaba su tiempo jugando con Zapaquilda, una preciosa gatita, junto a las llamas del hogar. Un día, dijo en voz alta:

—Eres tan cariñosa y adorable que, si fueras mujer, me casaría contigo.

En el mismo instante apareció en la estancia el Hada de los Imposibles, que dijo:

—Príncipe, tus deseos se han cumplido.

El joven, deslumbrado, descubrió junto a él a Zapaquilda, convertida en una bellísima muchacha.

Al día siguiente se celebraban las bodas y todos los nobles y pobres del reino que acudieron al banquete se extasiaron ante la hermosa y dulce novia. Pero, de pronto, vieron a la joven lanzarse sobre un ratoncillo que zigzagueaba por el salón y zampárselo en cuanto lo hubo atrapado. El príncipe empezó entonces a llamar al Hada de los Imposibles para que convirtiera a su esposa en la gatita que había sido. Pero el hada no acudió, y nadie nos ha contado si tuvo que pasarse la vida contemplando cómo su esposa daba cuenta de todos los ratones de palacio.

# LA ARAÑA Y EL ABEJORRO

**UNA ARAÑA** se acercó a un lugar frecuentado por las moscas y empezó a tender allí su red. Eligió dos ramas como puntos de apoyo y fue recorriendo el camino entre una y otra, trenzando su hilo de plata para hacer una tupida telaraña.

Terminado el trabajo, se escondió tras una hoja.

La espera no sería larga; una mosca curiosa quedó inmediatamente atrapada en la red. La araña se acercó y pronto daba buena cuenta de ella.

Cuando más satisfecha estaba de su poder, en plena digestión, un abejorro, que había visto todo lo ocurrido desde la corola de una flor, se lanzó contra la araña y la atravesó con su aguijón.

Nadie debe presumir de su fuerza, amiguitos, porque, como la araña, puede encontrar alguien que posea más.

# EL BOSQUE ENCANTADO

DICEN QUE HACE MUCHÍSIMOS AÑOS, en un lejano país, existió un bosque encantado. La joven princesa de aquel reino, desoyendo los consejos de los más ancianos, decidió visitar el bosque.

Montada en su caballo blanco, tropezó con un joven leñador, llamado Iván:

—No vayáis más lejos, princesa, o nunca volveréis.

Ella, que era muy audaz, espoleó a su caballo y entró en la espesura.

Pasaron los días sin que de la princesa se supiera nada.

—Entregaré la mano de mi hija y el gobierno del reino al que me la devuelva sana y salva —ofreció el soberano.

Iván, el leñador, tomó su flauta y su hacha y se adentró en la espesura, llamando a la princesa.

—¡Estoy prisionera del viejo roble! —gritó ella.

El muchacho corrió hacia aquel lugar y empezó a descargar su hacha en el tronco, pero sus potentes golpes no conseguían nada. Una voz cavernosa, la del roble, dijo:

—Jamás podrás derribarme. Estaba harto de mi soledad y me he apoderado de la princesa. ¡Vete!

—Viejo Roble, si lo que quieres es compañía, yo te la procuraré.

Y empezó a tocar con su flauta una melodía tan hermosa que los pájaros, que nunca llegaban a tan sombrío lugar, lo invadieron todo, hasta las ramas del roble. Y todos juntos empezaron a cantar.

—Leñador, me has proporcionado compañía y te devuelvo a la princesa.

Se escuchó un ruido de ramas partidas y la princesa, llorando de alegría, tendió su mano a Iván.

Y no solo los jóvenes fueron felices, sino que el pueblo tuvo un rey prudente y honrado.

Día 20

# LA ZORRA Y EL LEÑADOR

**ACOSADA LA ZORRA** por los cazadores, se dirigió a casa del leñador y le rogó que la escondiera.

Después llegaron los cazadores y preguntaron al leñador.

—¿Has visto pasar a la zorra?

—No la he visto —contestó el leñador, mientras con la mano señalaba el sitio donde el animal se había ocultado.

Los cazadores no supieron interpretar aquel gesto y se alejaron. Entonces la zorra salió de su escondite, dispuesta a marcharse. El hombre la llamó:

—¿Es que no vas a darme las gracias por haberte salvado?

La zorra, muy lista, replicó:

—Hubiera agradecido tu acción si tus gestos hubieran estado acordes con tus palabras.

Día 21

# EL ASTUTO SACRISTÁN

**IBA UN ALDEANO** camino de su aldea y se detuvo bajo una encina para comer una liebre asada. Un caminante que le seguía los pasos le rogó:

—Estoy hambriento y cansado. Dejadme compartir vuestra comida y os pagaré mi parte.

—No hay suficiente para los dos —dijo el primero.

Cuando terminó con la liebre, el caminante le dijo burlón:

—Tenéis que saber, amigo, que, vos al sabor y yo al olor, los dos hemos comido la liebre.

—Siendo así, tendréis que pagar vuestra parte.

El uno que no y el otro que sí, fueron en busca del alcalde de la aldea, al que pusieron por juez.

—¿Qué os ha costado la liebre? —preguntó el alcalde.

—Cuatro monedas —contestó el aldeano.

—Tenéis que pagar dos, caminante —sentenció el que hacía de juez.

El hombre entregó las dos monedas y tomándolas el alcalde, las hizo sonar sobre la mesa. Luego dijo:

—Compañero, ya estáis pagado con el sonido, lo mismo que él, que del olor ha comido.

Y se guardó las dos monedas en el bolsillo.

—A buen aldeano, mejor alcalde —dijo, estallando en carcajadas.

## Día 22

# EL MIEDO

UNA NOCHE EL ERIZO se encontró con su amigo el puercoespín cerca del seto de un huerto. Ambos decidieron entrar para robar las peras caídas en el suelo.

Con el corazón en vilo, caminaron sigilosos; sin embargo hicieron ruido.

—¿Quién va? —preguntó una voz enfadada.

—¡Debe ser el perro! ¡Sálvese el que pueda! —gritó el erizo, aunque su compañero no había esperado la orden.

Jadeantes, los dos amigos se encontraron por fin fuera del huerto.

—Hemos tenido suerte al escapar del lobo.

El puercoespín, al oír a su compañero, preguntó con las espinas erizadas de horror:

—¿Crees realmente que era un lobo?

—¡Ciertamente! He reconocido su voz.

Si los dos amigos hubieran sido menos miedosos, habrían sabido que quien les había asustado no era otro que el viejo topo, asomado a la puerta de su casa.

Día 23

# LA CEBRA FANFARRONA

ÉRASE UNA CEBRA que no tenía miedo ni del león, el terrible rey de la selva, ni del tigre, que se agazapa entre las altas hierbas. Tampoco temía al jaguar, ni al elefante, capaz de arrancar los árboles de cuajo.

La cebra solía reírse de la boa, que estrangula a sus presas, y hasta del cocodrilo, con sus enormes fauces y su doble hilera de mortíferos dientes.

Todos en la selva solían decir:

—Para valiente, la cebra.

Y todos la respetaban mucho. Pero un día sucedió algo extraño. Estalló la tempestad. Se escuchó el horrible fragor del trueno, zigzagueó el rayo y la cebra salió huyendo.

Día 24

# EL CEDRO VANIDOSO

ÉRASE UNA VEZ un cedro satisfecho de su hermosura. Plantado en mitad del jardín, superaba en altura a todos los demás árboles. Tan bellamente dispuestas estaban sus ramas, que parecía un gigantesco candelabro.

—Si con lo hermoso que soy diera además frutos —se dijo—, ningún árbol podría compararse conmigo.

Y decidió observar a los otros árboles y hacer lo mismo que ellos. Por fin, en lo alto de su erguida copa, apuntó un bellísimo fruto. «Tendré que alimentarlo bien», pensó.

Tanto y tanto creció aquel fruto, que se hizo demasiado grande. La copa del cedro, no pudiendo sostenerlo, se fue doblando; y cuando el fruto maduró, la copa, que era el orgullo y la gloria del árbol, empezó a bambolearse hasta que se tronchó pesadamente.

¡A cuántas personas, como al cedro, su excesiva ambición las arruina!

# LA GRATITUD DE LA FIERA

UN POBRE ESCLAVO de la antigua Roma, en un descuido de su amo, escapó al bosque. Se llamaba Androcles.

Buscando refugio seguro, encontró una cueva. A la débil luz que llegaba del exterior, el muchacho descubrió un soberbio león. Se lamía la pata derecha y rugía de vez en cuando. Androcles, sin sentir temor, dijo:

—Este pobre animal debe estar herido. Parece como si el destino me hubiera guiado hasta aquí para que pueda ayudarle. Vamos, amigo, no temas, vamos...

Así, hablándole con suavidad, Androcles venció el recelo de la fiera y tanteó su herida hasta encontrar una flecha profundamente clavada. Se la extrajo y luego le lavó la herida con agua fresca.

Durante varios días, el león y el hombre compartieron la cueva. Hasta que Androcles, creyendo que ya no le buscarían, se decidió a salir. Varios centuriones romanos armados con sus lanzas cayeron sobre él y le llevaron prisionero al circo.

Pasados unos días, fue sacado de su pestilente mazmorra. El recinto estaba lleno a rebosar de gentes ansiosas de contemplar la lucha.

Androcles se aprestó a luchar con el león que se dirigía hacia él. De pronto, con un espantoso rugido, la fiera se detuvo en seco y comenzó a restregar cariñosamente su cabezota contra el cuerpo del esclavo.

—¡Sublime! ¡Es sublime! ¡César, perdona al esclavo; la fiera lo ha juzgado! —gritaron los espectadores.

El emperador ordenó que el esclavo fuera puesto en libertad. Lo que todos ignoraron fue que Androcles no poseía ningún poder especial y que lo ocurrido no era sino la demostración de la gratitud del animal.

# EL PRÍNCIPE VIAJERO

SUCEDIÓ UNA VEZ...

—Padre y señor —dijo el príncipe heredero Harlad—, hasta mí han llegado los ecos de la fama de una princesa tan maravillosa, al decir de todos, que el vino tinto que bebe emite destellos rosados a través de la piel de su garganta. Si me lo permites partiré en su busca, pues quiero conocerla, enamorarla y hacerla mi esposa.

Accedió el soberano y el príncipe, jinete en blanco corcel, empezó su recorrido por extensas tierras.

Unos días después, al llegar la noche, el acero de su espada y su blanco caballo lo hicieron visibles para unos ladrones. Todos a una se arrojaron sobre él, le golpearon, le arrancaron los vestidos y le abandonaron a su suerte, llevándose su caballo.

El príncipe estaba malherido. No obstante, gracias a su fuerte naturaleza, pudo sanar, aunque durante bastante tiempo, a causa de su maltratado pie, tuvo que seguir en aquel rincón del bosque alimentándose de bayas y raíces. Por suerte, dispuso de un manantial de agua cristalina.

# ... El príncipe cautivo ...

DURANTE AQUEL TIEMPO, el aspecto del príncipe cambió totalmente. Todavía resultaban visibles las huellas de sus heridas; estaba vestido de harapos y el pelo y la barba le habían crecido desmesuradamente. Como además los tenía enmarañados, parecía un salvaje.

Un día cruzaron el bosque los ecos alegres de un cuerno de caza y muchos jinetes se aproximaron al galope. Era una partida de cazadores al frente de la cual iba el propio rey, padre de la princesa, que al ver al desconocido ordenó:

—¡Apresadle!

El príncipe era muy fuerte, pero sus enemigos no menos de un centenar y tuvo que rendirse ante ellos. Atado por las manos, fue llevado hasta el parque del palacio real y arrojado en el interior de una jaula de sólidos barrotes. Después de echar la llave a la cerradura, el rey dijo a la reina:

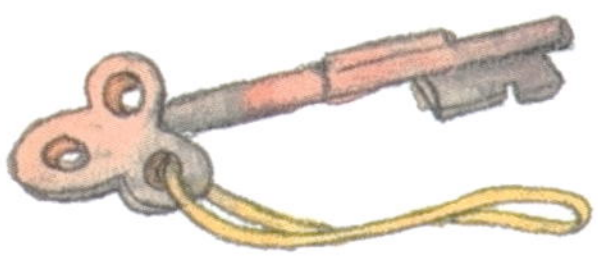

—Toma esta llave y no la entregues a nadie.

—Puedes estar tranquilo. La pondré bajo mi almohada.

La hermosa princesa había sido testigo del diálogo.

## Día 28

# ... El príncipe y la abeja ...

LA BONITA PRINCESA, causa inocente de la prisión de Harlad, pasó ante la jaula y miró al interior con curiosidad no exenta de temor. ¿Cómo hubiera podido adivinar la verdad? Él la miró largamente en silencio, con el corazón apenado.

Pasaban los días. Cierta tarde, una abejita despistada fue a caer prisionera en la telaraña que cruzaba los barrotes de la jaula. El príncipe dijo a la abeja:

—¡Pobre animalito! Yo sé bien lo que es estar privado de libertad, así que voy a soltarte.

Rompió la telaraña y la abeja, luego de dar tres vueltas en torno a su cabeza, fue a reunirse con sus hermanas.

El príncipe se sintió satisfecho.

# ... La pelota de la princesa ...

UNA HERMOSA TARDE, la princesa jugaba con su pelota de hilos de oro en el parque de palacio. De pronto la pelota fue a caer dentro de la jaula. El prisionero la recogió y la guardó en su mano.

—¡Devuélveme la pelota! —exigió la princesa.

—Te la devolveré si abres la jaula y me dejas salir.

¡Qué puro y armonioso era el acento de su voz! Mas la princesa, que estaba disgustada y no veía más que sus harapos y pelambrera, no se enteró.

—Es imposible —repuso—. Mi madre guarda la llave.

—Entonces no te la doy —afirmó el cautivo.

—Lo sabrá el rey y te obligará a devolverla.

—Nunca la tendrás, porque antes de eso la romperé.

La princesa estuvo algún tiempo contemplando al extraño ser. Después dio media vuelta y se marchó. ¿Pensaba tal vez, en hacerse con la llave y recuperar la pelota?

Exactamente. Aquella noche, cuando la reina dormía, sacó la llave de debajo de la almohada.

# ... El príncipe liberado ...

LA PRINCESA mostró la llave al prisionero y dijo:

—Ya puedes devolverme la pelota.

El príncipe harapiento miró los ojos brillantes, las mejillas sonrosadas de la hermosa princesa, y negó. Los hombres le habían hecho tanto daño que desconfiaba de todos.

—Te daré tu pelota cuando me hayas dado la llave...

—Te daré la llave cuando me hayas dado la pelota...

—Toma la pelota con una mano y dame la llave con la otra.

La joven y bella princesa lo hizo con temor. ¿Retorcería su muñeca el prisionero?

No. El cambio se efectuó lealmente y la princesa, asustada, corrió a encerrarse en palacio. Aquella noche el joven abandonaba la jaula y corría a través del bosque, sabiendo que en ello le iba la vida.

Por la mañana, al descubrirse la fuga, el propio rey se puso a la cabeza de los perseguidores.

—¡Démonos prisa! Ese hombre en libertad puede ser peligroso.

Durante todo el día cabalgaron de un lado para otro.

Harlad, mientras tanto, había llegado al reino de su padre. Pero los centinelas de palacio cruzaron ante él las espadas, sin permitirle la entrada.

—¡Paso! ¡Soy el príncipe heredero! —exigió Harlad.

—No te reconocemos como nuestro príncipe...

Oyó la reina los gritos y se asomó al balcón. Una madre siempre reconoce a su hijo. Gritó:

—¡Harlad, hijo mío!

Poco después, ambos se fundieron en un abrazo de alegría, juntando al mismo tiempo sus lágrimas.

# ... El rey prisionero ...

**EL PRÍNCIPE HARLAD** fue proclamado rey, pues su padre había muerto.

El monarca del vecino reino entró en territorio del joven soberano para atraparlo.

Quiso la suerte que el apuesto monarca sorprendiera al padre de la princesa, y al momento ordenó a su guardia:

—¡Haced prisionero a ese hombre y a sus seguidores!

Un día, Harlad pasó ante la celda donde estaba preso.

—Por favor, sacadme de aquí —suplicó el cautivo.

—¿No tuviste prisionero a un hombre al que no quisiste escuchar? ¿Por qué he de escucharte yo?

—Pídeme lo que quieras a cambio de mi libertad.

—Está bien. Sé que tienes una hija; entrégala en matrimonio al hombre que fue tu prisionero y quedarás libre.

El anciano monarca, que no soportaba el encierro, escribió a su esposa. En la carta le decía que no se le ocurriera enviar a su hija, sino a una de sus doncellas...

## Día 2

# ... La falsa princesa ...

A LA CORTE DE HARLAD llegó una joven dama vestida como una verdadera princesa. Un tenue velillo le caía por los ojos y el joven monarca le dio la bienvenida, inclinándose cortésmente ante ella. Luego le ofreció un vaso de vino. En la garganta de la dama no aparecieron destellos rosados y Harlad, montando en cólera, exclamó:

—¡Devolved a esta joven al lugar de donde la habéis sacado! Es una falsa princesa.

El anciano rey acabó por escribir otra carta a su esposa, contándole el fracaso de la estratagema.

—Los hombres son una calamidad —dijo la reina—, esto tendré que arreglarlo yo, pero, desde luego, no le entregaré a mi hija a aquel salvaje de la jaula.

Olvidaba la facilidad con que se dejó quitar la llave, aunque en esta ocasión hizo bien las cosas. Supo disponer para el viaje vistosas carrozas y numerosos jinetes en el cortejo, armados hasta los dientes, además de muchos soldados de a pie.

—¡Cuánta caballería y cuántas fuerzas! —exclamó la princesa—. Quizá ese joven rey crea que le declaramos la guerra.

—Tú déjame hacer a mí y verás cómo soluciono este enojoso asunto —respondió la soberana.

# ... La abeja importuna ...

CUANDO EL VISTOSO CORTEJO entraba en el reino de Harlad, una abejita fue a posarse en los labios de la princesa. Entonces un soldado de la guardia intentó matar al insecto, pero la joven le suplicó que respetara su vida.

La abejita, tranquilamente, fue a posarse en el eje del regio carruaje y así llegó a palacio.

El joven soberano, que aguardaba al pie de la escalinata se quedó mudo de admiración al ver a la princesa, que cada día estaba más hermosa. En el fondo de sus ojos como topacios lucía algo bellísimo y embriagador.

—Bienvenidas a mi reino y a mi casa —dijo el joven.

—No estamos aquí por gusto, señor —contestó la reina con altanería—, sino por vuestra imposición. Devolved la libertad a mi marido.

—Lo haré señora, pero cuando vos hayáis dado en matrimonio a vuestra hija al hombre del bosque.

—Eso solo será cuando haya visto a mi padre —dijo la princesita.

—No es justo que ese hombre obtenga a mi hija sin haber pasado antes por una prueba —alegó la reina.

—Ese hombre ha pasado ya muchas pruebas, señora. De todas formas, decid.

—Pues bien: que escoja a mi hija entre doce damas vestidas iguales y cubiertas con velos.

El joven soberano, pensando que no podía confundir a su amada con ninguna otra joven, aceptó.

# ... Harlad y la prueba

EL JOVEN REY llamó a su peluquero e hizo que le pegara una barba enmarañada y cubriera su cabeza con una espantosa peluca, se vistió de harapos y apareció en el salón donde doce doncellas se mostraban sentadas, con iguales ropas y cubiertos los rostros por espesos velos.

—¡Vaya problema! —se dijo Harlad—. No podré acertar con mi princesa.

En aquel momento entró por la ventana una abejita y fue a posarse sobre la cabeza de una de las jóvenes.

—¡Hombre peludo, escoge! —exigió la reina.

Harlad, seguro de que la abeja era su amiga, avanzó y señalando hacia la joven indicada por el animalillo, dijo:

—¡Esta es la princesa!

Ella alzó el velo, mostrándose en toda su belleza. Pero a la vista del hombre peludo gruesas lágrimas corrieron por sus mejillas. Entonces él se arrancó la barba y la peluca e hizo que sus criados le vistieran sus ropas regias. Seguidamente, ordenó poner en libertad al rey.

—Estoy muy contenta, señor, de que mi hija no tenga que casarse con un monstruo —dijo la reina.

—Pero no quisisteis escucharme cuando intenté contaros mi historia...

En aquel mismo instante la princesa se enamoró del rey y su rostro lo expresó con absoluta claridad.

Se celebraron las bodas de los jóvenes en medio del regocijo general y fueron muy felices.

# LA MARIPOSA Y LA LUZ

**UNA GRAN MARIPOSA** multicolor y vagabunda volaba una noche en la oscuridad cuando vio a lo lejos una lucecita. Voló en aquella dirección y cuando estuvo cerca de la llama no se contentó con admirarla, sino que intentó posarse en ella, como si fuera una flor.

Chamuscada y dolorida, se alejó.

—¿Qué me ha sucedido? —se dijo—. Es imposible que una cosa tan bella pueda hacer daño. Cuando me recupere un poco volveré a conocerla mejor.

Por segunda vez fue a posarse sobre la llama para caer, pues, abrasada en el aceite que alimentaba la diminuta lengüecilla de fuego.

—Maldita luz —murmuró la mariposa al borde de la muerte—. Creí hallar en ti mi felicidad y he encontrado la muerte. Lloro por mi loco deseo de conocerte y por tu dañina naturaleza.

—¡Pobre mariposa! —respondió la luz—. Yo no soy el sol, solo una llama; y el que no sabe usarme con prudencia se quema.

## Día 6

# EL GRANO DE TRIGO

**UN GRANO DE TRIGO** se quedó solo en el campo después de la siega. Lo descubrió una hormiga y echándoselo a la espalda con fatiga, empezó a caminar hacia el lejano hormiguero.

—¿Por qué no me dejas donde estaba? —pidió el grano de trigo.

—Mi obligación es llevar a la despensa el grano que pueda encontrar —repuso la hormiga.

—Pero yo no estoy hecho para ser comido. Soy una semilla llena de vida, y mi destino es el de hacer crecer una planta. Escucha, hagamos un trato. Si tú me dejas aquí en mi campo, dentro de un año te daré cien granos de trigo iguales que yo.

La hormiga lo miró con incredulidad.

—Puedes creer lo que te digo, amiga hormiga.

—¿Y cómo harás? —preguntó esta.

—Es un misterio. Excava una pequeña fosa, entiérrame en ella y vuelve cuando pase un año.

Un año después volvió la hormiga.

El grano de trigo había mantenido su promesa.

# EL RUISEÑOR

HACE MUCHÍSIMOS AÑOS, vivía en la China un emperador sordo. Como no podía escuchar el hermoso canto de los pájaros, hacía matar a todos los que no poseían un bello plumaje. Un día, la hija del emperador, Litay Fo, escuchó el canto de un ruiseñor aposentado en las ramas de su jardín y se sintió feliz.

—Mi pobre amigo, no debes estar aquí, pues te aguarda la muerte —le dijo.

—Moriré igualmente durante una de estas frías noches —repuso el pájaro.

Litay Fo, compadecida, se lo llevó a sus aposentos y durante mucho tiempo disfrutó de sus trinos y compañía. Pero una mañana el emperador entró inesperadamente en la habitación de su hija y descubrió al ruiseñor.

—¡Huye para conservar la vida! —le gritó ella.

El pajarillo obedeció y Litay Fo empezó a languidecer de soledad y tristeza, hasta enfermar gravemente.

El emperador, desolado, hizo llamar a los mejores médicos de la China. El más anciano sentenció:

—No podemos hacer nada con vuestra hija, pero curaremos vuestra sordera si os aplicamos a los oídos el corazón caliente de un ruiseñor.

—¡Que busquen un ruiseñor! —ordenó el monarca.

Le trajeron, precisamente, el pajarillo amigo de Litay, que dijo al soberano:

—Podéis disponer de mí, señor. Sé que vuestra hija se sentirá feliz y sanará cuando podáis oír.

Ante tanta bondad, los ojos del emperador se llenaron de lágrimas. Luego anunció:

—Prefiero que mi sordera sea eterna a quitarte la vida.

Desde entonces el ruiseñor continuó alegrando los días de Litay Fo y el emperador comprendió que no es la belleza lo que más vale en el mundo, sino la resignación.

Día 8

# LA LECHUZA TRAMPOSA

ÉRASE UNA LECHUZA que vio en un palomar a unas palomitas muy bien alimentadas y se dijo:

—¡Ea!, me pintaré toda de blanco y me iré a vivir con ellas. Así no me faltará de nada.

Las palomas no reconocieron a la intrusa, mientras estuvo sin abrir el pico, hasta que un día se olvidó del papel que representaba y chilló como la lechuza que era. Las palomas la echaron a picotazos del palomar.

Desconcertada, regresó a la torre de la iglesia, pero sus compañeras, que no reconocieron su plumaje blanco, la arrojaron de su lado. Así, por sus engaños, la pobre se encontró hasta sin su propio refugio.

Día 9

# LA PUREZA DEL ARMIÑO

ESTABA COMIENDO EL ZORRO cuando pasó junto a él un armiño.

—¿Gustas? —preguntó el zorro, ya saciado.

—Gracias —respondió el armiño—, pero ya he comido.

—¡Ja, ja! —rió el zorro—. Vosotros, los armiños, sois los animales más comedidos del mundo. Coméis una sola vez al día y preferís ayunar antes que mancharos el vestido.

En aquel momento llegaron los cazadores. El zorro, como el rayo, se refugió bajo tierra y el armiño, para no mancharse con el fango, titubeó y se detuvo. Los cazadores lo hirieron de muerte.

El armiño había preferido la muerte antes de manchar su pureza.

# PULGARCITO FRENTE AL ENEMIGO

EL ANCIANO Y BONDADOSO REY del país de Pulgarcito estaba muy afligido. Su belicoso vecino, el rey Fithir, le había declarado la guerra y a él le causaba un gran dolor tener que enviar a sus soldados a combatir y, quizás, morir. Como siempre que tenía un apuro, envió en busca de Pulgarcito y le confió sus pesares.

—¡Vaya complicación! —exclamó el diminuto muchacho—. Pero no os apuréis, Majestad, que tal vez podamos hacer algo.

Supo que el ejército de Fithir tenía que cruzar las altas montañas que formaban una barrera entre sus dos países y, pensando que su corta estatura le ayudaría a engañar a las tropas, hizo un plan. Así, se fue a las montañas con un par de cabras fingiéndose pastor y el general en jefe, al verle por allí, le preguntó:

—¡Eh, pizca de chico! ¿Sabes de algún paso por estas montañas que nos sirva para ahorrarnos camino?

—¡Ya lo creo, señor guerrero! Si vuestros hombres se descuelgan por el precipicio que da a la cara Norte, os encontraréis sobre el camino que conduce a la ciudad.

El gran soldado entregó una moneda al muchacho y este se recostó sobre la hierba, silbando. Desde allí arriba no podía verse la parte baja del precipicio a causa del saliente de la roca, pero Pulgarcito imaginaba, conteniendo la risa, la sorpresa de los soldados, que bajaban de uno en uno pendientes de una cuerda, cuando fueran recogidos al final por los soldados de su rey, con los que estaba de acuerdo.

El buen monarca del país de Pulgarcito pudo negociar una paz justa. Después todo el reino celebró tres días de fiesta de los que fue el héroe el gran y pequeño Pulgarcito.

**Día 11**

# EL CIEGO Y EL LABRADOR

**ÉRASE UN CIEGO** que escondió cierta cantidad de dinero al pie de un árbol, en un campo propiedad de un rico labrador. Volvió poco después a cerciorarse de que lo tenía allí y encontró el hueco vacío.

Fingiendo un encuentro casual, el ciego dijo al rico:

—¿Sabe, amigo? Tengo cierta cantidad de dinero escondida en un lugar seguro. Ahora acabo de reunir otra cantidad igual y querría saber si debo esconderla con la primera o en un sitio distinto.

—Si tan seguro es ese primer lugar —respondió el labrador—, deberíais depositarla ahí.

Apenas se hubieron despedido, el labrador corrió a devolver el dinero a su lugar, pensando apoderarse de todo; llegó el ciego y recuperó lo que era suyo.

**Día 12**

# LAS TORTUGAS Y EL ÁGUILA

**SOBRE UNA PEÑA** a orillas del río, en un hermoso y solitario lugar, tomaban el sol unas tortugas.

—¡Ay! —suspiró una—. ¡Cómo envidio la ligereza de las aves!

—Es muy desagradable ser tan lentas —añadió otra.

—Me gustaría poder elevarme en el cielo —dijo una tercera.

En aquel instante apareció majestuosamente un águila que, describiendo círculos, descendió hasta las tortugas. Atrapando a una, se remontó con ella entre las uñas.

—¡Qué afortunada es nuestra compañera! —exclamaron las que seguían en el suelo.

Mas cuando el águila estuvo a bastante altura sobre la peña, dejó caer su presa, que se quebrantó con el golpe. La majestuosa ave pudo descender y despacharla tranquilamente.

—¡Qué horror! ¿Y para esto deseábamos tanto remontarnos en el cielo? Lo nuestro es seguir pegadas a tierra —anunció la más sabia.

# LA VIEJA MADRE ESCARCHA

HACE MUCHOS AÑOS, en un lugar del bosque, vivía una pobre viuda con sus tres hijas. Cierto día apareció un apuesto muchacho y explicó a la viuda que su padre había enfermado gravemente y debía ir a la ciudad en busca de un médico. ¿No querría ella enviar a sus hijas para cuidar del anciano durante su ausencia?

Mientras hablaba, el joven no apartaba sus ojos de Violeta, la menor.

La viuda aceptó y empezó por enviar a Rosa, la mayor de las muchachas. En el camino encontró a una ancianita pobremente vestida.

—¿Podrías socorrerme? Me muero de hambre...

—Antes socorrería a un perro —repuso la soberbia Rosa.

—Así te lo encuentres —contestó la anciana.

En efecto, junto al muro de la casa del enfermo, un fiero perrazo le salió al encuentro y huyó despavorida.

La viuda envió entonces a la segunda de sus hijas, Margarita, para que sustituyera a la mayor. También esta encontró a la anciana, que era la «Vieja Madre Escarcha» y, dura de corazón, no quiso socorrerla.

Aún no había caminado dos pasos, cuando le cayó una piedra en la cabeza. Magullada y furiosa, regresó a su casa y la madre envió a la pequeña para cuidar al enfermo. Las mayores se guardaron muy bien de contarle lo ocurrido.

Violeta halló a la Madre Escarcha y, compadecida, le habló con bondad, invitándola a que fuera a su casa, donde tendría un plato de comida caliente.

—Mereces ser feliz por tu buen corazón —le dijo la ancianita—. Toma esta hoja y déjala dos días dentro de un vaso lleno de agua. Después, dásela a beber en el cuenco de tu mano al padre del apuesto joven que será tu esposo, porque ya te quiere de verdad.

Violeta obedeció en todo y el enfermo sanó al beber el agua prodigiosa.

El agradecido y enamorado joven se casó con Violeta y esta, llevada de su generosidad, ofreció su mansión a su madre y hermanas, que compartieron así su felicidad.

Día 14

# EL HOMBRE Y LA HORMIGA

**ESTABA UN PESCADOR** contemplando el mar, sobre una roca, cuando presenció a lo lejos un naufragio. Entonces se dijo:

—¡Qué injusto es el castigo del cielo, pues por vengar a un solo pecador ha hecho sucumbir a numerosos inocentes!

En aquel mismo instante una hormiga le picó en la pierna. Para vengarse de ella, exterminó a todas las que andaban por allí.

Al poco rato se le presentó un ángel y, tocándole en el hombro, le interrogó de esta manera:

—¿Aceptarás ahora que el cielo juzgue a los hombres como tú a las hormigas?

Día 15

# LOS TRES SASTRES

**EN UN LEJANO PAÍS** vivían tres hermanos sastres que tenían fama de ser tan valientes y arrogantes como diestros en su oficio. Juan, el mayor, cosía bien, pero con cada puntada soltaba una palabrota. Pedro, el segundo, cortaba maravillosamente, pero tenía la costumbre de, a cada tijeretazo, insultar al que tenía más cerca. El menor, Andrés, cosía y cortaba que era un primor, entonando agradables melodías.

El rey, que había decidido casar a su hija, hizo llamar a todos los jóvenes del reino para someterlos a una prueba, entre ellos a los tres sastres.

Entró Juan en el salón donde estaba la bellísima princesa y ella le preguntó sonriendo:

—¿Sabes cuántos cabellos hay en mi cabeza?

Él respondió que cosa de un millón. La princesa ordenó:

—Toma tu aguja y enhébralos rápidamente.

Juan lo hizo, pero como tenía la costumbre de soltar palabrotas se le escaparon varias y la princesa le despidió.

Le tocó el turno a Pedro, que se comportó poco más o menos como su hermano. Al entrar Andrés, la joven dijo:

—¿Crees que tengo tres millones de cabellos en mi cabeza?

—Alteza, a mí me parece que tenéis muchos más, puesto que su número es igual al número de gracias que Dios ha tenido a bien concederos.

La princesa, halagada por la galante respuesta del joven, hizo saber a su padre que ya había elegido su futuro esposo. Era Andrés, el sastre.

# … Las exigencias del rey

**ANDRÉS, EL SASTRECILLO**, enamorado de la linda princesa, era dichoso. Pero el rey, más exigente que su hija, decidió someterlo a otra prueba.

—¿Qué harías tú si fueras rey?

—Procuraría imitaros en todo, señor. Lo demás llegaría con ayuda de Dios y buena voluntad por mi parte.

—Bien, bien…, pero no es bastante. Pasarás dos noches junto a una serpiente de grandes dimensiones.

Andrés entró en la celda donde estaba la serpiente con tijeras, hilo y aguja, que eran sus únicas armas. Sin miedo y usando bien la tijera, cortó a la serpiente por la mitad. Después, para aprovechar las horas que le quedaban, con la piel del animal hizo unos zapatos para su princesa.

—Bien, está muy bien —dijo el rey—, pero tendrás que ofrecer a mi hija un regalo digno de su condición.

Andrés no podía pensar en ofrecerle perlas ni diamantes, pero, como imaginación no le faltaba, se fue aquella noche al campo y, con aguja e hilo, confeccionó para su amada un collar de luciérnagas.

—Es el regalo más bello que me han hecho nunca —exclamó la linda princesa, haciendo que Andrés lo pusiera en su cuello.

Luego, muy decidida, hizo saber al rey que ya no le hiciera más pruebas, porque estaba enamorada de su sastre y nunca se casaría con otro.

Los jóvenes fueron muy felices y también el rey, encantado con la bondad y el ingenio de su yerno.

# EL PESCADOR Y LOS PRÍNCIPES

ÉRASE UNA BELLÍSIMA y joven reina que tuvo su primer hijo estando su esposo ausente. La madre del rey, que era una anciana bruja, puso al niño en un cofre y lo arrojó al río, luego de dejar en la cuna un gato. Como al día siguiente todos en la corte se sorprendieron, la bruja, que odiaba a su nuera, hizo correr la voz de que esta era una malvada hechicera.

Al año siguiente la reina tuvo una niñita blanca y rubia y la bruja la cambió por una gata, arrojando a la niña al río en otro cofre.

El rey montó en cólera contra su esposa y todos en el reino le retiraron el afecto.

Sucedió que la noche en que la anciana arrojó al río al niñito, un pescador que estaba con su caña recogió el cofre y lo llevó a su casa.

—Es un niño precioso —dijo su mujer—. Debíamos de quedárnoslo.

Bajo las ropas, apareció un montoncito de monedas de oro.

La criatura tenía tres cabellos de oro en la nuca y le llamaron por ello Cabellos de Oro. En cuanto al dinero, lo guardaron para el niño.

Cuando la reina madre arrojó la niña al río, también el pescador estaba en la orilla y recogió el cofre. Llevó a la criatura a casa y hallaron otro montoncito de oro igual al del cofre del niño. El pescador dijo:

—Estas criaturas se parecen mucho. Deben de ser hermanos. Nos quedamos a la niña, ¿verdad?

Así ocurrió y, como tenía en la nuca tres luceros de oro, la llamaron Lucerito de Oro.

# ... La bruja malvada ...

LOS NIÑOS CRECIERON FUERTES y tan hermosos que eran la admiración de la gente. Habían pasado varios años cuando el muchacho habló con el pescador y su mujer.

—La gente de la aldea dice que no somos hijos vuestros. ¿Es cierto?

El honrado matrimonio confesó la verdad y cómo el hombre los sacó del río. Después mostraron a los muchachos las ropitas que llevaban y el oro del cofre.

—Habéis sido muy buenos y os queremos mucho —dijeron los niños—, pero querríamos ir en busca de nuestros verdaderos padres.

Con el dinero que les pertenecía se pusieron en camino preguntando aquí y allá por su origen, que todos ignoraban. Al fin, en la ciudad donde estaba el palacio real, compraron una casa con su huerta. Tanto la cuidaron que se hizo célebre por su belleza.

La hermosa reina, al oír hablar de Cabellos de Oro y Lucerito, pensó que debían ser sus hijos, pues se encargó de vestirlos en cuanto nacieron y había visto aquellas señales.

También la bruja reina anciana sospechó que debían ser sus nietos y, con idea de librarse de ellos, fue a hacerles una visita. Alabó mucho los árboles del jardín, pero dijo:

—Es una lástima que no tengan campanillas. En la montaña de ahí enfrente hay un jardín lleno. Deberíais ir a buscarlas, pues es lo único que os falta.

—Iremos —decidió el muchacho.

La reina se alejó con salvaje alegría.

# ... Los pececitos de oro ...

A CABELLOS DE ORO y Lucerito les ilusionaba tener campanillas para sus árboles, y el muchacho decidió ir a buscarlas. Poco podían imaginar que el jardín de la montaña estaba encantado y cualquiera que permaneciese en él mucho tiempo quedaba convertido en árbol.

Lucerito quería ir con su hermano, pero él la convenció de que estaría muy pronto de regreso. Y, muy tempranito, se fue a la montaña, quitó una campanilla a un árbol y luego echó a correr montaña abajo todo lo que daban de sí sus piernas.

Una vez en casa, colgaron la campanilla en un árbol y la huerta se llenó de bellos sonidos.

La anciana hechicera les hizo una visita.

—Corazoncitos míos, qué bien suena vuestra campanilla. Ya lo tenéis todo, es decir, os faltan pececillos de oro para vuestro estanque.

—¿Dónde podríamos encontrarlos? —preguntó el muchacho.

—En el lago que hay en aquella montaña.

—Los tendremos. Mañana mismo iré a buscarlos —dijo Cabellos de Oro.

La hechicera se retiró satisfecha.

# ... Cabellos de Oro ...

MUY DE MAÑANA, a pesar de las protestas de su hermana, Cabellos de Oro salió de su casa. Recorrió la montaña y halló un lago maravilloso, cuyas aguas transparentes invitaban a quedarse allí. Pero no se detuvo más que el tiempo justo para recoger dos pececitos y regresar a la carrera junto a su hermana.

Aquella noche dejaron los dos peces en el estanque y a la mañana siguiente, ¡oh, maravilla!, se habían multiplicado e iluminaban las aguas con su resplandor.

La malvada anciana estaba asombrada de que Cabellos de Oro hubiera vuelto sano y salvo de la montaña. Enfurecida, les hizo otra visita ocultando tras sonrisas su mala intención.

—Corazoncitos, vuestro estanque está precioso. Ya lo tenéis todo, excepto el pájaro de la verdad, que se encuentra en la última sala del palacio de la montaña.

—Conseguiré ese pájaro —decidió Cabellos de Oro.

# ... En el palacio encantado ...

LUCERITO QUISO DISUADIR a su hermano de que fuera a la montaña, apresada por extraños presentimientos. El muchacho, decidido a todo, marchó muy de mañana.

En esta ocasión se entretuvo mirando los árboles y luego cada una de las salas de palacio, llenas de objetos maravillosos y ricos. Sin darse cuenta, perdió mucho tiempo. Por fin penetró en la sala donde estaba el pájaro de la verdad, se encaramó en una silla y al extender la mano para tomarlo... se deshizo en una lluvia de cristales.

Lucerito de Oro esperó a su hermano durante todo el día y toda la noche. De madrugada fue a la montaña, entró en el jardín encantado, pero su búsqueda fue vana.

Regresaba a su casa llorando amargamente, cuando la vio una mujer de buen corazón. Apiadada, le dijo:

—Corre al palacio encantado sin detenerte un momento ni volver la cabeza. Recoge los pedacitos de cristal que verás desperdigados por el suelo, toma el pájaro y vuelve inmediatamente a tu casa: así salvarás a tu hermano.

Lucerito de Oro siguió aquellos consejos: atravesó el jardín y las salas del palacio sin detenerse y, al llegar a la última, recogió los pedacitos de cristal, que echó en su delantal; después se apoderó del pájaro de la verdad y huyó a toda prisa.

Al salir al jardín se le cayeron los cristalitos. En un abrir y cerrar de ojos, se convirtieron en una serie de niños, entre los cuales estaba su hermano. Inmediatamente regresaron a su casa.

# ... El pájaro de la verdad

EN LA CIUDAD todo el mundo hablaba de aquellos hermosos niños y las maravillas que tenían en su casa y mucha gente iba a visitarlos para admirar el jardín, las campanillas, los peces y el pájaro.

Un día acudieron también el rey y la reina. Después de recorrer el jardín, entraron en la casa y vieron al extraordinario pájaro.

—Si realmente hablas con verdad, dime dónde están mis hijos —le pidió la soberana.

El pájaro explicó la historia de los niños con pelos y señales, diciendo por último:

—Y esos niños cuya vida ha sido tan singular, están aquí. Estos son vuestros hijos.

La alegría de todos fue inmensa, inenarrable...

El pájaro nombró entonces a la malvada mujer causante de la desaparición de los principitos y la ira del rey no tuvo límites. Inmediatamente ordenó:

—Que arrojen a esa mujer al río, metida en un cofre.

Luego los reyes organizaron un alegre banquete para festejar el regreso de sus hijos y toda la ciudad acudió a él; en cuanto los asistentes conocieron a los príncipes, comprendieron que eran buenos y dignos de ser amados.

# LA PARRA Y EL ÁRBOL VIEJO

**UNA PARRA** había trepado a un árbol viejo. Sus compañeras, por el contrario, treparon por los palos que los campesinos colocaron para que pudieran sujetarse en ellos.

—¿Cómo has elegido para tu sostén ese árbol tan viejo? —le preguntó una de sus compañeras—. ¿Qué harás cuando se muera?

—No me des la lata —replicó aquella, contenta de su elección.

Y cada día se apretaba más contra el viejo tronco, segura de sobrevivir a todas las parras del viñedo.

Pero aquel árbol apenas se tenía en pie de puro viejo, y con cada golpe de viento crujía lastimosamente. Un día con gran estruendo, fue a caer cuan largo era. La parra, que seguía abrazada a él, rodó al mismo tiempo y murió aplastada por el peso.

Día 24

# EL AVARO MERCADER

**ÉRASE UN MERCADER** tan avaro que, para ahorrarse la comida de su asno, al que hacía trabajar duramente en el transporte de mercancías, le cubría la cabeza con una piel de león y, como la gente huía asustada, el asno podía pastar en los campos de alfalfa.

Un día los campesinos decidieron armarse de palos y hacer frente al león. El pobre asno, que estaba dándose el gran atracón, rebuznó espantado al ver el número de sus enemigos.

—¡Es un borrico! —dijeron los campesinos—. Pero la culpa del engaño debe ser cosa de su amo. Sigámosle y descubriremos al tunante.

El pobre asno emprendió la gran carrera hasta la cuadra del mercader; y tras él llegaron los campesinos armados con sus palos. Le propinaron tal paliza al avaro que en varios días no pudo moverse. Al menos la lección sirvió para que aquel avaricioso alimentase a su asno con pienso comprado con el dinero que el fiel animal le hacía ganar.

## Día 25

# EL MOSQUITO ESCARMENTADO

PASEABA UNA PANZUDA vaca sobre la alfalfa sembrada de flores, escogiendo la hierba más jugosa, que no era poca.

—No hay en la tierra ser más feliz que yo —se decía al mismo tiempo.

No acababa de decirlo cuando alguien le lanzó un soberbio picotazo. Era un ser pequeñito, pero agresivo; era... ¡el mosquito!

La vaca quiso ahuyentarlo con un movimiento de cola y el impertinente gritó con burla:

—No podrás alcanzarme.

—Ahora verás —amenazó la vaca.

Y, con un poderoso mugido, sacudió el cencerro colgado de su cuello.

Espantado por el estruendo, el mosquito alzó el vuelo marchándose lejos y la vaca pudo proseguir banquete y paseo.

# EL PRÍNCIPE DEL MAR

SUCEDIÓ HACE MUCHOS AÑOS que un pescador, al morir, dejó en la miseria a su mujer y su hijita, llamada Katia.

Un día en que la niña paseaba a orillas del mar, encontró un cesto y lo llevó a su casa. Al abrirlo hallaron a un niño temblando de frío.

—Nos lo quedaremos, ¿verdad, mamá? —preguntó Katia.

La madre afirmó y los niños crecieron juntos, compartiendo la pobreza.

Pasaron los años y un día se abrió un castillo situado sobre los acantilados, después de mucho tiempo de permanecer cerrado. Su propietaria, una anciana princesa, llegó en un coche tirado por dos caballos blancos.

La anciana solía bajar a la playa y tanto Katia como el muchacho la miraban con simpatía. Como ella les sonriera, se atrevieron a saludarla y preguntarle cuál era la causa de su tristeza y la atracción que el mar parecía ejercer sobre su persona.

—Es una historia muy triste, amiguitos. Hace varios años yo era feliz con mi esposo, el príncipe, y mi hijito. Hacíamos un viaje por mar cerca de estas costas, cuando se desencadenó una espantosa tempestad y nuestro velero zozobró. Mi esposo pereció ahogado. Para que mi hijito no sufriera la misma suerte, conseguí ponerlo en el interior de un cesto, pero seguramente se lo tragó el mar. A mí me salvaron unos pescadores.

Katia y el muchacho le contaron entonces el hallazgo del cesto. La señora, con gran emoción, abrazó a su hijo y mandó llamar a la madre de Katia para llevar a todos a su castillo.

Algunos años más tarde, la muchacha y el príncipe del mar se casaron y los invitados a la boda fueron todos los pescadores del pueblo y sus familias, que tan caritativos se habían mostrado con los niños y su madre.

# LOS TRES HIJOS DEL MUJIK

**LA TORMENTA HABÍA DAÑADO** algunos frutos de los árboles. El mujik, que así es como se llama en Rusia a los campesinos, arrancó tres duraznos estropeados y llamó a sus tres hijos.

—Tomad —dijo—; estos frutos aún son aprovechables.

Cada uno de los muchachos tomó su durazno. Aquella noche, el padre preguntó al mayor:

—¿Qué has hecho del fruto que te di?

—Lo tiré sin comerlo, porque estaba estropeado.

—Yo comí el lado sano —explicó el segundo.

—¿Qué has hecho tú? —preguntó al menor.

—He comido la parte buena y el hueso lo he plantado. Cuando pase algún tiempo, tendré un árbol.

El mujik, mirando al mayor, sentenció:

—No has sabido agradecer la merced que nos hace el Creador y nunca harás fortuna. En cuanto a ti —dijo al segundo—, sabes aprovechar los dones que se te conceden; pero el único realmente previsor es vuestro hermano menor, que piensa en el día de mañana.

Día 28

# ¿QUIÉN LE PONE EL CASCABEL AL GATO?

**SUCEDIÓ UNA VEZ** que los ratones de una aldea celebraban consejo. Intentaban hallar la solución que les librase del gato negro que sembraba el terror entre ellos.

El más avispado de los ratones propuso:

—Yo creo que debíamos poner un cascabel en el cuello de nuestro enemigo. Así podríamos huir a tiempo.

—Está muy bien, pero ¿quién pondrá el cascabel en el cuello del gato? —alegó un ratón muy astuto.

—No penséis que seré yo —dijo uno.

—Ni yo —añadió otro.

Y no se halló al ratón capaz de realizar tal empresa. Y es que las soluciones que no pueden llevarse a la práctica no sirven para nada.

# LA VENTA DEL ASNO

ÉRASE UN CHICUELO astuto que salió un día de casa dispuesto a vender a buen precio un asno viejo. Con las tijeras le hizo caprichosos dibujos en las ancas y la cabeza, y luego lo cubrió con una albarda bordada con oro. Dorados cascabeles pendían de los adornos, poniendo música a su paso.

Viendo pasar el animal tan ricamente enjaezado, el alfarero llamó a su dueño:

—¿Qué quieres por tu asno, muchacho?

—¡Ah, señor, no está en venta! Es como de la familia y no podría separarme de él, aunque tampoco quiero disgustaros...

Tan buena maña se dio el chicuelo, que consiguió el alto precio que se había propuesto. Soltó el borrico, tomó el dinero y puso tierra por medio.

La gente del pueblo se fue arremolinando en torno al elegante asnito.

—¡Qué elegancia! ¡Qué lujo! —decían las mujeres.

—El caso es... —opuso tímidamente el panadero—, que lo importante no es el traje, sino lo que va dentro.

—¿Insinúas que el borrico no es bueno? —preguntó molesto el alfarero.

Y para demostrar su buen ojo en materia de adquisiciones, arrancó de golpe la albarda del animal. Los vecinos estallaron en carcajadas. Al carnicero, que era muy gordo, la barriga se le bamboleaba de tanto reír. Porque debajo de tanto adorno, cascabel y lazo no aparecieron más que cicatrices y la agrietada piel de un jumento que se caía de viejo. El alfarero, avergonzado, reconoció:

—¡Para borrico, yo!

Día 30

# LA ARAÑA SALVADORA

HACE MUCHÍSIMOS AÑOS, las tropas enemigas invadieron el reino de Sadenar y su príncipe tuvo que escapar por senderos desconocidos sin otra compañía que su fiel ayudante, y seguido de cerca por el cruel invasor.

—¡Señor, van a darnos alcance! —exclamó el escudero—. Refugiémonos en esa cueva...

—Sea, amigo, aunque no creo que vaya a servirnos de mucho. Nos descubrirán igualmente, pero lo cierto es que estamos muy cansados.

También durante la noche, los perseguidores se concedieron una tregua. Con las primeras luces del día, los invasores reemprendieron la búsqueda.

—¡Mirad, una cueva! Seguramente están ahí —gritó un oficial.

Ya se lanzaban varios soldados arma en mano, cuando el capitán los detuvo.

—¡Alto! ¿No veis la enorme telaraña que cubre la entrada? Nadie ha pasado por ahí desde hace mucho tiempo.

Dentro de la cueva, con el corazón tembloroso, los dos hombres oyeron alejarse a los perseguidores.

—Amiga mía, tu trabajo nos ha salvado, al realizar en una noche la labor de muchos días. A veces los más humildes son los que mejores servicios nos prestan.

Tiempo después, el príncipe recobró su trono.

Día 31

# EL TIGRE Y EL HOMBRE

EN UNA SELVA ESPESA y solitaria fueron a encontrarse el hombre y el tigre. Este desafió a aquel a un combate cuerpo a cuerpo y le enseñó las garras, pero escondiendo las uñas.

—Lucha conmigo, hombre, pues ya ves que no tengo nada con qué dañarte. Pero enséñame antes las armas que vas a utilizar conmigo.

El hombre, más astuto, le enseñó una espada oculta en una vaina de suavísimo cuero.

—Esta es mi única arma —dijo.

Viendo el tigre que con tal objeto no podía herirlo, inició el combate, con la seguridad de haber engañado a su rival. Afianzándose bien en los pies, extendió las garras y descubrió el pecho, de forma que su enemigo, que con gran presteza había desenvainado la espada, se la clavó en el corazón. Al caer, el tigre murmuró:

—¡Ay!, el hombre sabe más que todos los animales juntos. He sido necio al intentar engañarlo.

Día 1

# LAS PRISAS DEL SAPO

ÉRASE UN SAPO que quería subir una escalera. La escalera era muy alta y el lento sapito empleó en ello nada menos que siete años. Estaba muy satisfecho, pues ya venía el final.

Pero cuando iba por el último tramo, se cayó de pronto y nada pudo hacer para evitar rodar y rodar. Una vez abajo, magullado y dolorido, se dijo:

—¡Caramba, lo que son las prisas!

Y desde entonces, cuando alguien tarda mucho en hacer una labor y luego le sale mal, la gente suele decir:

—Te ha pasado lo que al sapo. Después de siete años, las prisas.

Día 2

# EL SOLDADO Y LA BRUJA

UN SOLDADO caminaba tristemente por un sendero. La guerra había terminado y no tenía en su bolsillo ni una mala moneda. Estaba medio inválido a causa de las heridas recibidas, y su rey le había despedido porque ya no lo necesitaba. Pensando iba en el desagradecimiento del soberano, cuando encontró la casa de una bruja y le pidió albergue por aquella noche.

—Quédate, pero a cambio mañana cavarás el huerto.

Accedió el soldado, pero no pudo terminar el huerto en un día. Como la hechicera exigía cada vez nuevos servicios, se había convertido poco menos que en su prisionero.

Un día la bruja le ordenó:

—Baja al pozo y tráeme la luz azul que luce en el fondo.

Lo hizo así el soldado, y cuando subía la luz en el cubo del pozo la hechicera pretendió quitársela.

—No te la daré hasta que me saques de aquí —exigió el soldado.

La hechicera, furiosa, soltó el cubo y lo dejó caer al fondo. La luz se mantenía encendida y, para no aburrirse, el hombre fue a encender con ella su pipa. ¡Oh, maravilla! Del humo salió un duendecillo que dijo:

—Mándame, amo.

Pasado el primer instante de estupor, el hombre dijo:

—Sácame de aquí y luego lleva a la hechicera ante el juez. Y dame algún dinero para ir a una posada.

El enanito entregó una bolsa al soldado y se llevó a la bruja montada en un gato negro. La encerraron en la cárcel y nadie ya volvió a verla.

# ... La luz azul y la princesa

**ESTABA EL SOLDADO** aquella noche en la posada y llamó al duendecillo para solicitar de él que le llevara a la princesa.

—Pero tráela cuando esté dormida. Eso le servirá de escarmiento a su padre por el pago que me ha dado.

El duende llevó a la princesa, y el joven le ordenó limpiarle la habitación y quitarle las botas. La muchacha lo hizo torpemente, con los ojos medio cerrados. Al amanecer, el duende la llevó de vuelta a su palacio. Como se despertó cansada, le contó a su padre el sueño que había tenido.

—Más que un sueño, parece como si hubiera sucedido de verdad —añadió.

El rey le ordenó que se llenara los bolsillos de guisantes, haciendo agujeros en la tela, por si volvía a ocurrir. Así lo hizo la princesa, pero el duende llenó todas las calles de guisantes y no fueron descubiertos.

A la noche siguiente, el duende llevó de nuevo a la princesa a casa del soldado y ella escondió un zapato debajo de la cama.

Al otro día, cuando el rey mandó registrar todas las casas de la ciudad y se encontró el zapato en la del soldado, se le condenó a morir. Entonces él solicitó una última gracia: la de poder fumar. Al encender la pipa en la luz y aparecer el duendecillo, le ordenó:

—Apalea sin cesar al rey y a los jueces.

Así lo hizo el diminuto servidor y el rey pidió gracia. El soldado se la concedió a cambio de la mano de su hija y el gobierno del reino.

## Día 4

# LA ZORRA Y EL PERRO GUARDIÁN

ÉRASE UNA ZORRA que se introdujo calladamente en un rebaño de corderos. Para aparentar buenas intenciones, acariciaba melosa la cabeza de una ovejita.

El perro que cuidaba el rebaño, un poco sorprendido por la actitud de la recién llegada, le preguntó:

—¿Qué hace aquí la embustera doña Zorra?

—Mimo y juego con este corderillo, amigo mío.

—¡Pues suéltelo de inmediato, si no desea conocer el mimo de mis colmillos, que a mí no me la da usted!

## Día 5

# EL TOPO IMPRUDENTE

ÉRASE UN TOPO que se paseaba bajo tierra por largas galerías. Tan pronto iba a los pisos superiores como bajaba a las bodegas, y para ello apenas necesitaba ver. En realidad, apenas veía, porque los topos tienen los ojos pequeños y faltos de visión.

Por fin enfiló un corredor desconocido y siguió caminando. Entonces una voz le gritó desde el piso de abajo:

—¡Detente! Esa galería lleva al exterior y es peligrosa.

Sin hacer caso, el topo siguió la marcha, hasta llegar a un montón de estiércol. Levantó el hocico hacia lo alto y la luz del sol, que brillaba como un relámpago, lo mató.

También la mentira, como el topo, puede vivir únicamente cuando está escondida, pues en cuanto sale a la luz para hacerse notar muere.

# EL HUÉRFANO Y EL GIGANTE

**NO SE SABE CUÁNDO NI DÓNDE** hubo un niño que al morir sus padres quedó solo en el mundo. Cuando iba buscando un techo para guarecerse, encontró un pájaro a punto de morir de frío, y se lo guardó en el bolsillo. En la cima de una montaña, se encontró ante un gigante dispuesto a matarle.

El niño, que llevaba un bastoncillo, lo apoyó en el pie del gigante, precisamente sobre un callo que tenía, y este chilló con todas sus fuerzas.

—¿Por qué gritas así? —preguntó el niño—. ¿Qué pasará entonces cuando te sacuda de firme? —Y blandió el bastón.

—¡No me pegues, no me pegues! Después de todo, tengo más fuerza que tú. ¡Mira lo que puedo hacer!

Tomando un tronco de árbol entre las manos, lo apretó con tal fuerza que empezó a correr entre sus dedos la savia. Después arrojó una piedra a varios kilómetros de distancia.

—Ahora verás lo que yo hago con una piedra —dijo el niño—. ¡Mira!

Había sacado del bolsillo un trozo de requesón, lo estrujó entre los dedos y el suero corrió por ellos. Después sacó el pajarillo y lo envió tan lejos que nunca más lo volvieron a ver. El gigante creyó que era otra piedra.

Intimidado, decidió vivir en paz con el huerfanito y lo llevó a su casa. Los hermanos del gigante, cuando este les contó lo ocurrido, se asustaron mucho.

—Tenemos que deshacernos del niño —dijeron a una.

Aquella noche, armados de una viga de hierro, entraron en la habitación del huérfano y del golpazo hundieron la cama. Pero como el pequeño había tenido la precaución de acostarse a los pies de la misma, dejando envuelto sobre la almohada un puchero de barro, pudo saltar al suelo, gritando:

—¿Quién mueve mi cama? ¡Allá voy con mi bastón!

El gigante y sus hermanos, muertos de miedo, escaparon dejando solo al huérfano. El pequeño pudo seguir viviendo en una buena casa sin ninguna preocupación.

**Día 7**

# LA MULA Y EL PATO

**UNA MULA Y UN PATO** echaron a andar al mismo tiempo por un caminillo. La mula marchaba más ligera y de vez en cuando tenía que detenerse a esperar a su compañero.

—¡No me conviene mucho ir contigo! —exclamó al poco, malhumorada.

Pero continuaron juntos. Al rato llegaron a una colina que terminaba en un abismo. La mula no podía bajar sin precipitarse y exclamó:

—¡Vaya! Tendré que dar un rodeo.

El pato, con su habilidad para el vuelo, pudo cruzarlo en un momento.

—Me cansaba de esperarte —le dijo a la mula.

Siguieron el camino y alcanzaron la orilla de un ancho río, que debían pasar a nado. Para el pato fue sencillo, pero no para la mula, a la que costó gran trabajo.

Entonces, avergonzada, dijo:

—Amigo, reconozco que no todos valemos para las mismas cosas y que es bueno saber hacer de todo.

**Día 8**

# LOS NUDOS DEL VIENTO

**EN UN LEJANO PAÍS DEL NORTE,** vivía una hechicera que tenía poder sobre el viento. Los pescadores la visitaban a menudo para pedirle que les proporcionara vientos favorables en sus expediciones.

Un grupo de pescadores que planeaba atravesar un mar peligroso fue a ver a la hechicera:

—Pídenos lo que quieras, pero danos buenos vientos.

—Está bien: tomad este pañuelo con tres nudos. Soltando dos de ellos, tendréis vientos favorables, pero no soltéis el tercero, porque correríais gran peligro.

Estando en alta mar, en medio de un viento desfavorable, el capitán soltó uno de los nudos. Inmediatamente tuvieron el mejor de los vientos. Pasado algún tiempo, pensaron que podían navegar más rápido soltando el segundo nudo. Así sucedió, en efecto. Estando ya cerca del puerto, la curiosidad les hizo soltar el tercer nudo.

¡Ojalá nunca lo hubieran hecho! Tan gran tormenta estalló, que faltó poco para que perecieran. El barco crujía como si fuera a saltar en tablas y los tripulantes tuvieron que lanzarse al agua y ganar la orilla a nado. Salvaron sus vidas, pero perdieron el barco.

## Día 9

# EL VIAJERO EXTRAVIADO

ÉRASE UN CAMPESINO SUIZO, de violento carácter, poco simpático con sus semejantes y cruel con los animales, especialmente los perros, a los que trataba a pedradas.

Un día de invierno, tuvo que aventurarse en las montañas nevadas para ir a recoger la herencia de un pariente, pero se perdió en el camino. Era un día terrible y la tempestad se abatió sobre él. En medio de la oscuridad, el hombre resbaló y fue a caer al abismo. Entonces llamó a gritos, pidiendo auxilio, pero nadie llegaba en su socorro. Tenía una pierna rota y no podía salir de allí por sus propios medios.

—Dios mío, voy a morir congelado... —se dijo.

Y de pronto, cuando estaba a punto de perder el conocimiento, sintió un aliento cálido en su cara. Un hermoso perrazo le estaba dando calor con inteligencia casi humana. Llevaba una manta en el lomo y un barrilito de alcohol sujeto al cuello. El campesino se apresuró a tomar un buen trago y a envolverse en la manta. Después se tendió sobre la espalda del animal que, trabajosamente, lo llevó hasta un lugar habitado, salvándole la vida.

¿Sabéis, amiguitos, qué hizo el campesino con su herencia? Pues fundar un hogar para perros como el que le había salvado, llamado San Bernardo. Se dice que aquellos animales salvaron muchas vidas en los inviernos, y que adoraban a su dueño...

Día 10

# EL HUERFANITO COJO

ELISA Y BERNARDO, un matrimonio de granjeros que no tenían hijos, decidieron ir a un orfanato y adoptar uno.

—Quiero una niñita rubia con ojos azules —dijo Elisa.

Bernardo sonrió, conforme con la idea.

Nada más entrar en la institución benéfica, Elisa descubrió a la niñita con la que había soñado. Parecía una muñeca y la tomó en los brazos, sintiéndose feliz.

Un niño cojito, más bien feo, había mirado con esperanza al matrimonio. Pero pronto la tristeza se extendió por su semblante. Todos los que querían niños se llevaban a las niñitas rubias: tenía que conformarse con su suerte. Entonces, el granjero dio con el codo a su mujer.

—Mira..., mira a ese pobre pequeño...

—Es cojo —dijo ella por lo bajo.

—Por eso precisamente nos necesita más —murmuró él.

Elisa, con un suspiro, dejó a la niña rubia y se volvió hacia el cojito.

—¿Cómo te llamas?

—Juan.

—¿Te gustaría venir a vivir con nosotros?

Desconfiado, con la voz temblorosa, el chicuelo respondió:

—¿Y la niñita rubia?

Día 11

# ... Una familia ejemplar ...

PASADOS UNOS DÍAS, Elisa ya no recordaba a la niñita rubia. Su pequeño Juan era inteligente y les miraba con tanto amor a Bernardo y a ella... Además, a pesar de su cojera, se encargaba de muchos trabajos y, apoyándose en unas muletas, podía ir y venir a la escuela.

—Es un gran chico —repetía Bernardo— y estoy contento con la elección.

—Yo también. La niña rubia tendrá otros padres.

La vida en la granja era más hermosa, más alegre. Los tres se dedicaban a sus trabajos cantando y riendo. Los tres se querían y cuidaban como una familia ejemplar.

Algún tiempo después, murió el guardabosques, dejando a cinco niños huérfanos.

Los granjeros perdieron la alegría. A dos pasos de ellos cinco criaturas estaban necesitadas de cuidados y amor. Elisa y Bernardo hablaron con Juan.

—¿Te importaría que los hijos del guardabosques vinieran a vivir con nosotros hasta que se encuentre algún lugar para ellos?

—¡Claro que no! Ayudaré a papá en la granja y a ti en casa, mamá.

Instalaron a los niños lo mejor posible. La vida no era fácil; mucho trabajo y alguna privación. Juan, contagiado de la bondad de sus protectores, era el hombrecito de la casa y cumplía sus tareas con dichosa satisfacción.

Pasaron unos meses y, de común acuerdo, los granjeros y Juan decidieron que los niños del guardabosques se quedasen para siempre con ellos.

Se habían convertido en una familia ejemplar.

## Día 12 … La bondad contagiosa

**AQUELLA PRIMAVERA** fue desastrosa para los granjeros, varias inundaciones arrasaron la cosecha y arrastraron el ganado.

—Nos arreglaremos —decía animosamente Juan—; volveremos a plantar y poco a poco repondremos el ganado.

—¡Pues claro que sí! —se apresuró a decir Elisa.

Una noche, un viajero llamó a la puerta. Su coche había tenido una avería y, en la imposibilidad de arreglarlo, solicitaba asilo. Compartió la cena familiar y después, fumando su pipa en silencio, observó cómo el matrimonio ayudaba a los niños con los deberes y la magnífica alegría de todos a pesar de su modesto modo de vivir.

A la mañana siguiente, el viajero dijo al matrimonio:

—Les envidio a ustedes. Parecen tan dichosos…

Ellos aseguraron que, en efecto, lo eran.

El viajero, antes de despedirse, dijo al matrimonio:

—Soy un médico famoso y he recorrido las mejores universidades del mundo, pero la más hermosa lección la he recibido en esta granja. Amigos míos, siento que su bondad es contagiosa y les aseguro que de hoy en adelante trataré de imitarlos. Para empezar, ¿podrían dejarme a Juan por una temporada? Creo que podré hacer bastante por su pierna.

La bondad no solo es contagiosa, sino que, tarde o temprano, recibe su premio.

# EL MIRLO BURLÓN

LA POBRE ZARZA NO PODÍA MÁS. Ahora que sus ramas estaban nuevamente cargadas de negras bayas, los mirlos hurgaban con el pico y con las patas en todas sus ramas.

—¡Por favor —suplicó la zarza dirigiéndose al mirlo más fastidioso—, respétame! Ya sé que mis zarzamoras son tus frutos preferidos, pero no me prives de la sombra de las hojas, que me defienden de los rayos abrasadores del sol, y no me descorteces con tus uñas.

—¡Calla, salvaje zarza! ¿No sabes que la naturaleza te ha criado para que me sirvas de alimento? ¿No sabes, villana de las malezas, que el próximo invierno servirás solo para alimentar el fuego?

La zarza, al oír esto, comenzó a llorar en silencio.

Al poco tiempo, el mirlo caía en la red tendida por un hombre. Para encerrar al pájaro en una jaula, el hombre cortó muchas ramitas del seto y hasta la misma zarza dio las suyas.

—¡Oh, mirlo! —dijo entonces la zarza—. Yo todavía estoy aquí y mis ramitas te quitan la libertad con la que tú me atormentabas. Yo aún no estoy consumida por el fuego, como me decías. Y antes de que me veas quemada, yo te veo a ti en prisión.

Día 14

# LA CHARLATANA

ÉRASE UN MATRIMONIO de campesinos ya anciano. La mujer, aunque tenía buenas cualidades, era muy charlatana y contaba en el pueblo cuanto sucedía en su casa.

Un día que el marido había ido al bosque en busca de leña, sintió que el suelo se hundía bajo su bota. Cavó un poco y fue a dar con un caldero lleno de monedas de oro. Entonces pensó en el problema que suponía su mujer, que no tardaría en pregonar el hallazgo. Volvió a esconder el tesoro, lo cubrió con ramas y luego, en el mercado, se procuró una liebre y un besugo. Colgó este de la rama de un árbol y puso la liebre en el río, dentro de una red. Luego corrió a su casa y explicó alegremente a su mujer:

—Te contaría una cosa extraordinaria, si no fueras a contarla por ahí.

Ella prometió discreción. El hombre, que tenía su plan, dijo:

—He oído que ahora en los árboles florecen peces y en los ríos viven las liebres.

—Eres tonto de remate —repuso ella.

Pero yendo con él al bosque, la mujer vio el besugo colgado del árbol y más tarde encontró la liebre en el río. Todo ello, juntamente con el caldero del tesoro, lo llevaron a su casa.

# ... La decisión del juez

**EL MATRIMONIO DE CAMPESINOS** podía vivir con holgura gracias al tesoro encontrado. La mujer, fuera de sí, empezaba a derrochar y a invitar a todo el mundo y el marido acabó por negarle el oro. Ella, enfurecida, le denunció al juez del pueblo. Algunos de los vecinos, invitados por la mujer, apoyaron su demanda.

El juez preguntó al leñador:

—¿Es cierto que encontraste en el bosque un tesoro y que ahora no lo quieres compartir con tu mujer?

—¿De qué tesoro me habla su excelencia? Mi mujer debe haberlo soñado. Será mejor que le pregunte a ella.

—Escuche bien el escribano para que no deje de anotar todo —empezó la mujer—. Cuando iba con mi marido por el bosque encontramos en la rama de un árbol un besugo; y después, en la red del río, una liebre. Y al regresar a casa, el caldero con las monedas de oro.

—¿Es que quieres burlarte de este tribunal? —se indignó el juez—. ¡Fuera! La sesión ha terminado.

A pesar de las protestas de la campesina, nadie la creía. Las risas pasaron de la sala al pueblo y la mujer, humillada, tuvo que seguir a su marido.

A partir de entonces el matrimonio vivió tranquilo y feliz, administrando bien su tesoro y socorriendo de vez en cuando a algunas personas necesitadas.

## Día 16

# LAS VEINTICINCO PERLAS

**UN HOMBRE YA ANCIANO**, sintiendo próxima la muerte, dijo a sus hijos, Juan y Joaquín:

—Hijos míos, voy a morir y quiero comunicaros que en la alacena guardo un estuche con veinticinco perlas valoradas cada una en mil monedas de plata. Pero no debéis abrir el estuche hasta pasados diez días de mi muerte.

Falleció el anciano y un vecino llamado Levi, que era un usurero, conociendo la existencia de las perlas, propuso a los muchachos:

—Os compro las perlas por el dinero en que las tasó vuestro padre, esto es, a mil monedas de plata.

Los muchachos estuvieron de acuerdo, porque pensaban comprar tierras de labor. Pasados los diez días, entregaron a Levi el estuche y recibieron el dinero.

Pero no había pasado una hora, cuando el usurero regresaba furioso:

—¡Me habéis engañado! En el estuche solo hay un papel.

Los dos hermanos se defendieron alegando que le habían entregado el estuche sin romper los sellos. El negocio había sido honrado.

Levi salió en busca del juez y este decidió que debería ver el papel para hacer justicia.

El papel decía:

«A mis hijos, Juan y Joaquín:

Queridos hijos, soy muy viejo y pronto me llamará la muerte. Quiero explicaros que no tengo fortuna, porque di todo mi dinero a los necesitados; pero os dejo escritas las veinticinco enseñanzas que orientaron mi vida. Si las cumplís seréis felices en la Tierra y en el Cielo».

Los muchachos, emocionados, leyeron los consejos de su buen padre y luego exclamaron:

—Ahora comprendemos bien todo. Devolveremos el dinero a Levi, pues hubiéramos sido necios vendiendo tan valiosa fortuna.

El juez, que era un hombre poderoso, al ver la honradez de los muchachos, les dio a sus hijas en matrimonio, haciéndoles al mismo tiempo herederos de sus riquezas, porque vio que poseían un tesoro más valioso que el oro y la plata: el de la virtud.

## Día 17

# LA CABRA EMBUSTERA

**ÉRASE UN CAMPESINO** severo y pobre, que tenía tres hijas. Uno de sus vecinos le vendió una cabra y, como era su única posesión, quiso cuidarla bien para que diera mucha leche. Al día siguiente se la entregó a su hija mayor para que la llevase a pastar. Al regresar por la noche, la cabra dijo que la muchacha era una vanidosa y se había pasado el tiempo mirándose en el arroyo, sin darle de comer.

El campesino, disgustado, envió a su hija mayor a servir a la ciudad y encargó a la segunda alimentar al animal.

Por la noche, la cabrita embustera acusó a la muchacha de haragana, asegurando que no le había dado de comer.

El campesino echó de casa a la muchacha y encargó a la tercera el mantenimiento de la cabra. Pero sucedió igual que en días anteriores.

Al día siguiente él mismo se fue con la cabra al monte, y he aquí que cada vez que el animal intentaba comer hierbas, un enanillo salía de la tierra y le increpaba así:

—¡Fuera de aquí, embustera! ¡Ya te llenaste la panza ayer!

Avergonzado el campesino del trato dado a las muchachas, corrió a buscarlas. Luego, felices y contentos, llevaron la cabra al mercado, donde la vendieron por lo que costó.

**Día 18**

# EL BURRO Y LOS LIBROS

**UN BURRITO QUE PASTABA** por un prado halló los libros de un escolar descuidado y se dijo:

—Si me comiera estos libros, aprendería muchas cosas sin ningún trabajo y llegaría a ser un sabio de fama mundial.

Sin pensarlo más, empezó a masticarlos alegremente. Desde aquel instante el jumento se sintió de lo más sabio y fue en busca de sus compañeros dispuesto a darles lecciones.

Todos los asnos se prestaron a escucharle de la mejor gana. Sin embargo el burro sabio, aunque tenía la boca abierta, no articulaba palabra. De pronto, lanzó un feroz rebuzno. Sus compañeros rebuznaron también, burlándose del necio borrico, al que echaron a coces de su lado.

Y todos comentaron que nunca habían visto tonto mayor.

## Día 19

# LECCIÓN PROVECHOSA

**ÉRASE UN PRINCIPITO** mimado que todo lo tenía en la vida. Los que le rodeaban se adelantaban a sus deseos.

Naturalmente, el príncipe no podía comprender muchas cosas que se mencionaban ante él y que le parecían vagas.

—¿Qué es el hambre? —preguntó un día.

Aunque se lo explicaron, no pudo entenderlo.

—¿Qué es el miedo? —inquirió en otra ocasión.

Y tampoco comprendió la explicación.

—¿Qué es el frío? —preguntó otro día.

Y tampoco alcanzó a comprender la angustia de los que sufren el frío, porque en palacio el fuego se encendía en el invierno y sus ropas de abrigo no le permitían sentirlo.

Un día de otoño, salió de caza en compañía de otros cazadores. Persiguiendo a la pieza se alejó de sus compañeros y era ya demasiado tarde cuando comprendió que se había extraviado.

Caía la noche y un viento glacial le azotaba el rostro. De pronto, la pieza que perseguía saltó ante su caballo y este, espantado, le arrojó al suelo. Maltrecho, dominado por el terror, tuvo que sacar sus fuerzas y terminar con la fiera sin más recursos que sus manos.

Después estuvo llamando a voces a sus compañeros y... ¡nada! Caminando en la oscuridad, se alejaba de ellos. Por la mañana tenía la ropa hecha jirones y el frío le traspasaba los huesos. Estaba en un paraje desierto, pelado, que parecía hecho de rocas y viento.

Durante una semana el príncipe conoció el miedo, la desesperación, el frío, el hambre, la soledad...

Cuando pasado ese tiempo fue hallado por la guardia real, ya no volvió a preguntar por todas aquellas cosas que hasta entonces no había comprendido. Y así pudo llegar a ser un buen rey y ayudar al pueblo, no siempre afortunado.

## Día 20

# EL LEÓN Y EL JABALÍ

**CIERTO DÍA** un león y un jabalí fueron a encontrarse junto a un manantial y empezaron a discutir sobre cuál de los dos bebería primero. Pero no llegaron a un acuerdo y se enfrentaron en un terrible combate.

Como se detuvieran un momento para recobrar el aliento, observaron cómo una nube de rapaces aguardaba el fin del combate para devorar al derrotado.

Ante tan grave peligro, se dijeron:

—¡Ya está bien de tonterías! Es preferible hacernos amigos que terminar sirviendo de comida a buitres y cuervos. Bebamos sin prisa... Tú el primero, amigo.

Las aves rapaces se quedaron... con un palmo de narices.

## Día 21

# LA ZORRA Y EL GALLO

UNA ZORRA que había salido de exploración descubrió a un gallo cantando en una rama y pensó que iba a tener una buena pechuga para desayunar.

—¡Hola, amigo! Tengo que darte una noticia —dijo la zorra alegremente—. Se ha firmado la paz entre todos los animales. Baja y nos daremos un abrazo.

—Así debe ser, puesto que así lo cuentas —repuso el gallo—. Además, veo venir dos perros a la carrera y supongo que corren a darnos la misma noticia.

Entonces la zorra no digo corrió, sino que voló con el rabo entre las patas. Mientras tanto, el gallo cantaba desde el árbol su burlón «¡quiquiriquí!», que quería decir: «de aquí no me muevo yo».

## Día 22

# EL EMIR CAPRICHOSO

**HUBO UNA VEZ** en un lugar de Arabia un emir sumamente rico y muy caprichoso en el comer. Los mejores cocineros de la región trabajaban para él, forzando cada día su imaginación para satisfacer sus exigencias.

Harto ya de tiernos faisanes y pescados raros, un día llamó a su cocinero jefe y le dijo:

—Ahmed, voy a pedirte que me busques algún manjar que no haya probado nunca, porque mi apetito va decayendo. Si quieres seguir a mi servicio, tendrás que ingeniarte cómo hacerlo.

—Si me ingenio y logro sorprenderos, ¿qué me daréis?

Aquel gran glotón repuso:

—La mano de mi bellísima hija.

Al día siguiente, el propio Ahmed sirvió al emir en una bandeja de oro el nuevo manjar. Parecían muslos de ave adornados con una artística guarnición.

Comió el emir y gritó entusiasmado:

—¡Bravo, Ahmed! Esto es lo más exquisito que he comido nunca. ¿Puedes decirme qué es?

—El loro viejo que conservabais en su jaula de plata, señor.

—¡Tunante! Me has engañado. ¡No te casarás con mi hija!

El gran visir intervino en el pleito. Y puesto que el emir había proclamado que el manjar era exquisito, sentenció a favor del cocinero, que fue dichosísimo con su hermosa princesa.

## Día 23

# LA ASTUCIA DEL VIEJO

**ÉRASE UN POBRE ANCIANO** que vivía con su hijo y su nuera. Les había dado cuanto poseía y recibía muy mal trato. Un día contándole sus penas a un amigo, este le dijo:

—Ellos se merecen una lección y tú, mejor vida. Toma este cofrecillo, llénalo de llaves viejas y di a tus hijos que se trata de una antigua deuda que ahora te han pagado. Cuando te crean rico, te tratarán mejor, ya lo verás.

Creyendo los hijos que el anciano tenía dinero, ya no le regatearon la comida ni las comodidades.

—Padre, siéntate en la silla nueva...

—Padre, tome este pastel de postre...

Al mal hijo y a su mujer no dejó de extrañarles que el hombre nunca contase ante ellos su dinero, sino por la noche cuando estaba solo. Ellos le oían pegando el oído a su puerta.

Murió el anciano y cuando el hijo abrió el cofrecillo y descubrió el engaño, se avergonzó de su comportamiento, pues había merecido el ardid de su padre para recibir mejor trato.

Día 24

# LA SERPIENTE Y LOS PÁJAROS

ÉRASE UNA BANDADA DE PÁJAROS que cada día estaba más disminuida, pues desaparecían de modo misterioso, sin que nadie supiera cómo.

—No puedo explicármelo —decía el jefe de la bandada.

Una mañana, en lugar de volar en cabeza, se puso a la cola para vigilar a sus compañeros.

Al pasar sobre la colina, el jefe se dio cuenta de que la bandada se apartaba, como si la embistiese un fuerte viento. Los pajaritos más jóvenes se desviaban como atraídos por una fuerza invisible. Y de pronto, divisó a la serpiente; era larguísima, enroscada varias veces sobre sí misma.

Oculta entre la hierba, todos los días esperaba el paso de los pájaros y, abriendo la boca, aspiraba tan fuerte que conseguía sorberlos y llevárselos a las fauces.

El jefe de la bandada eligió otro camino y salvó la vida de muchos jóvenes pajarillos.

## Día 25

# EL GRANJERO INSOLENTE

HACE BASTANTES AÑOS, en una lejana aldea, vivía un aldeano terco y violento llamado Pedro. Por cualquier motivo promovía una discusión y siempre andaba a puñetazo limpio. Incluso cuando invitaba a uno de sus vecinos a comer le servía tal cantidad de comida que era imposible terminarla. Entonces gritaba a su invitado:

—¡Vamos, acaba eso! Cuando se está en casa ajena hay que obedecer al dueño sin protestar.

Un domingo se le ocurrió invitar a un muchacho alto y fuerte que terminaba con cuanto Pedro iba colocando sobre la mesa. Asombrado el granjero, quiso que despreciara algo y le dijo:

—Quítate esa vieja chaqueta y ponte mi levita nueva.

El joven obedeció, diciendo:

—Gracias por el regalo.

Y se puso la levita.

—Anda, ensilla mi caballo y llévatelo como si fuera tuyo —dijo a continuación Pedro.

Dócilmente, el joven hizo lo que le pedían. Después de montar, le gritó a Pedro:

—¡En casa ajena manda el dueño! Hasta la vista, amigo, por esta vez has salido perdiendo.

Allí se quedó el irascible campesino, atónito ante su propia estupidez, porque debido a su afán de pelea había perdido su mejor levita y su caballo. En esta ocasión, Pedro encontró zapatos de su medida.

## Día 26

# EL ÁGUILA ALTANERA

MIRANDO UN DÍA HACIA ABAJO desde su altísimo nido, el águila vio un búho. Y pensó que aquel animal tan gracioso no debía ser un pájaro. Picada por la curiosidad, comenzó a descender hacia él. Entonces le preguntó:

—¿Quién eres? ¿Cómo te llamas?

—Soy un búho —contestó asustado el pobre pájaro.

—¡Ja, ja! ¡Qué bicho tan ridículo! No tienes más que ojos y plumas... Anda, déjame oír tu voz.

Para asustar al búho, intentó acercarse más. Pero en aquel árbol un campesino había dispuesto unas varas untadas con liga, una masa pegajosa que se usa para cazar pájaros. El águila altanera se vio con las alas pegadas al árbol; cuanto más forcejeaba, más se le pegaban las plumas.

—Águila, dentro de poco vendrá el campesino —dijo el búho—, te apresará y encerrará en una jaula. O puede que te mate para vengar la muerte de los corderos que te has comido. Tú, que vives siempre en el cielo, libre de peligros, ¿qué necesidad tenías de bajar tanto para reírte de mí?

## Día 27

# EL VERDADERO TESORO

ÉRASE UN MUCHACHO ESTUDIOSO, trabajador y bueno, pero con exceso de imaginación. Le hubiera gustado protagonizar alguna historia de héroes, pero nunca se le presentaba la ocasión. Nadie se caía al río para que él pudiera salvarle y tampoco había en su país ninguna guerra que le hubiera dado ocasión de demostrar su valor ante el enemigo. Nadie necesitaba de sus esfuerzos y valor, y esto lo tenía disgustado.

—Tendrás que ayudarme a recoger la cosecha y cuidar los animales —le dijo su padre—, porque no puedo hacerlo solo. Ya sé que te has portado muy bien durante el curso y que merecerías unas vacaciones más alegres, pero nuestros medios no nos permiten otra cosa.

El muchacho trabajó durante el verano junto a su padre como un hombre, sin quejarse. Pero seguía descontento. Sin embargo, la granja marchaba a la perfección. Una tarde, cuando el padre y el hijo descansaban bajo el empalizado, el primero dijo:

—Estoy muy orgulloso de ti. Te has portado como un héroe y todos mis amigos se admiran de tu valor.

—¿Yo, un héroe? —se asombró el muchacho.

—Sí, hijo mío. El verdadero valor no estriba en hacer cosas extraordinarias en una ocasión determinada, sino en cumplir día a día con nuestro deber. Tú estudias, trabajas, te portas honradamente y ese es el mejor tesoro que tiene un hombre de bien.

El muchacho comprendió en aquel instante que su padre decía la verdad y debía olvidar el enemigo que llevaba en su imaginación.

# EL SUEÑO DE FLORINDEL

**ALLÁ EN TIEMPOS REMOTOS** vivía en un castillo imponente un hada fea, vieja y desdentada que sentía mucha envidia de la gente joven. A media milla de su castillo, había escondido bajo la hierba una cinta mágica y todo el que la pisaba se quedaba sujeto a ella. Pero esto solo les ocurría a los jóvenes, porque las muchachas quedaban convertidas en pájaros.

En el pueblo cercano vivía una pareja de enamorados, Florinda y Florindel, que sufrieron el encantamiento.

Muy pronto el muchacho descubrió que no pocos de sus antiguos compañeros estaban encantados también. Aquella noche soñó que un enano enviado por las hadas buenas dejaba caer una lágrima en su bolsillo y que la lágrima se convertía en una llavecita de oro capaz de abrir las jaulas de los pajarillos presos.

Al despertar comunicó su sueño a todos sus compañeros y descubrieron que tenían en sus bolsillos la llave de oro. Pero lo más difícil iba a ser entrar en el palacio del hada. Sin embargo, a la noche siguiente soñó que las hadas buenas les colocaban a todos una pluma en la solapa y que con ellas se abrían las puertas del palacio.

—Amigos, conseguiremos salvarnos —dijo a sus compañeros.

## Día 29

# ... El pueblo de las cien bodas

**AL LLEGAR LA NOCHE**, los muchachos encantados vieron una luz temblorosa que se acercaba a ellos. Era el hada malvada que, linterna en mano, iba a inspeccionar a los jóvenes encantados. Florindel susurró a sus amigos:

—¡Haceos los dormidos y confiad en mí!

Cuando tuvo al hada cerca, aunque estaba sujeto por los pies, pudo alargar los brazos y ahogarla. En aquel momento todos sintieron que los pies se les despegaban y se lanzaron hacia el castillo, cuyas puertas se abrieron solo con tocarlas con las plumas. Después corrieron hacia las jaulas y fueron abriéndolas con sus llavecitas de oro, y los pájaros se convirtieron en muchachas. Eran las novias de todos ellos y a la semana siguiente se celebraron cien bodas al mismo tiempo. La pareja más agasajada fue la formada por Florinda y Florindel.

Día 30

# EL GALLITO PLUMÓN

ÉRASE UN GALLITO CHIQUITO y plumón que iba a la boda de Pascual Bailón. En el camino se cayó a un barranco y se ensució sus lindas calzas. Y le dijo a la malva de la orilla del camino:

—Malva, limpia las calzas del gallito chiquito y plumón que va a la boda de Pascual Bailón.

La planta se negó, y el gallo le dijo a una oveja que vio:

—Oveja, come la malva que no quiso limpiar las calzas del gallo chiquito y plumón que va a la boda de Pascual Bailón.

También se negó la ovejita, y más adelante encontró un perro al que dijo:

—Perro, mata a la oveja que no ha querido comer la malva que no quiso limpiar las calzas del gallo chiquito y plumón que va a la boda de Pascual Bailón.

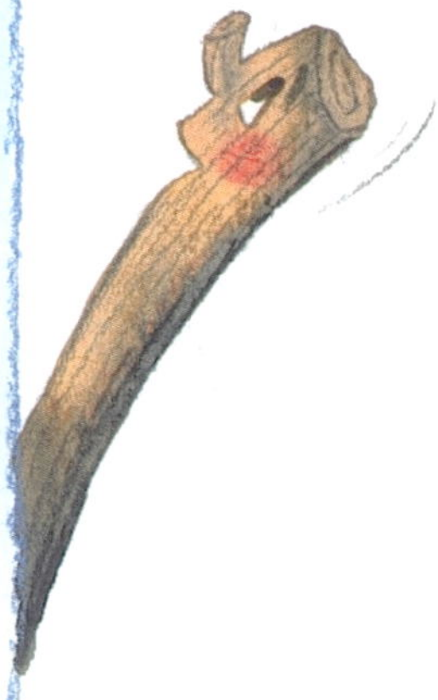

El perro no quiso. Más adelante se encontró con un palo y le dijo:

—Palo, pega al perro que no quiso matar a la oveja que no quiso comer la malva que no quiso limpiar las calzas del gallito chiquito y plumón que va a la boda de Pascual Bailón.

¡Ay!, el palo tampoco quiso y más adelante encontró el gallito al fuego y le dijo:

—Fuego, quema al palo que no quiso pegar al perro que no quiso matar a la oveja que no quiso comer la malva que no quiso limpiar las calzas del gallito chiquito y plumón que va a la boda de Pascual Bailón.

El fuego se negó y, al encontrar agua, el gallito dijo:

—Agua, apaga el fuego que no quiso quemar al palo que no quiso pegar al perro que no quiso matar a la oveja que no quiso comer la malva que no quiso limpiar las calzas del gallito chiquito y plumón que va a la boda de Pascual Bailón.

Y el gallito chiquito y plumón se limpió las calzas con su piquito y fue a la boda de Pascual Bailón.

Día 1

# LOS TRES HIJOS DE LA ZARINA

HACE MUCHOS AÑOS, en una lejana ciudad, la felicidad del zar se vio aumentada cuando la zarina, su esposa, tuvo una hijita a la que llamaron Nestnaya. Al año siguiente nacía otra princesita tan bella como la mayor, a la que pusieron por nombre Beztsnaya.

El zar quería tanto a sus hijas que no podía negarles nada: usaban cucharas de oro y dormían sobre colchones de finas plumas.

Paseaba un día el zar por los jardines de palacio cuando escuchó gritos y lamentos. Las ayas de sus hijas corrieron hacia él, diciendo:

—¡Oh, señor! Un remolino de viento se ha llevado a las dos princesas. El polvo nos cegó durante un rato.

La tristeza se adueñó de todos. El zar no comía ni dormía y la desconsolada zarina trataba de animarle.

Pasaron unos pocos años y a los soberanos les nació un niño al que se rodeó de más cuidados que a sus hermanas. Se llamaba Iván.

Con el paso del tiempo, Iván se convirtió en un joven hermoso muy aficionado a la música. Tocaba muy bien el arpa, pero le desagradaba el uso de las armas. Sus padres le amaban tanto que no pensaron protestar. Iván era toda su felicidad.

Día 2

## ... Iván y los genios del bosque ...

EL ZAR PENSABA que un monarca tiene necesidad de saber defender su reino e intentó que Iván aprendiera las artes de la guerra. El muchacho habló así a su padre:

—Las tierras no se toman por la fuerza, querido padre, sino con astucia e ingenio. Es así como quiero triunfar de mis enemigos. Te demostraré que no soy cobarde, pues pienso emprender la búsqueda de mis dos hermanas. Si dentro de tres años no he regresado, escoge un sucesor.

Al día siguiente, despreciando la guardia y los tesoros que su padre insistía en hacerle llevar, se puso en camino con su arpa bajo el brazo.

Encontrándose en medio de un bosque, divisó a dos geniecillos luchando furiosamente. Iván, al que desagradaban las peleas, quiso poner paz y preguntó el motivo de la disputa. Le explicaron que los dos querían un mantel maravilloso que acababan de encontrar. Solo con extenderlo aparecía cubierto de manjares. El hallazgo incluía unas botas de siete leguas y una gorra.

—¡No es necesario que lo discutáis a golpes! —dijo Iván—. Mejor será que compitáis con una carrera hasta el final del bosque. El que llegue antes se quedará con lo hallado.

Obedecieron los geniecillos y el zarevitz aprovechó para calzarse las botas. Con el mantel y la gorra, estuvo en un instante muy lejos de allí.

Día 3

# ... Iván, la hechicera y el ogro ...

ESTANDO EN UN PAÍS DESCONOCIDO y desierto, Iván encontró la choza de una hechicera, a la que preguntó:

—¿Sabes dónde podría hallar a mis hermanas?

—Todo lo que puedo decirte es que Nestnaya está casada con el Ogro del Bosque, pero ten cuidado, pues es malo.

Tras dar las gracias a la hechicera, el muchacho se alejó, hasta encontrar el palacio que buscaba y cuya puerta estaba guardada por un dragón. Entró saltando una tapia y vio en el balcón a una joven en la que reconoció a Nestnaya, aunque nunca la había visto. Los dos hermanos se abrazaron con alegría. Y entonces un gran trueno anunció la llegada del ogro. Iván se puso en la cabeza la gorra encantada y así se tornó invisible.

—¡Huelo a alguien extraño! —exclamó el grandullón.

Iván se quitó la gorra, dejándose ver.

Pero antes de que el ogro arremetiera contra él, extendió el mantel mágico y a la vista de manjares tan extraordinarios, su cólera se esfumó. Tanto comió y bebió que acabó por quedarse profundamente dormido.

—¿Sabes dónde se encuentra nuestra hermana Beztsnaya? —preguntó el zarevitz a la joven.

—Tendrás que buscarla en el fondo del océano, pues está casada con el Ogro de los Mares. Ten cuidado o te devorará.

Iván se despidió de ella, prometiendo volver.

## Día 4

# ... Iván en el reino de los mares ...

EL FUTURO ZAR se había internado en el mar sobre una frágil barquilla. Repentinamente se desencadenó una violenta tempestad y el muchacho, con su arpa, sus botas, su mantel y su gorra, se encontró en el fondo del mar, en el palacio de su soberano, que estaba sentado en el trono con Beztsnaya a su lado.

—¡Querido hermano! —exclamó ella, reconociéndolo.

Para calmar la ferocidad del ogro, que era mucha, tocó una linda canción en su arpa. Después el joven extendió su mantel y el ogro comió y bebió hasta hartarse. Cuando estaba empezando a roncar, el joven preguntó a su hermana cuál era la forma de librarlas de sus feroces ogros.

—Tendrías que ir al gran imperio que existe al otro lado del océano y hacerte amar por su reina, pero nadie ha logrado burlar la guardia que rodea su palacio.

—Estoy dispuesto a todo —prometió alegremente Iván.

Día 5

# ... Las princesas rescatadas

MONTADO EN UN CABALLITO DE MAR, el futuro zar llegó a las costas del otro lado del océano. Una vez en la playa se puso la gorra que le hacía invisible y llegó hasta el estanque del jardín donde se hallaba la soberana rodeada de sus doncellas. Mas ninguna era tan bella como ella.

Iván, quitándose la gorra, la saludó gentilmente. La reina le devolvió con agrado el saludo y empezaron a hablar sin descanso. Ella pensaba que merecía ser su esposo, pues era valiente y había sabido burlar a su guardia. Además, se había enamorado de él desde el instante en que lo vio.

Las bodas se celebraron al día siguiente, en el suntuoso palacio de cristal, con asistencia de toda la corte.

—¿Podrías liberar a mis hermanas, querida mía? —le preguntó el joven.

—Sea, pues no ignoro que así te hago feliz.

Gracias a sus mágicos poderes, las dos princesas se encontraron libres de sus ogros y pudieron ir a reunirse con sus padres.

También Iván regresó a su reino llevando a su bella esposa y dijo al zar:

—Habréis visto, querido padre, que el ingenio vale más que la fuerza. He conseguido con mi arpa, que suena sin pulsarla, resultados más asombrosos que los que hubiera conseguido con la mejor espada del mundo.

Día 6

# ALEGRÍA Y TRISTEZA

**CUÁL ES EL ANIMAL** más alegre de todos? —le preguntaron a un viejo campesino.

—Es el gallo —respondió este—. El gallo y la alegría son una misma cosa. Es alegre cuando nace el día, y canta; es alegre cuando sale el sol, y canta; corre, salta, combate y bromea, cantando siempre, feliz y contento. Y así, todo el corral lo escucha y se alegra.

—¿Y el animal más triste? —preguntaron de nuevo al sagaz campesino.

—El animal más triste es el cuervo —respondió—. La tristeza se parece mucho a él. Cuando en el nido se abren los huevos y le nacen las crías, el cuervo, al verlos pelados y blancos, huye ante tan gran dolor. Se retira a llorar sobre el árbol más cercano, rehusándoles el alimento. Después se da cuenta que sobre la piel les empiezan a despuntar las primeras plumas negras y vuelve. Pero sigue siendo triste, tan triste como su intenso color negro.

Día 7

# NINOSHKA Y LOS TRES REYES

**ALLÁ EN UN LUGAR** de la blanca estepa nevada brillaba la lucecita de la choza donde tenía su casa la anciana Ninoshka. Regresaba con unos troncos de leña para alimentar su hogar y se iba diciendo:

—Mis pobres huesos sienten cada vez más el frío invernal. Suerte que no me falta madera...

Luego, junto al calor de las llamas, empezó a recordar los felices años de su juventud. Y perdida en sus recuerdos estaba cuando sintió que llamaban a la puerta.

—¿Alguien visitándome a mí? ¡Qué raro! —se dijo.

Al abrir la puerta, tres venerables ancianos vestidos regiamente entraron en la choza. Llevaban unos cofrecitos de los cuales dos exhalaban los dulces aromas del incienso y la mirra.

Eran los tres Reyes Magos que se dirigían a Belén a conocer al Niño Jesús y querían que la anciana los acompañase.

—Os agradezco vuestra invitación pero soy muy anciana para llegar hasta Belén. Además, ¿qué podría ofrecerle yo? Sin embargo, me gustaría hacer regalos en su nombre a los niños del país...

El rey más anciano, dijo:

—Eres buena y generosa, y vamos a concederte ese deseo. Toma este gran cesto de mimbre y cúbrelo con este pequeño manto oriental. Cuando desees hacer regalos, lo encontrarás lleno.

Se fueron los tres Reyes por el sendero nevado. Ninoshka, inmensamente dichosa, salió aquella misma noche con el cesto al brazo y, sin temor a la noche inclemente, estuvo dedicada a proporcionar a los niños cuanto habían deseado a lo largo del año.

**Día 8**

# EL COCODRILO CHARLATÁN

ÉRANSE UN COCODRILO y una serpiente que siempre estaban juntos. Lo malo era que, a fuerza de hablar y hablar, el cocodrilo tenía harta a la serpiente.

—¿No podrías callarte y dejarme tranquila?

—¡Callarme yo! —replicó con jactancia el cocodrilo—. ¡Nunca!

Entonces la serpiente, que era lista, decidió darle su merecido. De un salto montó sobre el cocodrilo y rápidamente, como un hilo, se enrolló tres veces alrededor de sus mandíbulas, como si fuera una cuerda con su buen nudo.

El cocodrilo, bien a su pesar, no pudo decir tonterías en todo el día.

Día 9

# EL CABALLO DE FUEGO

UN ANCIANO TENÍA TRES HIJOS; dos, muy inteligentes y el tercero, que se llamaba Juan, algo feo y tonto.

El anciano cuidaba con esmero sus sembrados, pero alguien llegaba por las noches y causaba daños en ellos. Por este motivo, decidieron hacer guardia.

Aquella noche se quedó el mayor, pero se durmió y el sembrado sufrió daños. Lo mismo le sucedió al segundo hermano. La tercera noche le tocó el turno al tonto. Como no quería dejarse vencer por el sueño, se produjo una herida en el dedo y la cubrió con sal. El dolor lo mantenía despierto. A media noche sintió temblar la tierra y vio bajar del cielo un caballo con alas de fuego que echaba humo por las narices. Empezó a comer en el sembrado, y era más lo que estropeaba que lo que comía.

—¡No me hagas daño y te prestaré un servicio! —dijo al ver a Juan—. Cuando necesites mi ayuda, silba tres veces y di: «¡Caballo de Fuego, ven pronto!». Yo acudiré.

Juan dejó al animal, permitiéndole que devastara los sembrados.

Día 10

# ... El jinete del Caballo de Fuego ...

EL REY HABÍA INVITADO a sus súbditos a una soberbia fiesta que duraría tres días y los hermanos de Juan marcharon a la ciudad. Cuando el menor dijo que deseaba acudir también, se burlaron de él y de su fealdad, no permitiendo que fuera con ellos.

Cuando estos se alejaron a caballo, Juan salió al campo y llamó al corcel de fuego. En cuanto apareció a su lado saltó sobre él y al momento se transformó en un mozo tan guapo que nadie iba a reconocerlo como el tonto de Juan.

Al llegar a la ciudad, descubrió a una compacta muchedumbre ante el palacio y en el balcón de la torre a la hija del rey, más bella que la luna. En su mano brillaba un anillo. Los heraldos anunciaron que aquel que saltara y quitara el anillo de la mano de la princesa se casaría con ella.

Juan, con las rodillas pegadas al cuerpo de su montura, tomó impulso. El Caballo de Fuego relinchó y se lanzó en un gran salto. ¡Ay!, se había quedado corto en tres peldaños. Entonces huyó, llegó a la casa de su padre y volvió a ser el Juan de todos los días.

Día 11

## ... El anillo luminoso

A LA MAÑANA SIGUIENTE los hermanos de Juan salieron para la ciudad, pero no permitieron que este fuera con ellos. Una vez solo, el joven llamó al Caballo de Fuego y se encaminó a la fiesta. También esta vez saltó hasta la torre, pero se quedó corto en dos escalones. Ante el asombro de la multitud, huyó.

El tercer día de fiesta, volvió a probar suerte y arrancó el anillo de la mano de la princesa.

—¡No le dejéis escapar! —gritaron el rey y la reina.

Pero Juan había desaparecido ya. Cuando le vieron sus hermanos llevaba la mano vendada. Explicó que era una contusión insignificante.

Tres días más tarde, los pregoneros del rey anunciaron a todo el país que el monarca había decidido celebrar otra fiesta y exigía la asistencia de todos sus súbditos.

El anciano fue con toda la familia. Durante el banquete la propia princesa repartió agua y miel. Juan tenía el aspecto harapiento y sucio de siempre, lo que no fue obstáculo para que ella, al ver su mano vendada, preguntase qué tenía.

—¡Te quitaré la venda! —anunció al ver la poco clara respuesta de Juan.

Al hacerlo, el anillo brilló con fuerza y la princesa dijo al rey:

—Padre, este es mi prometido.

Bañaron a Juan, lo vistieron con un hermoso traje y, cuando después se presentó en el salón, estaba tan apuesto que sus hermanos apenas lo reconocieron.

Y luego se celebró la boda que duró siete días con sus siete noches.

Día 12

# EL ORIGEN DEL FUEGO

**LOS INDIOS KAROK**, según se cuenta, tenían comida pero carecían de fuego para cocerla. A gran distancia, el hechicero Kareya había hecho fuego, pero lo ocultó dentro de un hornillo de arcilla y encargó a dos ancianas su cuidado para que no lo robaran. Pero el coyote, amigo de los karok, decidió proporcionarles fuego.

Fue llamando a varios animales de diversas especies, desde el león hasta la rana, poniéndolos en línea. Luego ocultó a un indio cerca de la cabaña de las ancianas.

—Estoy helado —dijo el coyote tras llamar a la puerta—. ¿Puedo entrar a calentarme?

Ellas, que no le temían, le dejaron pasar. El animal se hizo el dormido y cuando el indio, algún tiempo después, se asomó a la cabaña, las mujeres salieron a perseguirlo. No otra cosa esperaba el coyote, que robó un tizón y huyó con él entre los dientes.

Las ancianas corrían tan rápido que casi lo atraparon, pero, al notar que le faltaban las fuerzas, el coyote traspasó el tizón al león, y este a la ardilla y así sucesivamente. La última fue la rana que, sin darse cuenta, se lo tragó, antes de sumergirse en un estanque.

Cuando las ancianas se fueron, la rana escupió el tizón contra el tronco de un árbol que flotaba en el agua, y allí permanece escondido desde entonces.

Por eso, cuando un indio frota dos pedazos de madera, uno contra otro, surge el fuego y aparece la llama.

Día 13

# EL AGUA MARAVILLOSA

**ERA PLENO INVIERNO** y la nieve cubría la tierra con una gruesa capa. Una espantosa plaga se había cernido sobre los pieles rojas, diezmando a la tribu. Nekumonta, un espléndido guerrero, había perdido a sus padres y hermanos, y su joven y bella esposa había caído víctima de la enfermedad.

Desesperado, el guerrero se dijo que debía buscar las hierbas curativas plantadas por el Gran Manitú. Luego de cubrir a su esposa con pieles, se marchó a realizar su difícil misión. La gruesa capa de nieve no dejaba asomar ni una hierba. Por espacio de tres días anduvo de un lado para otro. Al llegar la noche, fatigado y hambriento, debilitado por el frío, tropezó con unas ramas secas y se quedó sobre ellas, cayendo en un profundo sopor. Entonces llegaron todos los animales a rodear al dormido para vigilar su sueño, porque con anterioridad había sido bueno con ellos.

El mensajero de Manitú le inspiró un sueño en el cual veía a su bella esposa llamándole por su nombre y pidiéndole que buscara las Aguas Maravillosas del Gran Manitú. Inmediatamente despertó. En el mismo instante escuchó el rumor del agua y unas voces que pedían su liberación.

—¡El agua corre bajo mis pies por debajo de la tierra! —exclamó—. Y en su murmullo me dice que lleve de esta agua a mi esposa y sanará.

Nekumonta cavó y encontró el manantial. Hizo una olla con barro, la coció al calor de la hoguera, la llenó de agua y regresó a su cabaña.

Con dicha agua curó a todos los enfermos y la tribu entera lo eligió por jefe, dándole el sobrenombre de «Jefe del Agua Maravillosa».

Día 14

# LA VANIDAD INÚTIL

CORRETEANDO UN DÍA por el bosque, un ciervo fue a detenerse junto a un lago de aguas cristalinas. Mirándose el hermoso animal en ellas, se sintió muy complacido al ver su soberbia cornamenta.

—¡Qué adorno tan bello!

El agua reflejaba también sus delgadas piernas y exclamó contrariado:

—La verdad es que no resultan airosas, tan flacas y tiesas. ¡Es una lástima!

De pronto la voz del cazador y el ladrido de los perros llegaron a sus oídos. Rápidamente emprendió la huida, gracias a sus veloces patas. Mas al adentrarse en el bosque el tamaño de sus cuernos le impedía penetrar entre la hojarasca.

—¡Y pensar que estaba descontento de mis patas que me han salvado...! Sin embargo, las astas casi me pierden. ¡Qué necio he sido!

Día 15

# SIMBAD EN UN PAÍS EXTRAÑO

NAVEGANDO POR UN ARCHIPIÉLAGO del Pacífico, Simbad el Marino dijo a sus compañeros de viaje:

—Os aseguro, amigos, que la mayor parte de estas islas no figuran en los mapas. Podríamos botar una chalupa y recorrer la que se divisa al Sudoeste.

Pronto desembarcaron en una playa estrecha y larga. Momentos después, Simbad y sus cuatro compañeros se encontraban en poder de unos extraños gigantes, cada uno de los cuales poseía tres brazos con su correspondiente mano. Los viajeros fueron llevados a una cueva, de la que era difícil escapar.

Simbad, con su gran inteligencia, no tardó en comprender su lenguaje. Entonces, les propuso riquezas a cambio de la libertad, pero el oro y las piedras preciosas no tenían valor para ellos. Por el contrario, se admiraban de los curiosos relatos que les hacía el marino. Este, de acuerdo con sus compañeros, les propuso esta adivinanza:

—¿Cómo podríais manteneros sobre el suelo, en posición vertical, con dos manos atadas a la espalda y los pies en alto?

Los gigantes cuchichearon entre sí durante varias horas. Después, riendo, aseguraron tener la respuesta.

El propio Simbad les ató las manos a la espalda. Entonces, con la mano libre sobre el suelo, adoptaron la postura vertical, cabeza abajo y con los pies en alto.

Los prisioneros se apresuraron a arrojar lazos a los pies de sus enemigos, impidiéndoles así moverse.

En una desenfrenada carrera pudieron alcanzar la playa y, montando en su chalupa, ganar a golpe de remo el navío cuando ya los hombres de las tres manos, que habían conseguido liberarse, aparecían con la intención de atraparlos.

Día 16

# EL ASNO DESCONTENTO

AQUEL DÍA EL FRÍO era espantoso. El asno ansiaba la vuelta de la primavera, porque entonces rumiaba hierba fresca y no paja seca.

Poco a poco los días fríos fueron pasando y la hierba crecía en los prados, pero tanto tuvo que trabajar el pobre jumento que pronto se hartó de la primavera. Ansiaba el verano y por fin este se hizo realidad, pero su condición no mejoró por ello, ya que se pasaba el día transportando frutas y hortalizas, y el calor le hacía sufrir. No le quedaba más que una esperanza: la llegada del otoño. ¡Ay!, tan duro le resultó el acarreo de sacos de trigo, que el animal empezó a suspirar por el invierno.

—Al menos en la época de los fríos —se dijo—, aunque la ración no sea tan abundante, puedo descansar.

Así, por último, se contentó con su suerte invernal.

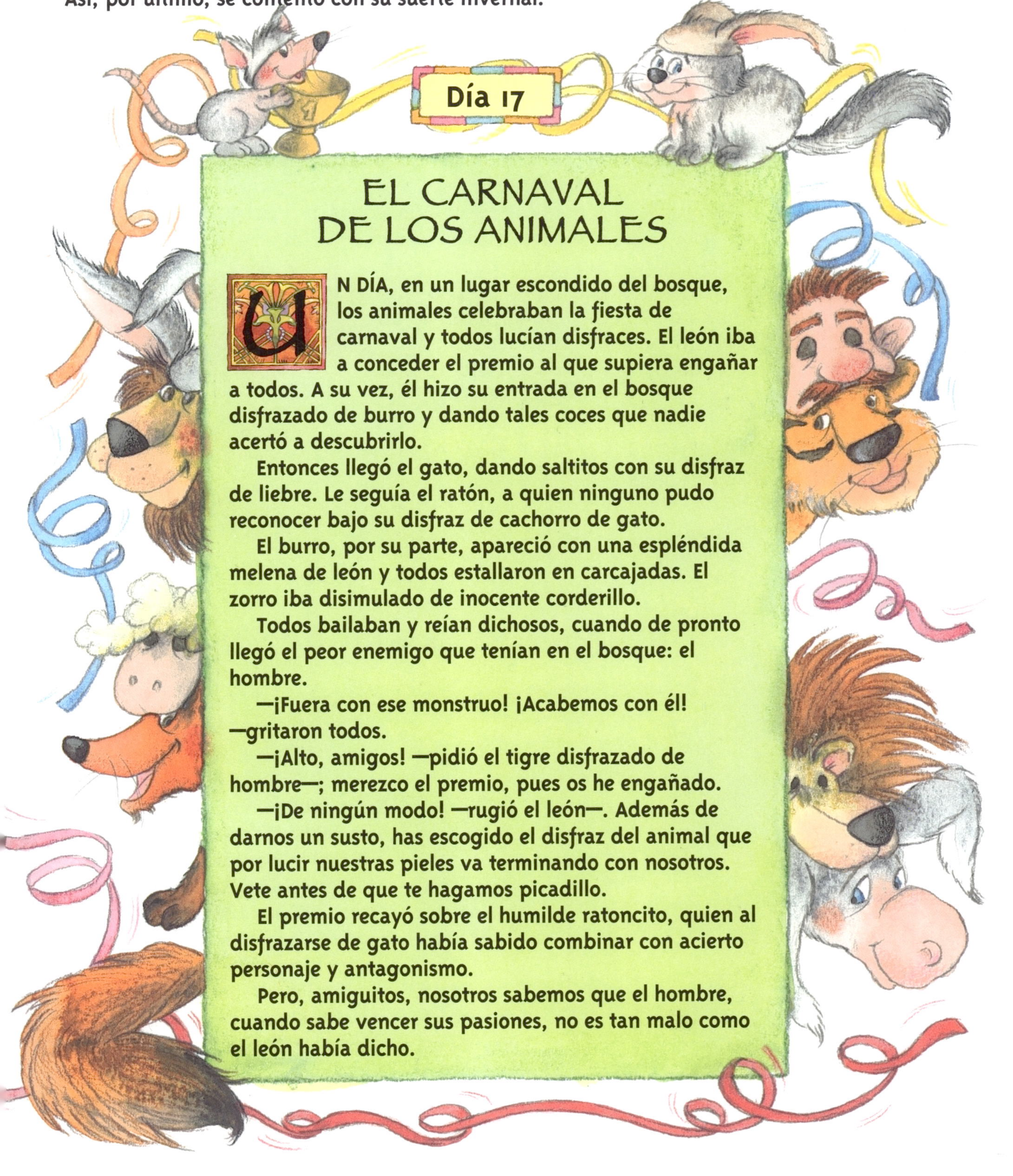

Día 17

# EL CARNAVAL DE LOS ANIMALES

UN DÍA, en un lugar escondido del bosque, los animales celebraban la fiesta de carnaval y todos lucían disfraces. El león iba a conceder el premio al que supiera engañar a todos. A su vez, él hizo su entrada en el bosque disfrazado de burro y dando tales coces que nadie acertó a descubrirlo.

Entonces llegó el gato, dando saltitos con su disfraz de liebre. Le seguía el ratón, a quien ninguno pudo reconocer bajo su disfraz de cachorro de gato.

El burro, por su parte, apareció con una espléndida melena de león y todos estallaron en carcajadas. El zorro iba disimulado de inocente corderillo.

Todos bailaban y reían dichosos, cuando de pronto llegó el peor enemigo que tenían en el bosque: el hombre.

—¡Fuera con ese monstruo! ¡Acabemos con él! —gritaron todos.

—¡Alto, amigos! —pidió el tigre disfrazado de hombre—; merezco el premio, pues os he engañado.

—¡De ningún modo! —rugió el león—. Además de darnos un susto, has escogido el disfraz del animal que por lucir nuestras pieles va terminando con nosotros. Vete antes de que te hagamos picadillo.

El premio recayó sobre el humilde ratoncito, quien al disfrazarse de gato había sabido combinar con acierto personaje y antagonismo.

Pero, amiguitos, nosotros sabemos que el hombre, cuando sabe vencer sus pasiones, no es tan malo como el león había dicho.

# CONTIENDA DE GATO Y RATONES

**EN UNA CASA ABANDONADA** se había dado cita la colonia ratonil. El ratón viejo dijo:

—La casa es cómoda y no falta comida. Estableceremos aquí nuestro cuartel.

Pero en el desván había un gato viejo y listo que se frotó las manos de gusto al percibir el aroma de ratón. Poco a poco, con felina astucia, fue comiéndose ratón por ratón, saboreándolos bien. Los pocos que quedaban, oliendo el peligro, se ocultaron en sus madrigueras, dejando al gato viejo con dos palmos de bigotes.

—¡No me doy por vencido! Ya encontraré medios para atrapar a esos desconfiados —se decía el gato.

Y se le ocurrió subirse a un madero y hacerse el muerto. Entonces uno de los ratones, al verle en tan ridícula postura, le gritó desde lejos:

—Sepa usted, amigo y señor nuestro, que aunque fuera solo un saco, no nos acercaríamos a usted. Sabemos ya mucho de sus trucos, que tan cruelmente nos ha mostrado.

# PULGARCITO Y LOS MONSTRUOS

Día 19

**IBA UN DÍA PULGARCITO** por el bosque, cuando se subió a un árbol a recoger bellotas. De pronto vio cómo seis horribles monstruos caminaban en aquella dirección. Al llegar bajo el árbol donde estaba el muchacho, encendieron una hoguera. Pulgarcito observó que sus cabellos eran tan largos que arrastraban por el suelo. Uno de ellos dijo:

—Descansaremos aquí; al amanecer, llegaremos al pueblo y nos apoderaremos de todas las gallinas y patos.

Cuando se quedaron dormidos, Pulgarcito bajó del árbol sin ruido y, con mucha maña, utilizó sus cabellos para atarlos a los árboles más cercanos. Después corrió al pueblo y pudo alertar a tiempo a los vecinos, quienes dieron una lección a los monstruos.

## Día 20

# LA FIESTA DE LAS FLORES

AQUELLA NOCHE, las flores celebraban su gran fiesta de la primavera. Las luciérnagas se ocupaban de iluminar con su luz, los grillos afinaban sus instrumentos, y los ruiseñores ensayaban sus más bellas canciones.

Cuando el reloj del Ayuntamiento daba las doce campanadas, las flores, emparejadas con gracia, esperaban que comenzara el baile. Los grillos empezaron a tocar sus instrumentos y las flores se deslizaron por la pista.

Era un espectáculo maravilloso que nadie había visto nunca y nadie vio aquella noche, excepto una niñita, desde su ventana de la buhardilla de palacio. Estaba sola, pues su madre atendía a la gran duquesa, de la que era doncella. Pero la fiesta duró mucho tiempo y la niña sintió de pronto mucho frío.

Al día siguiente tenía fiebre y la madre envió en busca del médico. Mientras llegaba, la niña le contó el baile de las flores que vio por la noche.

—Está delirando —se dijo la afligida mujer.

Aquella noche, la niñita se fue con los ángeles. Y cuando a la mañana siguiente todos los habitantes de palacio subieron para despedirse de ella, vieron admirados cómo su camita estaba inundada de flores.

Entonces la madre comprendió que lo que su hija le había contado era verdad y besó a cada una de las flores, porque habían desplegado sus gracias para su querida hijita.

Día 21

# EL CABALLO AMAESTRADO

UN LADRÓN QUE RONDABA en torno a un campamento militar robó un hermoso caballo aprovechando la oscuridad de la noche. Por la mañana, cuando se dirigía a la ciudad, pasó por el camino un batallón de soldados que estaba de maniobras. Al escuchar los tambores, el caballo escapó y, junto a los de la tropa, fue realizando los fabulosos ejercicios para los que había sido amaestrado.

—¡Este caballo es nuestro! —exclamó el capitán—. De lo contrario no sabría realizar los ejercicios. ¿Lo has robado tú? —le preguntó al ladrón.

—¡Oh, yo...! Lo compré en la feria a un tratante...

—Entonces, dime inmediatamente cómo se llama ese individuo para ir en su busca.

El ladrón se puso nervioso y no acertaba a articular palabra. Al fin, viéndose descubierto, confesó la verdad.

—¡Ya me parecía a mí —dijo el capitán—, que este noble animal no podía pertenecer a un rufián como tú!

El ladrón fue detenido, con lo que se demostró que el robo y el engaño rara vez quedan sin castigo.

Día 22

# EL USURERO Y EL LABRADOR

EN LA REGIÓN DE BENARÉS vivía un prestamista que ayudaba a los campesinos entregándoles dinero a cambio de un interés tan elevado que, en épocas de malas cosechas, terminaba por apoderarse de sus tierras.

Uno de estos campesinos tomó unas pocas provisiones y fue en busca del Gran Rama para solicitar de él la forma de abonar sus pagarés al usurero.

Después de tres días, encontró a un mendigo.

—Tengo hambre, ¿no podrías compartir tu comida?

El campesino le entregó cuanto llevaba y el desconocido le hizo saber que era el propio Rama. También le entregó una bola de cristal, diciendo:

—Sopla sobre ella y obtendrás tus deseos, pero ten cuidado con el prestamista.

El campesino, gracias a su bola mágica, obtuvo un taleguito con el que pagó sus deudas.

El usurero, asombrado, empezó a rondar la casa del campesino, hasta descubrir la bola de cristal sobre la repisa de la chimenea.

—Debe de ser un talismán —se dijo—. En cuanto tenga ocasión me lo llevaré.

Y lo hizo así, pero no le sirvió de mucho. El usurero ignoraba cómo utilizarla.

## Día 23

# ... El castigo del usurero

Y SUCEDIÓ QUE EL USURERO decidió ir al encuentro del campesino, al que dijo:

—¿No has echado nada de menos últimamente? Porque si te ha desaparecido una bola de cristal de roca, no te esfuerces en buscarla. Yo la tengo. Como todos ignoran que te perteneció, de nada podrás acusarme.

—¿Qué es lo que pretendes con esto?

—Enséñame el modo de utilizar la bola. Sé que eres honrado y te comprometerás a que yo obtenga el doble de lo que a ti te proporcione la bola.

El labriego, resignado, aceptó, aunque le dolía que aquel hombre sin corazón se beneficiase de todo. De este modo, a medida que el aldeano solicitaba cincuenta monedas, el usurero obtenía cien.

Pero llegó un año de terrible sequía y el labriego, olvidando las condiciones del trato, pidió a la bola que cayese sobre sus tierras una lluvia torrencial. Y ocurrió que sobre la miserable casucha del usurero cayó una enorme tromba de agua tan monumental, que arrastró hacia el río al desgraciado, junto con su vivienda y todas sus riquezas.

—¡No soy culpable! —se dijo el campesino—. Sin desearlo he librado a todos mis vecinos de esa sanguijuela.

En adelante, supo usar con prudencia los dones de Rama, prestando ayuda asimismo a sus convecinos.

Día 24

# EL ENVIDIOSO Y EL ENVIDIADO

**ÉRANSE DOS VECINOS**, uno de ellos bueno y trabajador, holgazán y pendenciero el otro. Este último se pasaba el tiempo manifestando tal envidia por su vecino que el hombre, para librarse del otro, vendió cuanto tenía y se fue a la ciudad. Muy pronto fue apreciado por todos, y tanto prosperó con su trabajo que su fama creció, llegando a oídos del envidioso vecino de la aldea.

Un día, sabiendo este que había fundado un hospital de ancianos, fue a visitarlo y, fingiéndose amable, lo arrojó al pozo del jardín. Después escapó, regresando a su pueblo. Poco imaginaba que el pozo estaba encantado y que su víctima había sido recogida por las hadas, que le concedieron el don de sanar enfermedades. Una de ellas le dijo:

—Crecerá tu fama y el rey vendrá a buscarte para que sanes a su hija. Dale a beber una infusión en la que hayas puesto las cenizas de tres pelos de un gato y sanará.

Sin más, el hombre salió del pozo sano y salvo.

Día 25

# ... Pagar bien por mal

**COMO EL REY HICIERA LEER** por todo el reino un pregón solicitando un sabio que pudiera curar a su hija, se presentó el hombre bondadoso y curó a la princesa siguiendo las indicaciones de las hadas.

El monarca, que era muy anciano y estaba cansado de gobernar, se retiró a un monasterio, dejando en el trono al buen hombre, que se propuso seguir siendo justo.

En la fiesta de coronación, cuando salía de palacio precedido de su guardia, divisó el envidiado al vecino envidioso entre la multitud y le hizo llamar. Ordenó a dos soldados que le entregaran una bolsa de oro y le saludó con su proverbial bondad.

—No sabes cuánto me alegro de verte, hermano.

Y así inauguró su reinado con una buena acción, que le valió el amor y respeto de sus súbditos, entre los que reinó como un buen padre durante largos años.

## Día 26

# EL DÍA DE NAVIDAD

ES UN DÍA DE NAVIDAD PERFECTO —dijo el mayor de los tres niños mirando a través de la ventana—. Ha parado de nevar y va a ser una delicia salir a visitar a la abuelita...

—Que nos guardará regalos... —dijo la hermana menor.

El mediano, un muchachito de aire pensativo, apuntó:

—Todo el mundo habla del espíritu de la Navidad, ¿qué será eso?

Los tres niños, con sus padres, salieron para comer en casa de la abuelita. Le llevaban regalos, y los ojos de papá y mamá brillaban de alegría, quizá pensando en la que le iban a dar a la anciana.

En la escalera, la familia tropezó con el «Viejo Ogro», como llamaban los niños al vecino. El Viejo Ogro, con sonrisa desacostumbrada, saludó alegremente:

—¡Feliz Navidad, vecinos!

Y repartió caramelos entre los chicos y frases elogiosas sobre su aspecto. Después se encontraron con el cartero y todos se hablaron con alegría y afecto. Y más tarde vieron a otras personas apenas conocidas, que hoy parecían distintas, más cercanas y entrañables.

También la abuelita parecía más joven y alegre. El niño le preguntó:

—¿Qué es el espíritu de la Navidad, abuelita?

—Contéstame primero tú a mí. ¿Te sientes hoy igual que todos los días?

—Creo que quiero más a mis padres, a mis hermanos, a ti..., y que el Viejo Ogro es un anciano simpático.

—Pues ese es el espíritu de la Navidad, hijo mío: algo que nos hace sentir el deseo de ser mejores, más generosos y menos egoístas.

Día 27

# EL CAMPESINO INGENIOSO

EL MONARCA, que había salido de caza muy temprano, encontró a un campesino que estaba arando.

—¿Cuánto ganas al día? —le preguntó.

—Tres dracmas, señor —contestó el labriego—. El primero me lo como, el segundo lo pongo a interés y el tercero lo devuelvo.

El monarca le pidió que se lo explicara. El hombre contestó:

—Majestad: con el primer dracma adquiero mi sustento; con el segundo alimento a mis hijos, que me alimentarán a su vez cuando yo sea viejo, que es como poner ese dracma a dar interés; con el tercero mantengo a mi padre, y así le devuelvo lo que él hizo por mí.

—Muy bien explicado —repuso el rey—. Ahora prométeme que no le contarás lo mismo a nadie antes de haber visto mi cara cien veces.

El campesino lo prometió solemnemente y el monarca, satisfecho, regresó a su palacio.

Día 28

# ... El campesino cumple su promesa

EL MONARCA, sentado a la mesa con sus ministros, les propuso esta adivinanza:

—Un campesino gana tres dracmas al día. Se come el primero, pone a interés el segundo y devuelve el tercero. ¿Cuál es la solución?

Los palaciegos no acertaban con la respuesta. El primer ministro, montado en su caballo, recorrió los campos y fue a encontrar al labriego para rogarle que le explicase la adivinanza, si la conocía.

—Así es, señor, pero no puedo revelar la respuesta, pues prometí al rey no hacerlo hasta ver cien veces su cara.

—Eso es bien fácil. Ahora mismo verás cien veces la cara de nuestro rey.

El ministro, sacando una bolsa de cien monedas, se la entregó al campesino. Al sacarlas de una en una, fue contemplando la efigie del monarca.

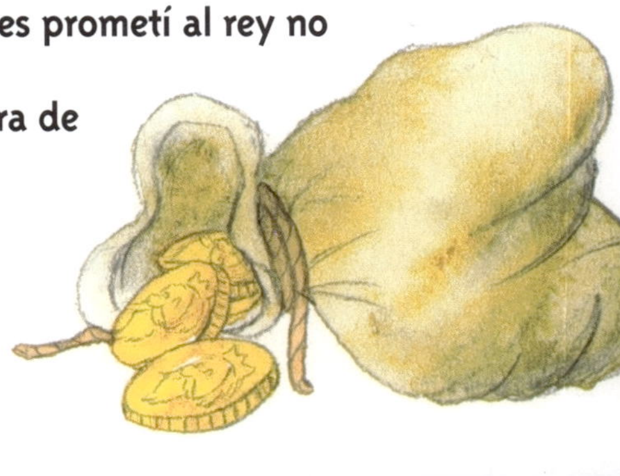

—Puesto que ya no falto a mi promesa, os revelaré el secreto —repuso el hombre con su mejor sonrisa.

Lo hizo así y el ministro, satisfecho, respondió con exactitud al acertijo. Entonces, el monarca envió en busca del labriego para castigarlo.

—Señor, no he quebrantado mi promesa y de ello tengo la prueba —dijo el campesino.

Entonces, sacando la bolsa, preguntó:

—¿Qué veis en estas monedas, señor?

—No veo en ellas otra cosa que mi efigie.

—Cien veces he visto yo vuestro rostro grabado en ellas.

—Tu sagacidad merece una recompensa igual a estas cien monedas. ¡Ojalá todos mis súbditos tuvieran tu inteligencia y buen juicio!

**Día 29**

# LOS LIRONES Y LA ENCINA

**UN GRUPO DE LIRONES** trepaba diariamente a una encina cargada de bellotas.

El lirón más perezoso propuso un día:

—¿Por qué no derribamos la encina? Entonces tendremos los frutos al alcance de la mano...

El lirón más viejo repuso con sabiduría:

—Si derribamos el árbol, ¿qué comeremos dentro de un año?

# EL RIEGO DEL DOLOR

AL REGRESAR ARMANDO de la guerra, apenas pudo reconocer el camino de su casa. Los hierbajos lo invadían todo y hasta la granja se había venido abajo tras la muerte de sus padres. En medio de tanta desolación, no encontró más que un nabo y, vencido por el dolor, lloró sobre él. ¿Qué era aquello? Al contacto con las lágrimas, el nabo se hizo enorme y Armando, que no tenía otra cosa, decidió ofrecérselo al rey. El soberano, admirado del fruto, dijo al joven:

—Veo que entiendes el cultivo de la tierra. ¿Quieres cuidar de mi jardín?

Aceptó el muchacho, agradecido a la comprensión del rey, y tanto empeño puso en cumplir con su deber que las flores reales fueron el asombro de toda la ciudad. Un día, extasiado ante la belleza de las nuevas rosas, el monarca dijo al jardinero:

—Anda, llévale esas flores a mi hija. Las rosas la alegrarán. Lleva tanto tiempo enferma...

Armando escogió los ejemplares más bellos y penetró en el aposento de la princesa, a la que no conocía; solo sabía que siempre estaba triste y no sonreía jamás.

—¡Ah, qué rosas tan incomparables! —exclamó ella—. He recorrido el mundo, pero nunca las vi con tanta fragancia y color...

La princesa alargó las manos para tomar las flores y el manto que cubría sus rodillas cayó al suelo. Armando conoció entonces su mal: uno de sus pies era tan chiquito como una nuez.

Traspasado de dolor, cayó de rodillas ante la joven y, a su pesar, el llanto rodó por sus mejillas y fue a bañar aquel diminuto pie. Inmediatamente el pie creció hasta hacerse igual al otro, que era normal... Días más tarde se celebraban las bodas del jardinero y la princesa.

# LA BOBINA MARAVILLOSA

**ÉRASE UN PRINCIPITO** que no quería estudiar. Cierta noche, después de haber recibido una buena regañina por su pereza, suspiró tristemente, diciendo:

—¡Ay! ¿Cuándo seré mayor para hacer lo que me apetezca?

Y he aquí que, a la mañana siguiente, descubrió sobre su cama una bobina de hilo de oro de la que salió una débil voz:

—Trátame con cuidado, príncipe. Este hilo representa la sucesión de tus días. Conforme vayan pasando, el hilo se irá soltando. No ignoro que deseas crecer pronto... Pues bien, te concedo el don de desenrollar el hilo a tu antojo, pero todo aquello que hayas desenrrollado no podrás ovillarlo de nuevo, pues los días pasados no vuelven.

El niño, para cerciorarse, tiró con ímpetu del hilo y se encontró convertido en un apuesto príncipe. Tiró un poco más y se vio llevando la corona de su padre. ¡Era rey! Con un nuevo tironcito, inquirió:

—Dime, Bobina, ¿cómo serán mi esposa y mis hijos?

En el mismo instante, una bellísima joven y cuatro niños rubios surgieron a su lado. Sin pararse a pensar, su curiosidad se iba apoderando de él y siguió soltando más hilo para saber cómo serían sus hijos de mayores.

De pronto se miró al espejo y vio la imagen de un anciano decrépito, de escasos cabellos nevados. Se asustó de sí mismo y del poco hilo que quedaba en la bobina: ¡Los instantes de su vida estaban contados! Desesperadamente, intentó enrollar el hilo en el carrete, pero sin lograrlo. Entonces la débil vocecilla que ya conocía habló así:

—Has desperdiciado tontamente tu existencia. Ahora ya sabes que los días perdidos no pueden recuperarse. Has sido un perezoso al pretender pasar por la vida sin molestarte en hacer el trabajo de todos los días. Sufre, pues, tu castigo.

El rey, tras un grito de pánico, cayó muerto: había consumido la existencia sin hacer nada de provecho.

# Índice

# Índice

## MAYO



## JUNIO



## JULIO



## AGOSTO

# Índice

## SEPTIEMBRE



## OCTUBRE



## NOVIEMBRE



## DICIEMBRE